COLECCIÓN
GRANDES CLASICOS

AF274496

Diálogos

Platón

TRADUCCIÓN: CELIA AKRAM

Plutón
Ediciones

© Plutón Ediciones X, s. l., 2019

Segunda Edición: 2020
Tercera Edición: 2022
Cuarta Edición: 2025

Diseño de cubierta: Alejandro Díaz
Maquetación: Saul Rojas Blonval

Edita: Plutón Ediciones X, s. l.,

E-mail: contacto@plutonediciones.com
http://www.plutonediciones.com

Impreso en España / Printed in Spain

I.S.B.N anterior: 978-84-17477-84-4

I.S.B.N: 978-84-10233-95-9
Depósito Legal: B-3790-2025

ESTUDIO PRELIMINAR

EL HOMBRE Y SU MUNDO

Ateniense nacido en el 427 a. C. de familia aristocrática, su verdadero nombre fue Aristocles, pero su maestro de gimnasia le puso el apodo de Platón, "el de las anchas espaldas", por su gran envergadura física, apodo que hizo fortuna. Tuvo una esmerada educación en todas las facetas del saber. Su primera educación filosófica la realizó junto a Cratilo, discípulo de Heráclito. Sin embargo, su auténtico maestro fue Sócrates de quien fue su principal discípulo desde los veinte años y durante casi un decenio, y asimiló de él el hábito dialéctico y su problemática.

Sócrates murió injustamente ejecutado por orden del despótico gobierno de Atenas en el 399 cuando Platón contaba con 28 años. Su influencia sobre su pensamiento fue tan extraordinaria que Platón lo convertiría en protagonista de sus *Diálogos*.

Tras la muerte de su maestro y el enrarecido ambiente de su ciudad natal, Platón realizó varios viajes. Primero fue a Megara (en el Ática, al oeste de Atenas) donde estudió con el filósofo Euclides, después se trasladó a Egipto y, finalmente, viajó a la "Magna Grecia" (sur de Italia y Sicilia). En estos viajes se relacionó con los filósofos y científicos más sobresalientes de su tiempo, en especial con Arquitas de Tarento, ilustre pitagórico y gobernante que influyó en su pensamiento. En Sicilia conoció a Dion, cuya amistad le llevó a poner en práctica, fracasando en el empeño, sus ideas políticas.

Platón regresó a Atenas en el año 387 a.C. y allí fundó la *Academia* que llegaría a ser un gran centro de investigación hasta el siglo VI d.C., cerrada por Justiniano. A partir del 347 a.C. ya no se movió de Atenas. Platón ejerció en ella su docto magisterio en colaboración estrecha y profunda con su máximo discípulo, Aristóteles. Falleció en el 347 a. C. Cuando ya pasaba de los 80 años.

OBRAS

Platón escoge el *diálogo* como género literario para expresar su doctrina, salvo la *Apología de Sócrates* (en donde expuso la autodefensa que Sócrates hizo ante el tribunal que lo condenó a muerte). Como método de exposición, además de su valor pedagógico, le permitió continuar el método socrático y, a la vez, era una manera de enfrentar las tesis que quería defender con posibles objeciones a ellas.

Presentan casi siempre una conversación entre diversos personajes de la época y, en general, Sócrates es el interlocutor principal. Excepto en algunos de su primera época en los que Platón relató escenas reales, no son conversaciones transcritas de la realidad, sino de ficciones creadas por él para desarrollar su pensamiento. La clasificación más admitida es como sigue:

1) *Diálogos de juventud:* Algunos escritos en vida del propio Sócrates muestran la influencia del maestro. Entre ellos: *La Apología de Sócrates, el Critón* y el *Eutifrón.*

2) *Diálogos polémicos,* Contra los sofistas o falsos filósofos.

3) *Diálogos de la madurez:* que exponen los temas básicos de la filosofía platónica: el *Fedro* desarrolla la teoría del alma; el *Symposion* o *Banquete,* sobre el amor; el *Fedón* sobre la inmortalidad del alma; *La República* sobre la justicia y las ideas del Estado. Finalmente, el *Teetetes* y el *Parménides* que, junto con el *Sofista* y el *Político,* según algunos expertos, son mejores que el grupo siguiente.

4) *Diálogos de la madurez tardía o de vejez:* el *Timeo,* donde se encuentran referencias a la Atlántida y el *Filebo.* En este apartado se han de colocar *Las Leyes,* extensa obra que ofrece una segunda exposición de su teoría del Estado y en la que Sócrates no se menciona. Obra incompleta que reúne los apuntes quizás recogidos por algunos de sus discípulos.

En la actualidad se pone en tela de juicio si sus *Cartas* o *Epístolas* son auténticas, si bien doctrinariamente poseen un gran valor.

La trayectoria del pensamiento platónico evoluciona a través de sus obras a partir de la doctrina socrática hasta su relevante hallazgo de las ideas, y alcanza su cima con la discusión de los problemas y obstáculos que las ideas plantean en el diálogo con Aristóteles.

Además de exponerse escritas en forma dialogada, las obras de Platón son de gran belleza literaria y se hallan enriquecidas por narraciones metafóricas, a modo de ejemplos que se conocen como *mitos platónicos*. A través de estos mitos, Platón expresó algunas de sus tesis fundamentales. La tradición asegura que Platón quemó sus escritos poéticos y sus esbozos de tragedia cuando se vinculó definitivamente a Sócrates. La crisis de su adolescencia fue una crisis de lenguaje. Después, a lo largo de su vida, buscará la verdad fuera de la poesía y de la retórica, acusándolas de ligereza y de falsedad. La filosofía actuará como antídoto de la retórica, al igual que, siglos después, lo hará la religión para Racine y el trabajo para Rimbaud.

El pensamiento platónico es la expresión más profunda, más filosófica, más rica en sugestiones del pensamiento pagano, con intuiciones que hacen parecer al gran filósofo griego como un precursor y un profeta del cristianismo, que, para Nietzsche, no era sino "platonismo popular", pero indudablemente San Agustín se valió de ellas. Platón es uno de los raros genios de carácter universal que ha tenido la humanidad. Fue, al mismo tiempo, un eximio filósofo y escritor.

Diálogos

El presente volumen incluye cuatro de sus *Diálogos* más famosos: *Gorgias o sobre la retórica, Fedón o del alma, El Banquete o del amor* y *Fedro o de la belleza*.

Gorgias o sobre la retórica: Diálogo de la fase intermedia (389 a.C. – 385 a.C.). Platón desarrolla un diálogo centrado en la retórica y su relación con la práctica moral y la ética. El diálogo se construye alrededor de la oposición continua entre el buen vivir y la retórica, dando espacio para comentarios acerca de la moral. La conversación se desarrolla entre Querefonte, Gorgias, Polo, Calicles y Sócrates.

Fedón o sobre el alma: Diálogo de la madurez (386 a.C. – 370 a.C.). Platón entra un poco más en aspectos metafísicos y de la inmortalidad del alma, gracias a su ambientación en las últimas horas de vida de Sócrates. También explora las teorías de la metempsicosis, la reminiscencia y la madurez del hombre. La conversación se desarrolla entre Fedón y Equécrates, donde el primero relata las últimas horas de Sócrates, y también participan en la escena Apolodoro, Cebes, Simmias, Critón y Jantipa, entre otros presentes.

El Banquete o del amor: Diálogo de la madurez (386 a.C. – 370 a.C.). Quizás el más literario de todos los diálogos, habla del amor y su naturaleza, usando de trasfondo la amena conversación de una cena entre amigos. Los comensales son Apolodoro y un amigo, Sócrates, Agatón, Fedro, Pausanias, Erixímaco, Aristófanes y Alcibíades, rodeados de bailes, música y recitales que amenizan la noche.

Fedro o de la belleza: Diálogo de la madurez (386 a.C. – 370 a.C.). Presenta muchas similitudes con *El Banquete* por su temática, expande sus ideas sobre el amor con perspectivas de la naturaleza humana, la muerte, el alma y la belleza, por mencionar algunas. La conversación se desarrolla entre Sócrates y Fedro.

Gorgias o sobre la retórica

INTERLOCUTORES
CALICLES
SÓCRATES
QUEREFONTE
GORGIAS
POLO

CALICLES.- Se cuenta, Sócrates, que a la guerra y al combate es donde es preciso llegar así, tarde.

SÓCRATES.- ¿Llegamos tarde a la fiesta entonces?

CALICLES.- Sí, y a una fiesta fastuosa, porque Gorgias nos ha dicho hace poco una infinidad de cosas bellas.

SÓCRATES.- Querefonte, a mi lado, es el causante de este retraso, Calicles; nos obligó a detenernos en la plaza.

QUEREFONTE.- No tiene nada de malo, Sócrates; en todo caso remediaré mi culpa. Gorgias es amigo mío, y, si quieres, nos repetirá las mismas cosas que acaba de decir, y si lo prefieres quedará aplazado para otra vez.

CALICLES.- ¿Qué dices, Querefonte? ¿ Sócrates no tiene deseos de escuchar a Gorgias?

QUEREFONTE.- A esto justamente hemos venido.

CALICLES.- Si quieres acompañarme a mi casa, donde se aloja Gorgias, te expondrá su doctrina.

SÓCRATES.- Estoy muy agradecido, Calicles, pero ¿tendrá ganas de conversar con nosotros? Quisiera oír de sus labios qué virtud tiene el arte que profesa, qué es lo que promete y qué es lo que enseña. Lo demás lo expondrá, como dices, otro día.

CALICLES.- Lo mejor va a ser interrogarle, porque este tema es uno de los que acaba de tratar con nosotros. Decía hace un momento a todos los allí presentes que le interrogaran sobre la materia que quisieran, alardeando de poder contestar a todas.

SÓCRATES.- Eso me gusta. Interrógale, Querefonte.

QUEREFONTE.- ¿Qué le preguntaré?

SÓCRATES.- Lo que es.

QUEREFONTE.- ¿Qué quieres decir?

SÓCRATES.- Si su oficio fuera hacer zapatos te contestaría que zapatero. ¿Entiendes lo que pienso?

QUEREFONTE.- Lo comprendo y voy a interrogarle. Dime: ¿es cierto lo que asegura Calicles, de que eres capaz de contestar a todas las preguntas que te puedan hacer?

GORGIAS.- Sí, Querefonte; así lo he declarado hace un momento, y añado que desde hace muchos años nadie me ha hecho una pregunta que me fuera desconocida.

QUEREFONTE.- Siendo así, contestarás con mucha facilidad.

GORGIAS.- De ti depende el hacer la prueba.

POLO.- Es cierto, pero hazla conmigo, si te parece bien, Querefonte, porque me parece que Gorgias está cansado, pues acaba de hablarnos de muchas cosas.

QUEREFONTE.- ¿Qué es esto, Polo? ¿Te haces ilusiones de contestar mejor que Gorgias?

POLO.- ¿Qué importa con tal de que conteste bastante bien para ti?

QUEREFONTE.- Nada importa. Contéstame, entonces, ya que así lo quieres.

POLO.- Pregunta.

QUEREFONTE.- Es lo que voy a hacer. Si Gorgias fuera hábil en el arte que ejerce su hermano Herodico, ¿qué nombre le daríamos con razón? El mismo que a Herodico, ¿verdad?

POLO.- Indudablemente.

QUEREFONTE.- Entonces, con razón, le podríamos llamar médico.

POLO.- Sí.

QUEREFONTE.- Y si estuviera versado en el mismo arte que Aristofon, hijo de Agaofon, o que su hermano, ¿qué nombre se le tendría que dar?

POLO.- El de pintor, por supuesto.

QUEREFONTE.- Dado que es muy hábil en cierto arte, ¿cómo se le podría denominar apropiadamente?

POLO.- Querefonte, hay entre los hombres una porción de artes cuyo descubrimiento ha sido debido a una serie de experiencias, porque la experiencia hace que nuestra vida marche de acuerdo a las reglas del arte, mientras que la inexperiencia la obliga a marchar al azar. Unos están versados en un arte, otros en uno diferente y a su manera; las mejores artes son patrimonio de los mejores artistas. Gorgias es uno de estos y el arte que posee el más bello de todos.

SÓCRATES.- Me parece, Gorgias, que Polo acostumbra a discurrir, pero no cumple la palabra que ha dado a Querefonte.

GORGIAS.- ¿Por qué, Sócrates?

SÓCRATES.- No contesta a la pregunta.

GORGIAS.- Si te parece bien, hazlo tú mismo.

SÓCRATES.- No; pero si le pluguiera darme respuesta, le interrogaría de buena gana, tanto más cuanto que por lo que he podido oír a Polo es evidente que se ha dedicado más a la llamada retórica que al arte de conversar.

POLO.- ¿Y eso por qué, Sócrates?

SÓCRATES.- Debido a que habiéndote preguntado Querefonte en qué arte es Gorgias hábil, haces el elogio de su arte, como si alguien lo despreciara, pero no dices cuál es.

POLO.- ¿No te he dicho que es la más hermosa de todas las artes?

SÓCRATES.- Concuerdo en ello; pero nadie te interroga acerca de las cualidades del arte de Gorgias. Se te pregunta solamente qué arte es y qué debe decirse de Gorgias. Querefonte te ha encaminado a través de ejemplos, y tú al principio le respondiste bien y apropiadamente. Dime ahora de igual modo qué arte profesa Gorgias y qué nombre es el que a este tenemos que darle. O todavía mejor: dinos tú mismo, Gorgias, qué calificativo hay que darte y qué arte profesas.

GORGIAS.- La retórica, Sócrates.

SÓCRATES.- Entonces ¿habría que llamarte retórico?

GORGIAS.- Y buen retórico, Sócrates, si quieres llamarme lo que me glorifico de ser, para servirme de la expresión de Homero.

SÓCRATES.- Convengo en ello.

GORGIAS.- Pues bien; llámame así.

Sócrates.- ¿Podremos decir que eres capaz de enseñar este arte a los otros?

Gorgias.- Esta es mi profesión, no solo aquí, sino en todas partes.

Sócrates.- ¿Quisieras, Gorgias, que continuáramos en parte interrogando y en parte contestando, como estamos haciendo ahora, y que dejemos para otra ocasión los largos discursos, como el que Polo había empezado? Pero, por favor, mantén lo que has prometido y limítate a dar breves respuestas a cada pregunta.

Gorgias.- Hay algunas respuestas, Sócrates, que por necesidad no pueden ser breves. No obstante, haré de forma que sean lo más cortas posibles. Porque una de las cosas de que me lisonjeo es de que nadie dirá las mismas cosas que yo con menos palabras.

Sócrates.- Es lo que debe ser, Gorgias. Hazme ver hoy tu precisión y otra vez darás pruebas de tu abundancia.

Gorgias.- Te contestaré y convendrás conmigo en que no has escuchado nunca hablar más concisamente.

Sócrates.- Dado que presumes de ser tan hábil en el arte de la retórica y capaz de enseñarlo a otro, dime cuál es su objeto, de igual forma que el objeto del arte del tejedor es el de hacer trajes, ¿no es así?

Gorgias.- Sí.

Sócrates.- ¿Y la música la composición de cantos?

Gorgias.- Sí.

Sócrates.- ¡Por Hera, Gorgias!, admiro tus respuestas, que más breves no pueden ser.

Gorgias.- Del mismo modo presumo, Sócrates, de mi habilidad en este género.

Sócrates.- Dices bien. Contéstame, te lo ruego, del mismo modo en lo referente a la retórica, y dime cuál es su objeto.

Gorgias.- Discursos.

Sócrates.- ¿Cuáles, Gorgias? ¿Los que explican a los enfermos el régimen que tienen que observar para restablecerse?

Gorgias.- No.

Sócrates.- ¿Entonces la retórica no tiene por objeto toda clase de discursos?

GORGIAS.- No, indudablemente.

SÓCRATES.- Aún así, ¿enseña a hablar?

GORGIAS.- Sí.

SÓCRATES.- Pero la medicina, que cito como ejemplo, ¿no pone a los enfermos en disposición de pensar y de hablar?

GORGIAS.- Necesariamente.

SÓCRATES.- La medicina, al parecer, ¿tiene del mismo modo por objeto los discursos?

GORGIAS.- Sí.

SÓCRATES.- ¿Los que conciernen a las enfermedades?

GORGIAS.- Así es.

SÓCRATES.- ¿No tiene del mismo modo por objeto la gimnasia los discursos referentes a la buena y mala disposición del cuerpo?

GORGIAS.- Es correcto.

SÓCRATES.- Lo mismo puede decirse de las demás artes: cada una de ellas tiene por objeto los discursos relativos al asunto que se ejerce.

GORGIAS.- Parece que sí.

SÓCRATES.- Entonces ¿por qué no llamas retórica a las otras artes que tienen por objeto del mismo modo a los discursos, dado que llamas de esta forma a un arte cuyo objeto son los discursos?

GORGIAS.- Es porque todas las otras artes, Sócrates, no se encargan de algo más que de obras manuales y de otras producciones semejantes, mientras que la retórica no produce obra manual alguna y todo su efecto y su virtud están en los discursos. Es debido a esto que digo que la retórica tiene por objeto los discursos y pretendo que con esto digo la verdad.

SÓCRATES.- Creo comprender lo que quieres designar por este arte, pero lo veré claramente en unos momentos. Contéstame: ¿hay artes, cierto?

GORGIAS.- Sí.

SÓCRATES.- Entre todas las artes, unas consisten, principalmente en la acción, y necesitan de muy pocos discursos; algunas ni uno siquiera, pero su obra puede acabar en el silencio, como la pintura, la escultura y muchas otras. Tales son, según mi punto de vista, las artes que dices no tienen ninguna relación con la retórica.

GORGIAS.- Has comprendido inequívocamente mi pensamiento, Sócrates.

SÓCRATES.- Hay, contrariamente, otras artes que ejecutan todo lo que es de su competencia por medio del discurso y no tienen necesidad de poca o ninguna acción. Por ejemplo: la aritmética, el arte de calcular, la geometría, el juego de dados y muchas otras artes, de las que algunas requieren tantas palabras como acción y la mayor parte más, tanto que toda su fuerza y todo su efecto están en los discursos. A este número me parece que dices pertenece la retórica.

GORGIAS.- Es cierto.

SÓCRATES.- Tu intención, me figuro, no será, no obstante, la de dar el nombre de retórica a ninguna de estas artes; como no sea que, como has dicho expresamente que la retórica es un arte cuya virtud consiste toda en el discurso, pretendieras que alguno quisiera tomar a broma tus palabras para hacerte esta pregunta: Gorgias, ¿das el nombre de retórica a la aritmética? Pero a mí no se me ocurre que llamas así a la aritmética ni a la geometría.

GORGIAS.- Y no te engañas, Sócrates, si aceptas mi pensamiento como debe ser aceptado.

SÓCRATES.- Entonces acaba de contestar a mi pregunta. Dado que la retórica es una de estas artes que tanto empleo hacen del discurso y que muchas otras están en el mismo caso, procura decirme por relación en qué consiste toda la virtud de la retórica en el discurso. Si refiriéndose a una de las artes que acabo de nombrar me preguntara alguien: "Sócrates, ¿qué es la numeración?", le contestaría, como tú has hecho hace un momento, que es un arte cuya virtud está en el discurso. Y si me preguntara de nuevo: "¿En relación a qué?", le respondería que en relación al conocimiento de lo par y de lo impar, para saber cuántas unidades hay en lo uno y en lo otro. Y, de igual forma, si me preguntara: ¿Qué entiendes por el arte de calcular?, le diría del mismo modo que es una de las artes cuya fuerza toda consiste en el discurso. Y si siguiera preguntándome: "¿En relación a qué?", le diría que el arte de calcular tiene casi todo común con la numeración, dado que tiene idéntico objeto, saber lo par y lo impar, pero que hay la diferencia de que el arte de calcular considera cuál es la relación de lo par y de lo impar entre ellos, relativamente a la cantidad. Si me preguntaran por la Astronomía, y después de haber dicho que es un arte que realiza por el discurso todo lo que le incumbe, añadieran: "¿A qué están referidos los discursos de la astronomía?", les diría que al movimiento de los astros, del Sol y de la Luna y que explican en qué proporción está la velocidad de su carrera.

GORGIAS.- Y dirías muy bien, Sócrates.

SÓCRATES.- Respóndeme de igual forma, Gorgias. La retórica es una de esas artes que ejecutan y acaban todo por el discurso, ¿no es así?

GORGIAS.- Es correcto.

SÓCRATES.- Dime el objeto con el cual se relacionan los discursos que emplea la retórica.

GORGIAS.- Sobre los más grandes e importantes asuntos humanos, Sócrates.

SÓCRATES.- Lo que dices, Gorgias, es una cosa que está en controversia y acerca de la cual todavía no hay nada decidido. Porque probablemente habrás escuchado cantar en los banquetes la canción cuando los convidados enumeran los bienes de la vida diciendo que el primero es tener una buena salud, el segundo ser hermoso y el tercero ser rico sin injusticia, como dice el autor de la canción.

GORGIAS.- Sí, pero ¿por qué me lo dices?

SÓCRATES.- Porque los artesanos de estos bienes cantados por el poeta, a saber, el médico, el maestro de gimnasia y el economista se apresurarán a alinearse en filas contigo, y el médico me dirá el primero: "Sócrates, Gorgias te engaña. Su arte no tiene por objetivo el mayor de los bienes del hombre; es el mío". Si yo le preguntara: "¿Quién eres tú para hablar de esta forma?", me respondería: "Soy médico. ¿Y qué piensas? ¿Que el mayor de los bienes es el fruto de tu arte? ¿Puede alguien discutirlo, Sócrates dado que produce la salud? ¿Hay algo que los hombres prefieren a la salud?". Después de este vendría el maestro de gimnasia, que me diría: "Sócrates, mucho me sorprendería que Gorgias pudiera mostrarte algún bien derivado de su arte que resulte mayor que el que resulta del mío. Y yo replicaría: "Tú, amigo mío, ¿quién eres y cuál es tu profesión?". "Soy el maestro de gimnasia —replicaría—, y mi profesión la de hacer robusto y hermoso el cuerpo humano". El economista llegaría después que el maestro de gimnasia y menospreciando todas las otras profesiones, me figuro que me diría: "Juzga por ti mismo, Sócrates, si Gorgias o cualquier otro puede proporcionar bienes mayores que la riqueza". "Qué —le diríamos—, ¿eres el artesano de la riqueza?". Él respondería: "Indudablemente, soy el economista". "Y qué —le diríamos—, ¿crees acaso que la riqueza es el mayor de los bienes?". "Seguramente, replicaría. No obstante, diría yo: "Gorgias, aquí presente, pretende que su arte produce un bien mayor que el tuyo". Es evidente que me preguntaría: "¿Qué gran bien es ese? Que Gorgias se explique". Imagínate, Gorgias, que ellos y yo te hacemos la misma pregunta, y dime en qué consiste lo que llamas el mayor bien del hombre que te vanaglorias de producir.

GORGIAS.- Es, en efecto, el mayor de todos los bienes aquel a quien los hombres deben su libertad y hasta en cada ciudad la autoridad sobre los otros ciudadanos.

SÓCRATES.- Pero vuelvo a decirte: ¿cuál es?

GORGIAS.- A mi modo de ver, el de estar apto para persuadir con sus discursos a los jueces en los tribunales, a los senadores en el Senado, al pueblo en las asambleas; en una palabra, a todos los que componen toda clase de reuniones políticas. Este talento pondrá a tus pies al médico y al maestro de gimnasia, y se verá que el economista se habrá enriquecido no para él, sino para otro, para ti, que posees el arte de hablar y ganar el espíritu de las multitudes.

SÓCRATES.- Por fin, Gorgias, me parece que me has mostrado tan de cerca como es posible qué arte piensas es la retórica, y si te he comprendido bien, dices que es la obrera de la persuasión, ya que tal es el objetivo de todas sus operaciones y que en suma no va más allá. ¿Podrías probarme, en efecto, que el poder de la retórica va más allá que de hacer nacer la persuasión en el alma de los oyentes?

GORGIAS.- De ningún modo, y en mi punto de vista la has definido muy acertadamente, dado que verdaderamente a esto solo se reduce.

SÓCRATES.- Escúchame, Gorgias. Si hay alguien que hablando con otro esté ansioso de comprender bien la cosa de que se habla, puedes estar seguro de que soy uno, y creo lo mismo de ti.

GORGIAS.- ¿Qué quieres decir?

SÓCRATES.- Sabes que no veo de qué naturaleza es la persuasión que atribuyes a la retórica ni por qué motivo se verifica esta persuasión; no es que no entienda de lo que me estás hablando. Pero no debido a esto dejaré de preguntarme qué persuasión nace de la retórica y acerca de qué. Si te pregunto en vez de hacerte partícipe de mis conjeturas, no es por causa tuya, sino, a raíz de esta conversación, a fin de que avance de forma que conozcamos claramente el asunto de que tratamos. Mira tú mismo si crees que tengo motivos para interrogarte. Si te preguntara en qué clase de pintores está Zeuxis y tú me contestaras que en la de pintores de animales, ¿no tendría yo razón si te preguntara, además, qué clase de animales pinta y sobre qué?

GORGIAS.- Indudablemente.

SÓCRATES.- ¿No es porque del mismo modo hay otros pintores que pintan animales?

GORGIAS.- Sí.

SÓCRATES.- Por lo que si Zeuxis fuera el único que los pintara, me habrías contestado bien.

GORGIAS.- Seguramente.

SÓCRATES.- Dime entonces, refiriéndome a la retórica: ¿te parece que es la única que motiva la persuasión o hay otras que hacen lo mismo? Este es mi pensamiento. El que enseña cualquier cosa que sea, ¿persuade de lo que enseña o no?

GORGIAS.- Persuade con toda seguridad, Sócrates.

SÓCRATES.- Volviendo a las mismas artes que ya hemos mencionado, ¿no nos enseñan la aritmética y el aritmético lo referente a los números?

GORGIAS.- Sí.

SÓCRATES.- ¿Y al mismo tiempo no persuaden? La aritmética, por ende, es una obrera de la persuasión.

GORGIAS.- Tiene apariencia de ello.

SÓCRATES.- ¿Y si nos preguntaran en qué persuasión y de qué? Diríamos que es la que muestra la cantidad del número, sea par o impar. Aplicando la misma respuesta a las demás artes de que hablamos nos sería fácil demostrar que producen la persuasión y señalar la especie y el objeto. ¿No es cierto?

GORGIAS.- Sí.

SÓCRATES.- La retórica no es, entonces, el único arte cuya obra es la persuasión.

GORGIAS.- Dices la verdad.

SÓCRATES.- Por ende, dado que no es la única que produce la persuasión y que otras artes consiguen lo mismo, tenemos derecho a preguntar, además, de qué persuasión es arte la retórica y de qué persuade esta persuasión. ¿No juzgas que esta pregunta está muy en su lugar?

GORGIAS.- Desde luego, sí.

SÓCRATES.- Ya que piensas así, respóndeme.

GORGIAS.- Hablo, Sócrates, de la persuasión que tiene lugar en los tribunales y las asambleas públicas, como decía hace muy poco, y en lo referente a las cosas justas e injustas.

SÓCRATES.- Sospechaba que tenías en vista, en efecto, esta persuasión y estos objetos, Gorgias. Pero no quise decirte nada para que te sorprendiera si en el curso de esta conversación te interrogara acerca de cosas que parecen evidentes. No es por ti, ya te lo he dicho, que procedo de esta forma, sino a causa de la discusión, a fin de que marche como es necesario y que por simples conjeturas no tomemos la costumbre de prevenir y adivinarnos los pensamientos mutuamente, pero acaba tu discurso como te plazca, y siguiendo los principios que establezcas tú mismo.

GORGIAS.- Nada me parece tan sensato como esta conducta.

SÓCRATES.- Pues entonces, adelante, y examinemos todavía esto otro. ¿Admites lo que se llama saber?

GORGIAS.- Sí.

SÓCRATES.- ¿Y lo que se llama creer?

GORGIAS.- Del mismo modo lo admito.

SÓCRATES.- ¿Te parece que saber y creer, la ciencia y la creencia, son la misma cosa o dos diferentes?

GORGIAS.- Pienso, Sócrates, que son dos cosas diferentes.

SÓCRATES.- Lo piensas bien, y podrás juzgar por lo que te voy a decir. Si te preguntaran, Gorgias, ¿hay una creencia verdadera y una falsa? Estarías de acuerdo en que sí.

GORGIAS.- Sí.

SÓCRATES.- ¿Y existe una ciencia falsa y otra verdadera?

GORGIAS.- No.

SÓCRATES.- Entonces es evidente que creer y saber no significan lo mismo.

GORGIAS.- Ciertamente.

SÓCRATES.- No obstante, los que saben están persuadidos al igual que los que creen.

GORGIAS.- Convengo en ello.

SÓCRATES.- ¿Quieres que, entonces, admitamos dos especies de persuasión, una que produce la creencia sin la ciencia y otra que produce la ciencia?

GORGIAS.- Definitivamente.

SÓCRATES.- De estas dos persuasiones, ¿cuál es la que con la retórica opera en los tribunales y otras asambleas con motivo de lo que es justo y de lo que es injusto? ¿Con aquella de la que nace la creencia sin la ciencia o la que engendra la ciencia?

GORGIAS.- Está claro, Sócrates, que con la que engendra la creencia.

SÓCRATES.- La retórica, a lo que parece, es, entonces, obrera de la persuasión que hace creer y no de la que hace saber en lo tocante a lo justo y lo injusto.

GORGIAS.- Sí.

SÓCRATES.- El orador, entonces, no se propone instruir a los tribunales y a las otras asambleas acerca de la materia de lo justo y de lo injusto, sino únicamente conseguir que crean. Verdad es que en muy poco tiempo le sería imposible instruir a tanta gente en objetos tan importantes.

GORGIAS.- Indudablemente.

SÓCRATES.- Aceptando esto; vamos a abordar lo que puede pensarse de la retórica. En cuanto a mí, te diré que todavía no puedo hacerme una idea precisa de lo que de ella debo decir. Cuando una ciudad se reúne para escoger médicos, constructores de embarcaciones o toda clase de obreros, ¿no es cierto que el orador no tendrá necesidad de dar consejos, dado que es evidente que en estas elecciones se escogerá siempre al más experto? Ni cuando se trate del levantamiento de murallas, de puertos o de arsenales serán necesarios discursos, porque será referido solo a los arquitectos, ni cuando se deliberara acerca de la elección de un general a las órdenes del cual se irá a combatir al enemigo, porque en estas ocasiones serán los hombres de guerra los que tendrán la palabra, y los oradores no serán consultados. ¿Qué piensas, Gorgias? Dado que te llamas orador y capaz de formar otros oradores, a nadie mejor que a ti puedo dirigirme para conocer a fondo tu arte. Figúrate, además, que estoy trabajando aquí por tus intereses. Es posible que entre los que aquí están haya quienes deseen ser discípulos tuyos, porque sé de muchos que tienen ganas de ello y no se atreven a interrogarte. Persuádete, entonces, de que cuando te interrogo es como si ellos mismos te preguntasen: "¿Qué ganaríamos, Gorgias, si nos dieras lecciones? ¿Acerca de qué estaríamos en estado de dar consejo a nuestros conciudadanos? ¿Será solamente de lo justo y de lo injusto, o además de los objetos de que Sócrates acaba de hablar?". Intenta responderles.

GORGIAS.- Sócrates, voy, en efecto, a intentar desarrollarte por entero toda la virtud de la retórica, porque me has puesto admirablemente en camino para ello. Tú sabes seguramente que en los arsenales de Atenas las murallas y los puertos se construyeron en parte siguiendo los consejos de Temístocles y en parte según los de Pericles, y no oyendo a los obreros.

SÓCRATES.- Sé, Gorgias, que se dice eso de Temístocles. De lo de Pericles lo vi yo mismo, cuando aconsejó a los atenienses que levantaran la muralla que separa a Atenas del Pireo.

GORGIAS.- Así ves, entonces, Sócrates, que cuando se trata de tomar un partido en los asuntos de que hablabas son los oradores los que aconsejan y su opinión es la que decide.

SÓCRATES.- Esto es lo que me asombra y es la causa de que te interrogue hace tanto tiempo acerca de la eficacia de la retórica. Me parece maravillosamente grande considerada desde este punto de vista.

GORGIAS.- Si supieras todo, verías que la retórica abarca, por decirlo así, la virtud de todas las otras artes. Voy a darte una prueba muy convincente de ello. A menudo he visitado con mi hermano y otros médicos unos enfermos que no querían tomar una poción o tolerar que se les aplicara el hierro o el fuego. En vista de que el médico no iba a corregir nada, intenté convencerlos sin más recursos que los propios de la retórica, y lo conseguí. Añado que si un orador y un médico se presentan en una ciudad, y que se trate de una discusión avivada ante el pueblo reunido o delante de cualquier corporación acerca de la preferencia entre el orador y el médico, no se hará caso ninguno de este, y el hombre que tiene el talento de la palabra será escogido, si se propone serlo. Por ende, igualmente con un hombre de cualquier otra profesión se preferirá al orador antes que otro, quienquiera que sea, porque no existe materia de la que no hable en presencia de una multitud de una forma tan persuasiva como no podrá igualarle cualquier otro artista. La ciencia de la retórica es, entonces, tan grande y tal como acabo de decir. Pero es necesario, Sócrates, hacer uso de la retórica como de los demás ejercicios, porque aunque se haya aprendido el pugilato, el pancracio y el combate con armas pesadas de forma de poder vencer a amigos y enemigos, no se debe servirse de ellos contra todo el mundo ni herir a sus amigos, golpearlos o matarlos. Pero del mismo modo, es cierto que no se debe tomar aversión a la gimnasia ni desterrar de las ciudades a los maestros de ella y de esgrima porque alguno que haya frecuentado los gimnasios y se hizo en ellos un cuerpo robusto y vuelto un buen luchador maltratara y golpeara a sus padres o a cualquiera de sus parientes o amigos. Los maestros preparan a sus discípulos a fin de que hagan un buen uso de lo que aprenden defendiéndose contra sus enemigos y contra los malvados, pero no para el ataque. Y si estos discípulos, contrariamente, usan mal su fuerza y su habilidad en contra de la intención de sus maestros, no es deducible de ello que ni los maestros ni el arte que enseñan sean malos ni que sobre ellos haya de recaer la culpa, sino sobre los que abusan de lo que se les enseñó. El mismo juicio puede emitirse acerca de la retórica. El orador, en verdad, está en estado de hablar de todo y contra todos, de forma que estará más apto que nadie para persuadir a la multitud en un momento dado del asunto que quiera. Mas esto no es una razón para que prive a los médicos de su reputación ni tampoco a los artesanos por el hecho de poder hacerlo. Al contrario: se debe usar la retórica como los otros ejercicios con arreglo a la justicia. Y si alguno que se haya formado en el arte de la oratoria abusa de esta facultad y de este arte para cometer una acción injusta, no se tendrá derecho debido a esto, me parece, a odiar y desterrar de la ciudad al maestro que le dio lecciones. Porque si puso un arte en sus manos fue para que lo empleara en pro de las causas justas y el otro lo empleó de un modo enteramente opuesto. Él, el discípulo que ha abusado del arte, es el que la equidad quiere que sea aborrecido, expulsado y condenado a muerte, pero no el maestro.

Sócrates.- Estoy pensando, Gorgias, en que has asistido como yo a muchas disputas y que habrás observado que cuando los hombres se proponen conversar les cuesta mucho trabajo fijar de una y otra parte las ideas y determinar la conversación después de haberse instruido a sí mismos y a los demás. Pero cuando surge entre ellos alguna controversia y uno pretende que el otro habla con poca exactitud o claridad, se enojan y se imaginan que se los contradice por envidia y que se habla por espíritu de disputa y no con intención de esclarecer la materia propuesta. Algunos acaban injuriándose groseramente y separándose después de haberse dicho tales cosas, que los oyentes se lamentan de haber sido el auditorio de gente semejante. Pero ¿a propósito de qué digo esto? Pues me parece que no hablas de una forma consecuente en lo que referente a la retórica dijiste antes, temo que si te refuto puedas figurarte que mi intención no es la de disputar acerca de la cosa misma, a fin de aclararla, sino contra ti. Si tienes, entonces, el mismo carácter que yo, te interrogaré con gusto; si no, no iré más lejos. Pero ¿cuál es mi carácter? Soy de los que gustan que se les refute cuando no dicen la verdad y de refutar a los otros cuando se apartan de ella, complaciéndome tanto en refutar como en ser refutado. Considero, en efecto, que es un bien mucho mayor el ser refutado, porque es más ventajoso verse libre del mayor de los males que librar a otro de él. No conozco, además, que exista mayor mal para un hombre que el de tener ideas falsas en la materia que tratamos. Si dices que la disposición de tu espíritu es igual a la mía, prosigamos la conversación, y si crees que debemos darla por terminada, consiento y sea como quieras.

GORGIAS.- Me lisonjeo, Sócrates, de ser uno de esos a quienes has retratado; no obstante, tenemos que ser considerados con los que nos escuchan. Mucho tiempo antes de que vinieras les había ya explicado muchas cosas, y si ahora reanudamos la conversación puede ser que nos lleve muy lejos. Conviene, entonces, que pensemos en los oyentes y no retener al que tenga cualquier otra cosa que hacer.

QUEREFONTE.- Están oyendo, Gorgias y Sócrates, el ruido que hacen todos los presentes para testimoniarles el deseo que tienen de escucharlos si continúan hablando. De mí puedo asegurarles que quieran los dioses que nunca tenga asuntos tan importantes y urgentes que me obliguen a dejar de escuchar una discusión tan interesante y bien llevada por algo que sea más necesario.

CALICLES.- ¡Por los dioses!, lleva razón Querefonte. He asistido a muchas de estas conversaciones, pero no sé si alguna me ha deleitado tanto como esta. Debido a esto me daría una inmensa gratitud si quieren estar hablando todo el día.

SÓCRATES.- Si Gorgias quiere, no hallarás en mí, Calicles, ningún obstáculo a tu deseo.

GORGIAS.- Sería bochornoso para mí si no consintiera, Sócrates, sobre todo después de haber dicho que me comprometía a contestar a todo el que quiera interrogarme. Continuaremos, entonces, la conversación, si la compañía tiene gusto en ello, y proponme lo que juzgues a propósito.

SÓCRATES.- Escucha, Gorgias, lo que me sorprende de tu discurso. Es posible que hayas dicho la verdad y yo no te haya comprendido bien. Dices que estás en disposición de formar un hombre en el arte oratorio, si quiere tomar tus lecciones, ¿no es así?

GORGIAS.- Sí.

SÓCRATES.- Es decir, que le harás capaz de hablar de todo de una forma plausible ante la multitud, no enseñando sino persuadiendo, ¿no?

GORGIAS.- Sí, eso dije.

SÓCRATES.- Y añadiste, por ende, que en cuanto a la salud del cuerpo hará el orador que le crean más que al médico.

GORGIAS.- Lo dije, es cierto, con tal que se dirija a las multitudes.

SÓCRATES.- Por multitudes entiendes indudablemente a los ignorantes, porque al parecer el orador no tendrá ventaja sobre el médico ante personas instruidas.

GORGIAS.- Es cierto.

SÓCRATES.- Si es más capaz de persuadir que el médico, persuadirá mejor que el que sabe.

GORGIAS.- Indudablemente.

SÓCRATES.- ¿Aunque él mismo no sea médico?

GORGIAS.- Sí.

SÓCRATES.- Pero el que no es médico ¿no ignora las cosas en las que el médico es un sabio?

GORGIAS.- Es evidente.

SÓCRATES.- El ignorante será, entonces, más apto que el sabio para persuadir a los ignorantes, si es cierto que el orador está más capacitado que el médico para persuadir. ¿No es esto lo que es deducible de lo dicho o es otra cosa?

GORGIAS.- En el caso presente es lo que resulta.

SÓCRATES.- Esta ventaja del orador y de la retórica ¿no es la misma en relación a las otras artes? Quiero decir si no es necesario que se instruya de la naturaleza de las cosas y que baste que invente cualquier medio de persuasión de forma que parezca a los ojos de los ignorantes más sabio que los que poseen esas artes.

GORGIAS.- ¿No es muy cómodo, Sócrates, no tener necesidad de aprender más arte que este para no tener que envidiar en nada a los otros artesanos?

SÓCRATES.- Vamos a examinar inmediatamente, suponiendo que nuestro tema lo exija, si en esta cualidad, el orador es superior o inferior a los otros. Pero antes veamos si en relación a lo justo y a lo injusto, a lo bueno y a lo malo y a lo honrado y a lo que no lo es se encuentra el orador en el mismo caso que en relación a lo que es saludable para el cuerpo y para los objetos de los demás: de forma que ignore lo que es bueno o malo, justo o injusto, honrado o no, y que acerca de estos objetos se haya imaginado solamente algún expediente para persuadir y parecer ante los ignorantes más instruido que los sabios acerca de ello y a pesar de ser él un ignorante. Veamos si es necesario que el que quiera aprender la retórica sepa todo esto y lo practique hábilmente antes de tomar tus lecciones, o si en el caso de no tener ningún conocimiento, tú, que eres maestro de retórica, no le enseñarás nada de estas cosas que nos atañen o si harás de forma que no sabiéndolas parezca que las sabe y que pase por hombre de bien sin serlo; o si no podrás totalmente enseñarle la retórica a menos que no haya aprendido anticipadamente la verdad acerca de estas materias. ¿Qué piensas de esto, Gorgias? En nombre de Zeus, explícanos, como nos prometiste hace un momento, toda la virtud de la retórica.

GORGIAS.- Pienso, Sócrates, que aunque no supiera nada de todo eso, lo aprendería a mi lado.

SÓCRATES.- Detente, no sigas. Respondes muy bien. Si tienes que hacer de alguno un orador, es totalmente preciso que conozca lo que es justo y lo injusto, sea que lo haya aprendido antes de ir a tu escuela o que se lo enseñes tú.

GORGIAS.- Evidentemente.

SÓCRATES.- Pero dime: el que ha aprendido el oficio de carpintero, ¿es carpintero o no?

GORGIAS.- Lo es.

SÓCRATES.- Y cuando se ha aprendido música, ¿se es músico?

GORGIAS.- Sí.

SÓCRATES.- ¿Y cuándo se ha aprendido la medicina no se es médico? En una palabra, cuando en relación a todas las otras artes se ha aprendido lo que les pertenece, ¿no se es lo que debe ser el que ha estudiado cada una de estas artes?

GORGIAS.- Convengo en ello en que sí.

SÓCRATES.- Por la misma razón, entonces, el que haya aprendido lo que corresponde a la justicia, es justo.

GORGIAS.- Indudablemente.

SÓCRATES.- Entonces es de necesidad que el orador sea justo y que el hombre justo quiera que sus acciones sean justas.

GORGIAS.- Al menos eso parece.

SÓCRATES.- El hombre justo no querrá, entonces, cometer ninguna injusticia.

GORGIAS.- Es una conclusión necesaria.

SÓCRATES.- ¿No es deducible necesariamente de lo que se ha dicho, que el orador es justo?

GORGIAS.- Sí.

SÓCRATES.- El orador, por ende, no cometerá nunca una injusticia.

GORGIAS.- Parece que no.

SÓCRATES.- ¿Recuerdas haber dicho un poco antes que no había que achacar la culpa ni expulsar de las ciudades a los maestros de gimnasia porque un atleta hubiese abusado del pugilato y cometido una acción injusta? Del mismo modo, si algún orador hace un mal uso de la retórica, no se debe hacer recaer la falta sobre su maestro ni desterrarlo del Estado, pero sí hacerla recaer sobre el autor mismo de la injusticia que no usó de la retórica como debía. ¿Dijiste esto o no?

GORGIAS.- Efectivamente, lo he dicho.

SÓCRATES.- ¿Acabamos de ver o no que este mismo orador es incapaz de cometer una injusticia?

GORGIAS.- Acabamos de verlo.

SÓCRATES.- ¿Y no dijiste desde el principio, Gorgias, que la retórica tiene por objeto los discursos que tratan, no de lo par y de lo impar, sino de lo justo y de lo injusto? ¿No es cierto?

GORGIAS.- Sí.

SÓCRATES.- Escuchándote hablar así, supuse que la retórica no podía ser nunca una cosa injusta, dado que sus discursos están referidos siempre a la justicia. Pero cuando te he escuchado decir poco después que el orador podía hacer un mal uso de la retórica, me sorprendí. Y esto es lo que me hizo decirte que, si considerabas como yo que era una ventaja ser refutado, podríamos continuar la discusión y si no, dejarla. Habiéndonos puesto inmediatamente a estudiar el asunto, ves tú mismo que hemos acordado que el orador no puede hacer uso injustamente de la retórica al querer cometer una injusticia. Y ¡por el perro!, Gorgias, el examinar a fondo lo que hay que pensar acerca de esto, no es materia para una breve conversación.

POLO.- ¡Pero, Sócrates! ¿Tienes ciertamente esa opinión de la retórica? ¿O no crees más bien que Gorgias se ha avergonzado de confesar que el orador no conoce lo justo, ni lo injusto, ni lo bueno, y que si se va a él sin estar versado en estas cosas no las enseñaría? Esta confesión será probablemente la causa del desacuerdo en que ha incurrido y que tú aplaudes por haber llevado la cuestión a esta clase de pregunta. Pero ¿piensas que haya en el mundo quien confiese que no tiene ningún conocimiento de la justicia y que no puede instruir en ella a los otros? En verdad, encuentro sumamente extraño llevar el discurso a semejantes simplezas.

SÓCRATES.- Has de saber, Polo encantador, que procuramos tener hijos y amigos para que cuando nos volvamos viejos y demos algún paso en falso, ustedes, los jóvenes, nos puedan ayudar a poner en pie y lo mismo a nuestras acciones y discursos. Si Gorgias y yo nos hemos engañado en todo lo que comentamos, corrígenos. Te lo debes a ti mismo. Si en todo lo que hemos reconocido hay algún acuerdo que te parezca mal acordado, te permito que insistas en él y que lo reformes como gustes, con tal de que tengas cuidado de una cosa.

POLO.- ¿De qué?

SÓCRATES.- De aguantar tu afán de pronunciar largos discursos, afán al que estuviste a punto de sucumbir al comenzar esta conversación.

POLO.- ¡Cómo! ¿No voy a poder hablar todo el tiempo que necesite?

SÓCRATES.- Sería tratarte muy mal, apreciado mío, si habiendo venido a Atenas, el sitio de Grecia donde se tiene más libertad para hablar, fueras el único a quien se le privara de este derecho. Pero ponte en mi lugar. Si discurres a tu placer y te niegas a contestar con precisión a lo que te propongan, ¿no habría motivo para que me compadecieran a mi vez si no me permitieran marcharme sin escucharte? Debido a esto, si tienes algún interés en la disputa precedente y quieres rectificar algo, vuelve, como te he dicho, al punto que quieras, interrogando y respondiendo a tu vez, como hemos hecho Gorgias y yo, combatiendo mis razones y permitiéndome combatir las tuyas. Me figuro que quieres saber las mismas cosas que Gorgias. ¿No es cierto?

POLO.- Sí.

SÓCRATES.- Por ende, te brindas a contestar a cualquiera que quiera interrogarte sobre toda materia, creyéndote en disposición de satisfacerle.

POLO.- Con seguridad.

SÓCRATES.- Pues bien, escoge lo que quieras: interroga o responde.

POLO.- Acepto tu propuesta; respóndeme, Sócrates. Dado que te figuras que Gorgias se ve apurado para explicarte lo que es la retórica, dinos lo que tú piensas que es.

SÓCRATES.- ¿Me preguntas qué clase de arte es la retórica según mi punto de vista?

POLO.- Sí.

SÓCRATES.- Si te he de ser sincero, Polo, te diré que no la tengo por un arte.

POLO.- ¿Por qué la tienes entonces?

SÓCRATES.- Por algo que tú lisonjeas de haber convertido en arte en un escrito que leí hace poco.

POLO.- ¿Y qué más todavía?

SÓCRATES.- Por una especie de rutina.

POLO.- ¿La retórica en tu opinión es una rutina?

SÓCRATES.- Sí, a menos que tengas tú otra idea de ella.

POLO.- ¿Y qué objeto tiene esta rutina?

SÓCRATES.- Procurar agrado y placeres.

POLO.- ¿No juzgas que la retórica es algo bello, dado que pone en estado de agradar y procurar placeres a los hombres?

SÓCRATES.- ¿No te he dicho ya lo que considero es la retórica como para que me preguntes, como estás haciendo, si no me parece bella?

POLO.- ¿No te he escuchado decir que es una especie de rutina?

SÓCRATES.- Dado que tanta importancia das a lo que se llama agradar y procurar un placer, ¿quisieras hacerme uno muy pequeño?

POLO.- Con gusto.

SÓCRATES.- Pregúntame si considero a la cocina como un arte.

POLO.- Consiento en ello. ¿Qué arte es el de la cocina?

SÓCRATES.- Ninguno, Polo.

POLO.- ¿Qué es entonces? Habla.

SÓCRATES.- Vas a oírlo: una especie de rutina.

POLO.- Dime, ¿cuál es su objeto?

SÓCRATES.- Helo aquí: agradar y procurar placeres.

POLO.- ¿La retórica y la cocina son la misma cosa?

SÓCRATES.- Claro que no, pero las dos forman parte de la misma profesión.

POLO.- ¿De cuál, si lo tienes a bien?

SÓCRATES.- Temo que sea demasiado grosero contestarte categóricamente y no quiero hacerlo por Gorgias, por temor de que se figure que quiero ridiculizar su profesión. En referente a mí, ignoro si la retórica que profesa Gorgias es la que me figuro, tanto más cuanto que la disputa precedente no nos ha descubierto claramente lo que piensa. Y refiriéndome a lo que llamo retórica te diré que es una parte de una cosa que nada tiene de bella.

GORGIAS.- ¿De qué cosa? Dilo, Sócrates, y no temas ofenderme.

SÓCRATES.- Me parece, Gorgias, que es cierta profesión en la que el arte en verdad no interviene nada, pero que supone en un alma el talento de la conjetura, valor y grandes disposiciones naturales para conversar con los hombres. Llamo adulación a la especie en que está comprendida. Esta especie me parece estar dividida en qué se yo cuántas partes, y de estas, una es la cocina. Generalmente se cree que es un arte, pero desde mi punto de vista no lo es, porque solo es una costumbre, una rutina. Entre las partes que constituyen la adulación, cuento del mismo modo a la retórica lo mismo que a lo llamado arte del vestido o a la sofística, y atribuyo a estas cuatro partes cuatro objetos diferentes. Si Polo quiere seguir interrogándome, puede hacerlo, porque todavía no le he explicado qué parte de la adulación digo que es la retórica. No se da cuenta de que todavía no he terminado mi respuesta, y como si lo estuviera me pregunta si no considero que la retórica es una cosa bella. No le diré si me parece fea o bella antes de haberle respondido lo que es. De otra forma procederíamos sin orden, Polo. Pregúntame, si quieres oírlo, qué parte de la adulación digo que es la retórica.

POLO.- Sea; te lo pregunto. Dime qué parte es.

SÓCRATES.- ¿Entiendes mi respuesta? En mi punto de vista la retórica no es más que el simulacro de una parte de la política.

POLO.- Pero ¿es bella o fea?

SÓCRATES.- Digo que fea, porque para mí es feo todo lo que es malo, dado que es necesario contestarte como si comprendieras ya mi pensamiento.

GORGIAS.- ¡Zeus, Sócrates! Yo mismo no concibo lo que quieres decir.

SÓCRATES.- No me sorprende, Gorgias, porque todavía no he dicho nada determinado. Pero Polo es joven y ardiente.

GORGIAS.- Déjale y explícame en qué sentido dices que la retórica es el simulacro de una parte de la política.

SÓCRATES.- Voy a tratar de exponerte lo que acerca de esto pienso, y si la cosa no es como digo, Polo me refutará. ¿No hay una sustancia que llamas cuerpo y otra que denominas alma?

GORGIAS.- Indudablemente.

SÓCRATES.- ¿No crees que hay una buena constitución del uno y de la otra?

GORGIAS.- Sí.

SÓCRATES.- ¿No reconoces del mismo modo que ambos pueden tener una constitución que parezca buena y que no lo sea? Me explicaré. Muchos parecen tener el cuerpo bien constituido y solo un médico o un profesor de gimnasia verían fácilmente que no es así.

GORGIAS.- Tienes razón.

SÓCRATES.- Digo, entonces, que hay en el cuerpo y en el alma un no sé qué que hace juzgar que ambos están en buen estado, aunque, no sea así.

GORGIAS.- Es cierto.

SÓCRATES.- Intentaré darte a entender con más claridad lo que quiero decir. Digo que hay dos artes que corresponden a estas dos sustancias. Al correspondiente al alma, le llamo política; al otro, al correspondiente al cuerpo, no sabría designarlo con una sola palabra. Aunque la cultura del cuerpo no sea más que una, la divido en dos partes, que son la gimnástica y la medicina, y procediendo del mismo modo con la política, la divido del mismo modo en dos partes y refiero la parte legislativa a la gimnasia y la judicial a la medicina, porque la medicina y la gimnasia por una parte, y la parte legislativa y judicial por otra, están muy relacionadas entre sí, porque se ejercen sobre el mismo objeto. No obstante se diferencia la una de la otra en alguna cosa. Estas cuatro partes, siendo tales como he dicho y teniendo siempre por finalidad el mejor estado posible del cuerpo las unas y las otras el del alma, la adulación se ha dado cuenta de ello, no digo por un conocimiento reflejo, sino por vía de conjetura, y dividiéndola en cuatro se insinúa bajo cualquiera de estas partes haciéndose pasar por el arte cuyo disfraz ha adoptado. No se molesta en procurar que sea el mejor, sino el más agradable, atrae a sus redes a los insensatos y los engaña de tal modo, que les parece de un gran valor. La cocina se ha introducido furtivamente disfrazada de medicina y se atribuye el discernimiento de los alimentos más saludables al cuerpo, de forma que si el médico y el cocinero tuvieran que disputar juntos delante de niños o de hombres muy poco razonables como los niños, para saber quién de los dos, el médico o el cocinero, conoce mejor las buenas y las malas cualidades de los alimentos, el médico se moriría de hambre. Esto es lo que yo llamo adulación y digo que es una cosa vergonzosa. Polo, a ti es a quien lo digo, porque no tiende más que a lo agradable descuidando lo mejor. Añado que no es un arte, sino una rutina, porque no tiene ningún principio seguro referente a la naturaleza de las cosas que propone que le sirva de guía de conducta, de forma que no puede dar razón de nada, y yo no llamo arte a cosa alguna que está falto de razón. Si quieres discutirme esto, me tienes dispuesto a contestarte. La lisonja culinaria se ha ocultado, como he dicho, bajo el manto de la medicina, y bajo el de la gimnástica la manía de engalanarse, práctica fraudulenta y engañadora, innoble y cobarde, que emplea para reducir las figuras, los colores, el amaneramiento y la vestimenta, engañando a la gente con una belleza prestada que hace descuidar la hermosura natural que es la que proporciona la gimnástica. Y para no extenderme más, te diré como los geómetras —y puede que así me entiendas mejor— lo que la vanidad en el vestir es a la gimnasia es lo que la cocina a la medicina, o mejor aún de esta forma: lo que la vanidad en el vestir es a la gimnasia es lo que la sofística a la parte legislativa; y lo que la cocina es a la medicina es lo que la retórica al arte judicial. La diferencia que la naturaleza ha puesto entre estas cosas es tal como acabo de explicarlo, pero a causa de su afinidad los sofistas y los oradores se aproximan a los jueces y legisladores y se dedican a los mismos asuntos. De donde se deriva que a punto fijo no saben ellos mismos cuál es su profesión ni los otros nombres para qué sirven. Si el alma, en efecto, no se impusiera al cuerpo y este se gobernara a sí mismo; si el alma no examinara nada por sí misma y no discerniera la diferencia entre la cocina y la medicina y fuera el cuerpo el que juzgara según su placer, nada sería más común, querido Polo, que lo que dice Anaxágoras (porque tú indudablemente estás fuerte en estas materias): «todas se mezclarían y confundirían y no se podrían distinguir los alimentos saludables ni los que prescribe el médico de los que prepara el cocinero». Ya has escuchado lo que pienso de la retórica: está en la misma relación respecto del alma que la cocina al cuerpo. Quizá es una inconsecuencia mía el haber pronunciado este discurso tan largo después de habértelos prohibido, pero soy acreedor a que se me disculpe, porque cuando me expresé concisamente no me comprendiste bien y no supiste qué partido sacar de mis respuestas; en una palabra, te faltaba más explicación. Cuando me contestes, si me encuentro en el mismo apuro al oír tus respuestas, te permitiré te extiendas a tu vez; pero mientras no sea así, déjame obrar, porque nada será más justo. Y si esta respuesta te proporciona alguna ventaja sobre mí, aprovéchala.

POLO.- Pero ¿qué dices? ¿Que la retórica, en tu opinión, es igual que la adulación?

SÓCRATES.- He dicho solamente que es una parte de ella. Pero veo, Polo, que a tu edad te va faltando ya la memoria. ¿Qué será cuando seas viejo?

POLO.- ¿Te parece que en las ciudades se mira a los buenos oradores como si fuesen viles aduladores?

SÓCRATES.- ¿Me haces una pregunta o empiezas un discurso?

POLO.- Solo pregunto.

SÓCRATES.- Me parece que ni siquiera se los mira.

POLO.- ¡Cómo! ¿Que no se los mira? De todos los ciudadanos, ¿no son ellos los que tienen más poder?

SÓCRATES.- No, si crees que el poder es un bien para quien lo tiene.

POLO.- Así lo creo.

SÓCRATES.- Entonces te digo que de todos los ciudadanos son los oradores los que tienen menos autoridad.

POLO.- ¿Qué? Semejantes a los tiranos, ¿no hacen morir a quien quieren? ¿No despojan de sus bienes y destierran de las ciudades a quienes les place?

SÓCRATES.- ¡Por el perro!, a cada cosa que dices me desconciertas y no sé si dices lo que piensas y expones tu opinión o si me preguntas la mía.

POLO.- Claro está, que te pregunto.

SÓCRATES.- Entonces, apreciado amigo, ¿por qué me haces dos preguntas a la vez?

POLO.- ¿Cómo dos preguntas?

SÓCRATES.- ¿No dijiste ahora mismo que los oradores, al igual que los tiranos, condenan a muerte a quien quieren, los privan de sus bienes y los destierran de las ciudades que les place?

POLO.- Sí.

SÓCRATES.- Pues bien, yo te digo que son dos preguntas y voy a responder a la una y a la otra. Mantengo, Polo, que los oradores y los tiranos tienen muy poco poder en las ciudades, como hace poco te dije, y que no hacen casi nada de lo que quieren, aunque hagan lo que les parece ser lo más ventajoso.

POLO.- ¿Y no es esto un gran poder?

SÓCRATES.- Según lo que pretendes, Polo, no.

POLO.- ¿Que yo pretendo eso? ¡Qué va!, todo lo contrario.

SÓCRATES.- Tú lo pretendes, te digo. ¿No has reconocido que un gran poder es un gran poder para el que está revestido de él?

POLO.- Y vuelvo a decirlo una vez más.

SÓCRATES.- ¿Crees que es un bien para uno hacer lo que le parece más ventajoso cuando está desprovisto de sentido común? ¿Y llamas a esto un gran poder?

POLO.- Para nada.

SÓCRATES.- Pruébame que los retóricos tienen buen sentido y que la retórica es un arte y no una adulación y me habrás refutado. Pero mientras no hagas nada de esto, seguirá siendo verdad que no es un bien para los oradores ni para los tiranos el hacer en las ciudades lo que les plazca. El poder es en verdad un bien, como dices, pero tú mismo convienes que hacer lo que se juzga a propósito, cuando es un desatino, es un mal. ¿No es cierto?

POLO.- Sí.

SÓCRATES.- ¿Cómo, entonces, tendrían los oradores y tiranos un gran poder en las ciudades a menos que Polo no obligue a Sócrates a confesar que hacen lo que quieren?

POLO.- ¡Qué hombre!

SÓCRATES.- Digo que no hacen lo que quieren. Refútame.

POLO.- ¿No acabas de decir que hacen lo que creen más ventajoso para ellos?

SÓCRATES.- Y sigo sosteniéndolo.

POLO.- Entonces hacen lo que quieren.

SÓCRATES.- Lo niego.

POLO.- ¡Qué! Cuándo hacen lo que juzgan oportuno, ¿no hacen lo que quieren?

SÓCRATES.- Indudablemente.

POLO.- En verdad, Sócrates, mantienes cosas insostenibles y deplorables.

SÓCRATES.- No me condenes tan de prisa, Polo encantador, por hablar como tú. Pero si tienes todavía que hacerme alguna pregunta, pruébame que me engaño. Si no contéstame.

POLO.- Te contesto para entender lo que quieres decir.

SÓCRATES.- ¿Juzgas que los hombres quieren lo que hacen habitualmente o la cosa por la cual hacen esas acciones? Por ejemplo, los que toman de manos del médico una poción, ¿crees que quieren lo que hacen, es decir, tragarse la pócima y sentir dolor? ¿O quieren recobrar la salud y por eso se toman la medicina?

POLO.- Es evidente que quieren recobrar la salud y que por eso toman la medicina.

SÓCRATES.- Del mismo modo los que viajan por mar y los que hacen toda clase de comercio no quieren lo que hacen diariamente, porque ¿quién es el hombre al que le gusta ir por mar, exponerse a mil peligros y tener mil dificultades? Pero quieren, me parece, la cosa por la cual hacen el viaje por mar, es decir, enriquecerse; las riquezas, en efecto, son el objeto de los viajes por mar.

POLO.- Conforme.

SÓCRATES.- ¿No ocurre lo mismo en relación a todo lo demás? De forma que el que hace una cosa con miras a otra, no quiere la cosa misma que hace, sino aquella por la cual hace la primera.

POLO.- Sí.

SÓCRATES.- ¿Hay algo en el mundo que no sea bueno ni malo o tenga lo medio entre lo bueno y lo malo sin ser lo uno ni lo otro?

POLO.- No puede ser de otro modo.

SÓCRATES.- ¿No incluyes a la sabiduría, la salud, la riqueza y todas las cosas parecidas en el número de las cosas buenas y a sus contrarias en el número de las malas?

POLO.- Sí.

SÓCRATES.- Y por cosas que no son buenas ni malas, ¿no entiendes aquellas que tanto tienen de bueno como de malo y tanto ni de lo uno ni de lo otro? Por ejemplo, estar sentados, andar, correr, navegar y del mismo modo las piedras, las maderas y otras cosas por el estilo. ¿No es esto lo que concibes que no es bueno ni malo o es otra cosa?

POLO.- No; es esto mismo.

SÓCRATES.- Cuando los hombres hacen cosas indiferentes, ¿las hacen pensando en las buenas o hacen las buenas pensando en aquellas?

POLO.- Hacen las indiferentes pensando en las buenas.

SÓCRATES.- Entonces es el bien lo que siempre buscamos; cuando caminamos es pensando en el bien que nos convendrá más, y es en vista de este mismo bien que nos detenemos cuando nos detenemos. ¿No es así?

POLO.- Sí.

SÓCRATES.- Y sea que se condene a muerte a alguien, que se le destierre o prive de sus bienes, ¿no se determinará uno a estas acciones persuadido de que es lo mejor que puede hacer? ¿No te parece?

POLO.- Ciertamente.

SÓCRATES.- Todo lo que se hace en este género es, entonces, en vista del bien que se hace.

POLO.- Convengo en ello.

SÓCRATES.- ¿No hemos convenido del mismo modo en que no se quiere la cosa que se hace con miras a otra sino a esta?

POLO.- Nadie puede contradecirlo.

SÓCRATES.- Entonces no queremos condenar a muerte, ni desterrar del país, ni despojar a nadie de lo suyo sin más ni más sino cuando eso nos pueda ser útil, pero si puede perjudicarnos, no. Porque como reconoces se quieren las cosas cuando son buenas. En lo referente a las que no son buenas ni malas y a las malas, a estas no se las quiere. Lo que digo, Polo, ¿te parece verdad o no?... ¿Por qué no me contestas?

POLO.- Me parece verdad.

SÓCRATES.- Dado que estamos de acuerdo en este punto, cuando un tirano o un orador condena a alguien a muerte o al destierro o a la confiscación de sus bienes, creyendo que es el partido más ventajoso para él mismo, aunque verdaderamente sea el más malo, hace lo que juzga más a propósito, ¿no es así?

POLO.- Sí.

SÓCRATES.- ¿Hace debido a esto lo que quiere, si es cierto que lo que hace es malo?... ¿Por qué no respondes?

POLO.- No me parece que haga lo que quiere.

SÓCRATES.- ¿Es posible que un hombre tal tenga un gran poder en la ciudad, si, como has reconocido, es un bien el estar revestido de un gran poder?

POLO.- No puede tenerlo.

SÓCRATES.- Por ende, tuve razón al decir que es posible que un hombre haga cuanto se le ocurre juzgar a propósito en una ciudad sin disfrutar, no obstante, de un gran poder, ni hacer lo que quiere.

POLO.- Como si tú mismo, Sócrates, no prefirieras tener la libertad de hacer en una ciudad lo que te gustara a no tenerla, y como si cuando ves a cualquiera hacer morir a otro porque lo cree conveniente, o despojarle de sus bienes o encadenarle en una prisión, no le envidiaras.

Sócrates.- ¿Supones que actúa con justicia, o no?

Polo.- Sea como sea, ¿no es siempre algo digno de envidia?

Sócrates.- Habla mejor, Polo.

Polo.- ¿Por qué?

Sócrates.- Porque no hay que envidiar a aquellos cuya suerte no debe excitar ninguna ni a los desgraciados, sino tenerles lástima.

Polo.- Pero ¿es posible que juzgues tal la condición de estos de quienes te hablo?

Sócrates.- ¿Podría acaso juzgarlos de otro modo?

Polo.- ¿Tomarías entonces como desgraciado y digno de compasión a cualquiera que condena a muerte a quien juzga a propósito, aun en el caso de que le condene con justicia?

Sócrates.- Para nada, pero tampoco me parece digno de ser envidiado.

Polo.- ¿No acabas de decir que es desgraciado?

Sócrates.- Sí, apreciado; lo he dicho del que condena a muerte injustamente, y además, que es digno de compasión. Y del que quita justamente la vida a otro, digo que no puede ser envidiado.

Polo.- El hombre condenado a muerte injustamente ¿no es desgraciado y merecedor de compasión al mismo tiempo?

Sócrates.- Menos que el autor de su muerte, Polo, y menos aún que el que ha merecido la muerte.

Polo.- ¿Cómo, Sócrates?

Sócrates.- Porque de todos los males, el mayor es cometer una injusticia.

Polo.- ¿Es este el mayor mal? ¿No es mayor el sufrir una injusticia?

Sócrates.- Para nada.

Polo.- ¿Entonces preferirías más ser víctima de una injusticia que cometerla?

Sócrates.- No quisiera ni lo uno ni lo otro. Pero si me viera obligado a cometer una injusticia o a tener que sufrirla, preferiría esto antes que cometerla.

Polo.- ¿Aceptarías o no la condición de tirano?

Sócrates.- No, si por tirano entiendes la misma cosa que yo.

POLO.- Comprendo por tirano lo que te dije hace muy poco: tener el poder de hacer en una ciudad cuanto me viniere en gana; matar, desterrar, en una palabra, obrar como le plazca a mi albedrío.

SÓCRATES.- Reflexiona, querido amigo, sobre lo que voy a decir. Si cuando la plaza pública está llena de gente y teniendo yo oculto un puñal bajo mi brazo te dijera: en este momento me siento revestido de un poder maravilloso igual al de un tirano. De todos estos hombres que ves, el que me parezca a propósito de que lo mate, morirá inmediatamente. Si me parece que debo romper la cabeza a alguno, al instante la tendrá rota; si quiero rasgar sus vestiduras, las rasgaré, tan grande es el poder que tengo en esta ciudad. Si no quisieras creerme y te enseñase el puñal, puede ser que al verlo exclamaras: de esta forma cualquiera puede tener un gran poder. De igual modo podrías incendiar la casa del ciudadano que se te antojara, los arsenales de Atenas y todas las embarcaciones públicas y particulares. Pero la grandeza del poder no consiste precisamente en hacer lo que se juzga a propósito. ¿Lo crees?

POLO.- Como lo has dicho, no.

SÓCRATES.- ¿Me dirías por qué razón desecharías un poder así?

POLO.- Sí.

SÓCRATES.- Dila.

POLO.- Porque quien usara de él, sería castigado irremisiblemente.

SÓCRATES.- ¿El ser castigado no es un mal?

POLO.- Indudablemente.

SÓCRATES.- Entonces, apreciado, juzgas, de nuevo que se dispone de un gran poder cuando haciendo lo que se juzga a propósito se hace lo que es ventajoso y que entonces es una cosa buena. En esto consiste, en efecto, el gran poder; fuera de esto es una cosa mala y un poder muy débil. Examinemos esto todavía. ¿No estamos de acuerdo en que algunas veces es mejor hacer lo que decimos hace un instante, condenar a muerte a los ciudadanos, desterrarlos y decomisar sus bienes y que otras veces no?

POLO.- Nadie podrá contradecirte.

SÓCRATES.- Entonces parece que acerca de este punto estamos de acuerdo tú y yo.

POLO.- Sí.

SÓCRATES.- ¿En qué caso dices tú que es mejor hacer esta clase de cosas? Determínalo sin ambigüedades.

POLO.- Respóndete tú mismo a esta pregunta, Sócrates.

SÓCRATES.- Dado que quieres saber mi punto de vista antes de darme a conocer el tuyo, te digo que es mejor hacerlas cuando se las hace con justicia y peor cuando se hacen injustamente.

POLO.- Es realmente muy difícil refutarte, Sócrates. ¿No podría convencerte, no obstante, cualquier chiquillo de que no dices la verdad?

SÓCRATES.- Muy reconocido quedaría a ese niño y no menos a ti si me refutas y me libras de mis extravagancias. No te canses de obligar a un hombre que te quiere; por favor, pruébame que estoy equivocado.

POLO.- Para esto no hay que recurrir a sucesos remotos. Lo ocurrido ayer y anteayer basta para confundirte y demostrar que muchos hombres culpables de injusticias son felices.

SÓCRATES.- ¿Qué sucesos son esos?

POLO.- Ves a Arquelao, hijo de Perdiccas, rey de Macedonia.

SÓCRATES.- Si no lo veo, al menos oigo hablar de él.

POLO.- Y qué te figuras que es, ¿dichoso o desgraciado?

SÓCRATES.- No lo sé, Polo, porque todavía no he hablado con él.

POLO.- ¿Qué dices? ¿Si hubieras hablado con él, sabrías a qué atenerte y de otra forma no puedes saber si es feliz?

SÓCRATES.- Te aseguro que no.

POLO.- Estoy seguro, Sócrates, que del mismo modo dirías que ignoras si el gran rey es dichoso.

SÓCRATES.- Y diré la verdad, porque ignoro cuál es el estado de su alma desde el punto de vista de la ciencia y la justicia.

POLO.- ¿Supones acaso que toda la felicidad se trata de esto?

SÓCRATES.- Desde mi punto de vista, sí, Polo, porque considero que cualquiera que sea virtuoso, hombre o mujer, es dichoso, y que el injusto y perverso es desgraciado.

POLO.- Según tú, entonces será desgraciado este Arquelao de quien hablo.

SÓCRATES.- Sí, apreciado amigo, si es injusto.

POLO.- ¿Cómo no sería injusto? Él, que no tenía ningún derecho al trono que ocupa por haber nacido de una madre esclava de Alcetas, hermano de Perdiccas; él, que según las leyes, era esclavo de Alcetas y que debería haberle servido como tal, si hubiera apreciado cumplir con él en justicia y que en su consecuencia habría sido dichoso, según quieres, mientras que hoy es soberanamente desgraciado, dado que ha cometido muchos crímenes. Porque habiendo llamado a Alcetas, su dueño y tío, con pretexto de entregarle la autoridad de que Perdiccas le había despojado, lo recibió en su casa, lo embriagó y lo mismo a su hijo Alejandro, primo suyo y casi de la misma edad, los hizo subir a un carro y de noche los llevó lejos del palacio y se desembarazó de ellos haciéndolos degollar. Una vez que ha cometido este crimen, no se dio cuenta de la desgracia extrema en que se había precipitado ni sintió el menor remordimiento, y poco tiempo después, lejos de procurar ser dichoso, sirviendo a la justicia y cuidando de la educación de su hermano, hijo legítimo de Perdiccas, de siete años de edad, y entregándole la corona que le pertenecía de derecho, lo arrojó a un pozo después de haberle estrangulado, y dijo a Cleopatra, madre del niño, que este, persiguiendo a su ganso, se cayó al pozo, donde halló la muerte. Haciéndose así culpable de más crímenes que cualquier otro hombre de Macedonia, es hoy día no el más dichoso, sino el más desgraciado de todos los macedonios. Y quizá hay más de un ateniense, empezando por ti, que preferiría la condición de cualquier otro macedonio a la de Arquelao.

SÓCRATES.- Desde que comenzamos a hablar te felicité, Polo, por lo muy versado que me pareciste estar en la retórica, pero, en cambio, has descuidado bastante el arte de conversar. ¿Son estas, entonces, las razones con que un niño me refutaría? Al oírte has destruido con estas razones lo que anticipé que el injusto no es dichoso. Pero ¿cómo, apreciado amigo, dado que no estoy conforme con nada totalmente de lo que has dicho?

POLO.- Di que no quieres confesarlo, pero seguramente piensas como yo.

SÓCRATES.- Eres admirable pretendiendo refutarme con argumentos de retórica como los que creen hacer lo mismo ante los tribunales.

Allí, en efecto, se imagina un abogado haber refutado a otro cuando ha presentado un gran número de testigos distinguidos que responden de la veracidad de lo que dice mientras su adversario solo puede presentar uno o ninguno. Pero esta clase de refutación no sirve de nada para descubrir la verdad, porque algunas veces puede ser condenado un acusado en falso por la declaración de un gran número de testigos que parecen ser de algún peso. Y en el caso presente casi todos los atenienses y los extranjeros serán de tu opinión acerca de las cosas de que hablas, y si quieres alegar testimonios contra mí para probar que la razón no está de mi parte, tendrás como testigos, siempre que quieras, a Nicias, hijo de Niceratos, y a sus hermanos, que han dado los trípodes que se ven en fila en la Dionisión; del mismo modo tienes, si quieres, a Aristócrates, hijo de Scellias, de quien es esta hermosa ofrenda en el templo de Apolo Fitico; podrás contar del mismo modo con toda la familia de Pericles y cualquier otra familia de Atenas que juzgues a propósito elegir. Pero soy, aunque solo, de otra opinión, porque no dices nada que me obligue a cambiarla; pero produciendo contra mí una porción de testigos falsos puedes proponerte desposeerme de mis bienes y de la verdad. En cuanto a mí, no creo haber formulado ninguna conclusión que valga la pena acerca del asunto de nuestra disputa, a menos que no te reduzca a que te presentes tú mismo a rendir testimonio de la verdad de lo que digo; y tú creo que nada podrás alegar contra mí a menos que yo, que estoy solo, declare en tu favor y que no asignes importancia al testimonio de los otros. He aquí, entonces, dos maneras de refutar: una, la que tú y otros crean buena, y otra, la que yo, por mi parte, juzgo buena. Comparémoslas juntas y veamos si no difieren en nada. Porque los asuntos sobre los cuales no nos hemos puesto de acuerdo no son de nimias consecuencias; al contrario, casi lo más bello que se debe saber, e ignorar lo más vergonzoso que puede ocurrirnos, porque el punto capital al que afluyen es saber o ignorar quién es feliz o desgraciado. Y volviendo al objeto de nuestra disputa, pretendes tú, en primer lugar, que es posible ser feliz siendo injusto y en medio mismo de la injusticia, porque crees que Arquelao, aunque injusto, no por eso deja de ser feliz. ¿No es esta la idea que debemos tener de tu forma de pensar?

POLO.- Sí.

SÓCRATES.- Pues yo mantengo que tal aseveración es imposible. Este es un primer punto sobre el cual no estamos de acuerdo. Sea. Pero dime: ¿será dichoso el culpable cuando se le haga justicia y se le castigue?

POLO.- Para nada; al contrario, si estuviera en este caso, sería muy desgraciado.

SÓCRATES.- Por lo que dices, si el culpable escapa a su merecido castigo será feliz, ¿no es cierto?

POLO.- Ciertísimo.

SÓCRATES.- Pues yo pienso, Polo, que el hombre injusto y criminal es desgraciado de todas maneras, pero aún más si no sufre ningún castigo y sus crímenes permanecen impunes, y que lo es menos si recibe por parte de los hombres y de los dioses el justo castigo de sus perversidades.

POLO.- Presentas una extraña paradoja, Sócrates.

SÓCRATES.- Voy a intentar, apreciado Polo, hacerte decir las mismas cosas que yo, porque te considero amigo mío. Estos son los objetos que nos hacen opinar de distinto modo. Juzga tú mismo. Dije antes que cometer una injusticia es un mal mayor que sufrirla.

POLO.- Es cierto.

SÓCRATES.- Y tú, que sufrirla es mayor mal.

POLO.- Sí, lo digo.

SÓCRATES.- Del mismo modo he dicho que los que obran injustamente son desgraciados, y tú me lo has refutado.

POLO.- Sí, ¡Zeus!

SÓCRATES.- Mejor dicho, te figuras habérmelo refutado.

POLO.- Y probablemente tengo motivos para creerlo.

SÓCRATES.- Por tu parte juzgas dichosos a los malos cuando no los aflige el castigo de la justicia.

POLO.- Nadie me lo contradecirá.

SÓCRATES.- Pues yo digo que son muy desgraciados y que los que sufren el merecido castigo lo son menos. ¿Quieres refutarme del mismo modo esto?

POLO.- Esta aseveración es aún más difícil de refutar que la precedente, Sócrates.

SÓCRATES.- No lo creas, Polo; pero es una empresa imposible porque nunca se puede refutar lo que es cierto.

POLO.- ¿Cómo has dicho? ¿Qué? ¿Que un hombre sorprendido al cometer un delito como el aspirar a la tiranía, sometido inmediatamente a la tortura, a quien le desgarran los miembros, le queman los ojos y después de haber sufrido en su persona tormentos sin medida y de todas clases y haber visto padecer otros tantos a su esposa y sus hijos, y por fin es crucificado y quemado vivo, que este hombre será más dichoso que si escapando a estos suplicios consiguiera ser tirano y pasara toda su vida dueño de la ciudad, haciendo lo que quisiera y siendo objeto de la envidia de sus conciudadanos y de los extranjeros y considerado feliz por todo el mundo? ¿Y quieres que es imposible refutar tales absurdos?

SÓCRATES.- Estás tratando de asustarme con tanta palabrería, buen Polo, pero no me refutas, y hace un momento llamabas en socorro tuyo a los testigos. Sea lo que quiera, recuérdame una cosa poco importante: ¿has supuesto que este hombre aspiraba injustamente a la tiranía?

POLO.- Sí.

SÓCRATES.- De esta forma, el uno ni será más dichoso que el otro, ni el que logró apoderarse injustamente de la tiranía, ni el que ha sido castigado, porque no podría ser que de dos desgraciados el uno sea más feliz que el otro. Pero el más desgraciado de los dos es el que se ha escapado y ha llegado a hacerse dueño de la tiranía. ¿Por qué te ríes, Polo? ¿Es acaso un nuevo modo de refutar el reírse de un hombre en sus barbas sin alegar una razón en contra de lo que ha dicho?

POLO.- ¿No te crees suficientemente refutado, Sócrates, afirmando cosas que ningún otro hombre se atrevería a sostener? Interroga más bien a cualquiera de los que te escuchan.

SÓCRATES.- No cuento en el número de los políticos, Polo, y el año pasado, cuando la suerte me hizo tener que ser senador, y a mi tribu le tocó presidir y tuve necesidad de recoger los sufragios, me puse en ridículo por no saber lo que tenía que hacer. No me hables, entonces, de recoger los votos de los asistentes, y si, como te digo, no puedes oponerme argumentos mejores, deja que a mi vez te interrogue y procura ensayar mi forma de interrogar, que me figuro es la buena. Yo no puedo presentar más que un testigo en favor de lo que digo y es precisamente el mismo con quien converso y no hago caso alguno de la multitud. No recojo más sufragio que el suyo; en referente a la muchedumbre, ni siquiera le dirijo la palabra. Mira, entonces, si puedes tolerar a tu vez que te refute animándote a responder a mis preguntas. Porque estoy convencido de que tú y yo y los demás hombres pensamos todos que cometer una injusticia es un mal mucho mayor que soportarla, como el no ser castigado por sus crímenes más mal que sufrir la pena merecida.

POLO.- Yo mantengo, en cambio, que no es ese mi punto de vista ni el de ningún otro. Tú mismo ¿preferirías ser víctima de una injusticia antes que cometer una?

SÓCRATES.- Sí, y tú también y todo el mundo.

POLO.- Estás en un error; ni tú, ni yo, ni quienquiera que sea.

SÓCRATES.- ¿Quieres responderme?

POLO.- Consiento, porque tengo una curiosidad muy grande de saber lo que dirás.

SÓCRATES.- Pues para saberlo, contéstame, Polo, como si empezara a interrogarte por primera vez. ¿Qué mal opinas mayor: cometer una injusticia o ser víctima de ella?

POLO.- Ser víctima de ella, me parece.

SÓCRATES.- ¿Y qué es más feo: cometer una injusticia o soportarla? Responde.

POLO.- Cometerla.

SÓCRATES.- Si es más feo, será, entonces, un mal mayor.

POLO.- Para nada.

SÓCRATES.- Comprendo. ¿Tú no crees, a lo que parece, que lo bueno y lo malo, lo bello y lo feo sean la misma cosa?

POLO.- Ciertamente que no.

SÓCRATES.- ¿Qué dices de esto? ¿A todas las cosas bellas en cuestión de cuerpos, de colores, de figuras y de profesiones las llamas bellas sin relacionarlas a algo? Empezando por los cuerpos hermosos, cuando dices que son bellos, ¿no es refiriéndoles a su uso, a causa de la utilidad que puede obtenerse de ellos o en vista de cierto placer cuando su aspecto despierta un sentimiento de agrado en el alma de los que los contemplan? Aparte de esta, ¿hay alguna otra razón que te haga decir que un cuerpo es hermoso?

POLO.- No conozco ninguna otra.

SÓCRATES.- De igual forma, ¿no llamas bellas a todas las otras cosas, figuras, colores, por el placer o la utilidad que proporcionan o por ambos a la vez?

POLO.- Sí.

SÓCRATES.- ¿No ocurre lo mismo con los sonidos y con todo lo que pertenece a la música?

POLO.- Sí.

SÓCRATES.- Igualmente lo que es bello en cuestión de leyes y de géneros de vida, ¿no lo es, indudablemente, por más razón que por ser útil o agradable o bien por las dos cosas a la vez?

POLO.- No me lo parece.

SÓCRATES.- ¿No puede decirse lo mismo refiriéndose a la belleza de las ciencias?

POLO.- Indudablemente; definir lo bello, Sócrates, como haces, explicándolo a través de lo útil y de lo agradable, es hermoso.

SÓCRATES.- Lo feo entonces ¿estará bien definido por los dos contrarios: el dolor y lo malo?

POLO.- Necesariamente.

SÓCRATES.- Si de dos cosas bellas una lo es más que la otra, ¿no lo es porque la aventaja en hermosura o en utilidad o en ambas cosas a la vez?

POLO.- Indudablemente.

SÓCRATES.- Y de dos cosas feas, si una es más fea que la otra será porque causa más dolor o más mal o lo uno y lo otro. ¿No es una necesidad que sea así?

POLO.- Sí.

SÓCRATES.- Veamos ahora. ¿Qué decíamos en lo referente a la injusticia cometida o sufrida? ¿No dijiste que era peor sufrir la injusticia y más feo cometerla?

POLO.- Así dije.

SÓCRATES.- Si es más fea la comisión de una injusticia que la desgracia de ser víctima de ella, es o porque es más desagradable y causa más dolor, o por ser un mal mayor, o por lo uno y lo otro a la vez. ¿No es esto del mismo modo una necesidad?

POLO.- Lo es, indudablemente.

SÓCRATES.- Vamos a examinar en primer lugar si es más doloroso cometer una injusticia que tener que sufrirla, y si los que la cometen experimentan más dolor que los que son víctimas de ella.

POLO.- Aquellos, no, Sócrates; pero estos, sí.

SÓCRATES.- La acción de cometer una injusticia no es, entonces, tan dolorosa como el sobrellevar esta.

POLO.- No.

SÓCRATES.- Si es así, ocurrirá lo mismo en relación al dolor y al mal a su vez.

POLO.- Parece que así es.

SÓCRATES.- Entonces no nos queda más que referirnos al último de los dos.

POLO.- Sí.

SÓCRATES.- ¿Al mal solo?

POLO.- Me parece.

SÓCRATES.- Dado que cometer una injusticia hace inclinarse del lado del mal, es peor que sufrirla.

POLO.- Es evidente.

SÓCRATES.- ¿No reconoce la mayoría de los hombres que es más repugnante, y tú mismo lo has confesado, cometer una injusticia que sufrirla?

POLO.- Sí.

SÓCRATES.- ¿No acabamos de ver que del mismo modo es peor?

POLO.- Parece que sí.

SÓCRATES.- ¿Preferirías tú lo que es más feo y peor a lo que lo es menos? No te avergüences de contestarme, Polo, porque nada malo te ocurrirá. Pero entrégate generosamente a este discurso, como lo harías a un médico; responde y muéstrate conforme con lo que te pregunto o niégalo.

POLO.- No lo preferiría.

SÓCRATES.- ¿Crees que habrá alguien en el mundo que lo prefiera?

POLO.- Después de lo que acabas de decir, me parece que no.

SÓCRATES.- Entonces tuve razón cuando dije que ni yo, ni tú, ni quienquiera que sea, preferirá cometer una injusticia a sufrirla, porque es una cosa mala.

POLO.- Eso parece.

SÓCRATES.- ¿Ves ahora, Polo, comparando tu forma de refutar con la mía, que no se asemejan nada? Todos los demás convienen contigo en lo que les propones. A mí me basta tu confesión sola y tu único testimonio; no recojo más sufragio que el tuyo y me ocupo muy poco de lo que piensan los demás. Quedamos, entonces, acordes sobre este punto. Pasemos a examinar el otro, en el cual no conveníamos tú y yo, a saber: si verse castigado por las injusticias cometidas es el mayor mal, como pensabas, o si es un mal aún mayor disfrutar de la impunidad, como yo creo. Procedamos de esta forma. Sufrir el dolor de su injusticia y ser castigado con arreglo a la ley, ¿te parece que es igual?

POLO.- Sí.

SÓCRATES.- ¿Podrías negarme que lo que es justo es bello en tanto que es justo? Reflexiona antes de contestarme.

POLO.- Creo que es así, Sócrates.

SÓCRATES.- Considera todavía esto. Cuando uno hace una cosa, ¿es necesario que haya un paciente que responda a este agente?

POLO.- Me figuro que sí.

SÓCRATES.- Lo que el paciente sufre, ¿no es de la misma naturaleza que lo que hace el agente? Mira lo que quiero decir: si alguno pega, ¿no es una necesidad que se haya pegado a una cosa?

POLO.- Seguramente.

SÓCRATES.- ¿Y si pega de prisa y fuerte que la cosa sea golpeada de la misma forma?

POLO.- Sí.

SÓCRATES.- Lo golpeado experimenta, por ende, un efecto de la misma naturaleza que la acción del que golpea.

POLO.- Indudablemente.

Sócrates.- Por ende, si uno quema es necesario que haya alguna cosa que se queme.

Polo.- No puede ser de otro modo.

Sócrates.- ¿Y si se quema mucho y de una forma dolorosa que la cosa quemada lo sea precisamente de la forma que se la quema?

Polo.- Sí.

Sócrates.- Y lo mismo si una cosa corta porque otra tiene que ser cortada.

Polo.- Sí.

Sócrates.- Y si el corte es grande o profundo o doloroso, la cosa cortada tiene que ser exactamente de la forma como se la corta.

Polo.- Eso parece.

Sócrates.- En una palabra: mira a ver si me concedes respecto a todas las otras cosas que acabo de decir: que lo que hace el agente lo sufre el paciente tal como el agente lo hace.

Polo.- Te lo concedo.

Sócrates.- Después de estas condiciones, dime si ser castigado es sufrir u obrar.

Polo.- Sufrir, necesariamente, Sócrates.

Sócrates.- ¿Por parte de algún agente, indudablemente?

Polo.- Del que castiga, en efecto.

Sócrates.- El que castiga con razón, ¿castiga justamente?

Polo.- Así es.

Sócrates.- ¿Haciendo una obra justa o no?

Polo.- Haciendo una cosa justa.

Sócrates.- El que está castigado, cuando se le castiga, sufre una cosa justa, por ende.

Polo.- Al parecer.

Sócrates.- ¿No habíamos convenido en que todo lo justo es bello?

Polo.- Sí.

Sócrates.- Lo que hace la persona que castiga y lo que sufre la persona castigada es, entonces, bello.

Polo.- Sí.

Sócrates.- Pero lo que es bello es al mismo tiempo bueno porque es agradable y útil.

POLO.- Necesariamente.

SÓCRATES.- Debido a esto lo que sufre el castigado es bueno.

POLO.- Eso parece.

SÓCRATES.- De ello deduce, por ende, alguna utilidad.

POLO.- Sí.

SÓCRATES.- ¿Es esta utilidad la que concibo, quiero decir, la de que mejora su alma, si es cierto que está castigado con razón?

POLO.- Eso parece.

SÓCRATES.- Así es que el castigado se ve libre de la maldad que hay en su alma.

POLO.- Sí.

SÓCRATES.- ¿No se ve así libre del mayor de los males? Considera la cosa desde este punto de vista. ¿Conoces, relacionado con la adquisición de riquezas, además de la pobreza, algún otro mal para el hombre?

POLO.- No; no conozco más que este.

SÓCRATES.- Y refiriéndonos a la constitución del cuerpo, ¿no llamas males a la debilidad, a las enfermedades, a la fealdad y a otras cosas más?

POLO.- Sí.

SÓCRATES.- ¿Piensas, indudablemente, que el alma del mismo modo tiene sus males?

POLO.- Por supuesto.

SÓCRATES.- ¿No serán lo que llamas injusticia, ignorancia, cobardía y otros defectos parecidos?

POLO.- Ciertamente.

SÓCRATES.- Con estas tres cosas, entonces, las riquezas, el cuerpo y el alma, se relacionan, según tú, tres males: la pobreza, la enfermedad y la injusticia.

POLO.- Sí.

SÓCRATES.- ¿De estos tres males cuál es el más feo? ¿No es la injusticia, que bien podemos calificar de vicio del alma?

POLO.- Sin comparación.

SÓCRATES.- Si es el más feo, ¿no es del mismo modo el peor?

POLO.- ¿Cómo lo entiendes, Sócrates?

SÓCRATES.- Aquí está. Como consecuencia de nuestras confesiones anteriores, lo más feo lo es siempre porque es causa del mayor dolor o del mayor perjuicio o de uno y otro al mismo tiempo.

POLO.- Es cierto.

SÓCRATES.- Pero ¿no hemos reconocido que la injusticia y todos los vicios del alma son los más feos que hay?

POLO.- En efecto: lo hemos reconocido.

SÓCRATES.- Lo son porque no hay nada más doloroso o nada más perjudicial o por ambas cosas.

POLO.- Necesariamente.

SÓCRATES.- Entonces ¿es más doloroso ser injusto, intemperante, cobarde e ignorante que ser un indigente o un enfermo?

POLO.- Tomando las cosas así, me parece que no.

SÓCRATES.- Los vicios del alma no son, entonces, lo más feo sino porque aventajan de una forma extraordinaria a los otros en el mal y perjuicio que causan, que superan a cuanto pudiera decirse, dado que has confesado que no son debidos al dolor.

POLO.- Eso parece.

SÓCRATES.- Pero lo que se diferencia por el exceso de daño que causa es el mayor de los males.

POLO.- Sí.

SÓCRATES.- La injusticia, la intemperancia y los otros vicios del alma son, de todos los males, los mayores.

POLO.- Parece que sí.

SÓCRATES.- ¿Qué arte nos libra de la pobreza? ¿No es la economía?

POLO.- Sí.

SÓCRATES.- ¿Y de la enfermedad? ¿no es la medicina?

POLO.- En efecto.

SÓCRATES.- ¿Y de la maldad y de la injusticia? Si no me entiendes de esta forma, veamos de esta otra. ¿Adónde y a casa de quién llevamos a aquellos cuyo cuerpo está enfermo?

POLO.- A casa de los médicos.

SÓCRATES.- ¿Y adónde a los que se entregan a la injusticia y al libertinaje?

POLO.- Parece que quieres decir que a casa de los jueces.

SÓCRATES.- Para que los castigue, ¿verdad?

POLO.- Indudablemente.

SÓCRATES.- Los que castigan con razón, ¿no siguen en eso las reglas de cierta justicia?

POLO.- Es evidente que sí.

SÓCRATES.- Así es que la economía previene de la indigencia, la medicina libra de la enfermedad y la justicia de la intemperancia y de la injusticia.

POLO.- Así creo.

SÓCRATES.- Pero de estas tres cosas de que hablas, ¿cuál crees, Polo, que es la más bella?

POLO.- ¿De qué tres cosas?

SÓCRATES.- De la economía, de la medicina y de la justicia.

POLO.- La justicia las aventaja en mucho, Sócrates.

SÓCRATES.- Dado que es la más bella, es, pues la que procura el mayor placer o la mayor utilidad, o lo uno y lo otro.

POLO.- Sí.

SÓCRATES.- ¿Tener que entregarse en manos de los médicos es agradable? Y el tratamiento que se impone a los enfermos, ¿les causa placer?

POLO.- No lo creo.

SÓCRATES.- ¿Pero es una cosa útil?

POLO.- Sí.

SÓCRATES.- Porque libra de un gran mal; así, entonces, es ventajoso sufrir el dolor para recuperar la salud.

POLO.- Sin ninguna duda.

SÓCRATES.- Pensando solo en el cuerpo, quién es más dichoso, ¿el hombre que está en manos de los médicos o el que no ha estado enfermo?

POLO.- Evidentemente, el segundo.

SÓCRATES.- En efecto; la felicidad no consiste, parece, en verse aliviado de un mal, sino en no estar sujeto a él.

POLO.- Es cierto.

SÓCRATES.- Y de dos enfermos, lo mismo da que lo sean del cuerpo que del alma, ¿quién es el más desgraciado el bien asistido y curado de su mal, o aquel que no está cuidado y no se cura?

POLO.- Me parece que el que no recibe cuidados.

SÓCRATES.- Comentamos que el castigo procura la liberación del mayor de los males, que es la maldad.

POLO.- Sí, convinimos en ello.

SÓCRATES.- Porque el castigo vuelve sensato, obliga a ser más justo y es la medicina del alma.

POLO.- Sí.

SÓCRATES.- El más feliz, por ende, es quien no tiene maldad alguna en el alma, porque hemos visto que este mal es el mayor de los males.

POLO.- Es evidente.

SÓCRATES.- Y después de él quien se ve libertado del mal.

POLO.- Me parece que sí.

SÓCRATES.- Que es quien ha sido advertido, amonestado y ha sufrido el castigo.

POLO.- Sí.

SÓCRATES.- Pero quien vive más desgraciado es el que comete injusticias y no se ve libre de ellas.

POLO.- Todo hace creer que sí.

SÓCRATES.- ¿No es este hombre el que habiéndose hecho culpable de los mayores delitos y permitiéndose las mayores injusticias consigue ponerse a cubierto de las amonestaciones, de las correcciones y de los castigos? Tal es, como dijiste, la situación de Arquelao y de los otros tiranos, de los oradores y de todos los que gozan de un gran poder.

POLO.- Parece que sí.

SÓCRATES.- Y verdaderamente, mi apreciado Polo, todas esas gentes han hecho casi lo mismo que el que estando atacado de las enfermedades más graves encontrara el medio de no tener que someterse al tratamiento que los médicos le prescribieran contra los vicios de su cuerpo obligándole a ciertos remedios, por temor, como si fuera un niño, de que le cauterizaran o cortaran, porque es doloroso. ¿No te parece que la cosa es así?

POLO.- Sí.

SÓCRATES.- El principio a que tal conducta obedecería sería indudablemente la ignorancia de las ventajas de la salud y de la buena constitución del cuerpo. Parece, después de nuestras anteriores convicciones, que los que huyen de su castigo, mi apreciado Polo, se conducen de la misma forma. Ven lo que su modo de proceder tiene de doloroso, pero están ciegos para su utilidad; ignoran que es más de lamentar vivir con un alma que no está sana sino corrompida, injusta e impía, que con un cuerpo enfermo. Debido a esto no perdonan medio de escapar al castigo y no verse liberados del mayor de los males. Pensando así, acaparan riquezas, buscan amigos y procuran adquirir el talento de la palabra y de la persuasión. Pero si las cosas en que hemos convenido son verdaderas, Polo, ¿ves lo que resulta de este discurso o quieres que juntos saquemos las conclusiones?

POLO.- Consiento, a menos que seas de otra opinión.

SÓCRATES.- ¿No es deducible de esto que la injusticia es el mayor de los males?

POLO.- Al menos me lo parece.

SÓCRATES.- ¿No hemos visto que el castigo procura la liberación de ese mal?

POLO.- Parece verosímil.

SÓCRATES.- ¿Y que la impunidad lo fomenta?

POLO.- Sí.

SÓCRATES.- Cometer la injusticia no es en magnitud más que el segundo mal, pero cometerla y no ser castigado es lo primero y el mayor de todos los males.

POLO.- Del mismo modo me lo parece.

SÓCRATES.- ¿No es este, apreciado amigo, el punto en que no estábamos de acuerdo? Tú considerabas dichoso a Arquelao porque, habiéndose hecho culpable de los mayores crímenes, no sufría el menor castigo, y yo sostenía, al contrario, que Arquelao, como cualquier otro que no sufra la pena que merece por las injusticias que ha cometido, debe ser considerado infinitamente más desgraciado que cualquier otro; que el autor de una injusticia es siempre más desgraciado que aquel sobre quien esta recae, y que el malvado que permanece impune lo es del mismo modo más que aquel a quien se castiga. ¿No fue esto lo que dije?

POLO.- Sí.

SÓCRATES.- ¿No te he demostrado que quien tenía razón era yo?

POLO.- Me parece que sí.

SÓCRATES.- Bueno. Pero si esto es cierto, ¿cuál es la utilidad de la retórica, Polo? Porque una consecuencia de nuestra convicción es que ante todo debemos guardarnos de todo hecho injusto, por ser un mal por sí mismo. ¿Verdad?

POLO.- Ciertamente.

SÓCRATES.- Y que si uno mismo o cualquier persona por la que uno se interese ha cometido una injusticia, tiene que apersonarse en el sitio donde reciba lo más pronto posible el conveniente correctivo y apresurarse a buscar al juez como acudiría al médico, por temor de que la enfermedad de la injusticia, permaneciendo en su alma, no engendre una corrupción secreta que la haga incurable. ¿Podremos decir otra cosa si subsisten nuestras primeras convicciones? ¿No es una necesidad que lo que digamos esté de acuerdo con lo que antes establecimos y con nada más?

POLO.- ¿Cómo sería posible hablar de otra forma, Sócrates?

SÓCRATES.- La retórica, Polo, no nos puede, entonces, servir en ningún caso para defender nuestra causa en caso de una injusticia ni tampoco la de nuestros hijos, parientes y amigos, ni aun la de nuestra patria; ¿para qué servirá entonces sino para acusarse uno mismo antes que nadie y a sus parientes y amigos en cuanto hayan cometido alguna injusticia y a no tener secreto el delito, sino a exponerlo en pleno día, a fin de que el delincuente sea castigado y que recupere la salud? En este caso será necesario hacerse violencia lo mismo que a los otros para sobreponerse a todo temor y ofrecerse cerrando los ojos, pero animosos, como se ofrece uno al médico para sufrir las incisiones y las quemaduras, consagrándose a la consecución de lo bueno y honrado sin tener para nada en cuenta el dolor; de forma que si la falta cometida merece latigazos se presente uno a recibirlos; si hierros, se tiendan las manos a las cadenas; si una multa, se pague; si el destierro, se condene a él, y si la muerte, la sufra; que sea uno el primero en deponer contra sí mismo y los suyos; que no se guarde y que para esto ponga en juego toda la retórica a fin de que por la confesión de sus crímenes llegue a verse libre del peor de los males, que es la injusticia. ¿Acordaremos esto, Polo, o lo negaremos?

POLO.- Extraño me parece en verdad, Sócrates, pero quizá es una consecuencia de lo que antes comentamos.

SÓCRATES.- Entonces tenemos que desdecirnos de nuestros anteriores discursos o reconocer que esto resulta necesariamente.

POLO.- Sí; así es.

SÓCRATES.- Y vamos a proceder del modo contrario cuando se trate de hacer daño a cualquiera, sea un enemigo o sea a cualquiera. Uno mismo no debe exponerse a malos tratos por parte de sus enemigos y ha de procurar garantizarse de ellos. Pero si estos cometen una injusticia contra otro, es necesario esforzarse por todas las maneras de obra y de palabra para sustraerle al castigo e impedir su comparecencia ante los jueces; pero si compareciera, hacer todo lo posible para que se escape y no sea castigado; de forma que si ha defraudado una gran suma de dinero no la devuelva, se la guarde y la emplee en gastos impíos e injustos suyos y de sus amigos; si su crimen merece la muerte, que no la sufra, y si puede, que no muera nunca, y que, continuando siendo un malvado, sea inmortal; si no, que viva en el crimen el mayor tiempo posible. He aquí, Polo, para qué creo que es útil la retórica, porque para quien no está en el caso de cometer ninguna injusticia no veo pueda serle de gran utilidad, si es que le es de alguna, porque, como hemos visto antes, no sirve para nada.

CALICLES.- Dime, Querefonte, ¿habla seriamente Sócrates o solo bromea?

QUEREFONTE.- Me parece, Calicles, que habla muy en serio, pero podemos preguntárselo.

CALICLES.- ¡Por todos los dioses! Tienes razón, y es lo que tengo ganas de hacer. Sócrates, dime: ¿nos hablas en serio o en broma? Porque si hablas en serio y lo que dices es cierto, la vida que llevamos entre nosotros sería completamente equivocada y haríamos todo lo contrario, parece, de lo que deberíamos.

SÓCRATES.- Si los hombres, Calicles, en vez de estar sujetos a las mismas pasiones, unos de una forma y otros de otra, tuvieran cada uno su pasión particular diferente de las de los otros, no sería empresa fácil hacer conocer a los demás lo que uno mismo experimenta. Hablo así porque sé que tú y yo nos hallamos en una misma situación, porque ambos amamos dos cosas: yo a Alcibíades, hijo de Clinias, y a la filosofía, y tú al pueblo de Atenas y al hijo de Pirilampo. He observado todos los días que, a pesar de lo elocuente que eres, cuando los objetos de tu amor opinan de distinto modo que tú, y cualquiera que sea su forma de pensar, no te sientes con fuerzas para contradecirlos y que pasas de lo blanco a lo negro si les place. En efecto, cuando hablas a una reunión de atenienses, si sostienen que las cosas no son tal como dices, cambias inmediatamente de parecer para conformarte con sus opiniones. Lo mismo te sucede con el hermoso mancebo, hijo de Pirilampo. No sabrías resistirte a su voluntad ni a sus discursos, de forma que si alguno, testigo del lenguaje que mantienes diariamente por complacerlos, se extrañara y lo encontrase irrisorio, le responderías probablemente, si quisieras decir la verdad, que mientras tus dos amores no cesen de hablar como hablan, tú no dejarás de hablar como hablas. Figúrate que oyes de mis labios la misma respuesta y no te extrañes de los discursos que pronuncio, pero comprometo a la filosofía, mis amores, a no hablar del mismo modo, porque ella, apreciado amigo, sostiene siempre lo que acabas de oír, y me da mucho menos que hacer que el otro objeto de mis amores. El hijo de Clinias habla unas veces y otras de muy distinta forma, pero la filosofía mantiene siempre el mismo lenguaje. Lo que ahora te parece tan extraño es de ella; estabas presente cuando se dijo. Así, entonces, o refutas lo que por boca mía dijo hace muy poco o pruébale que cometer la injusticia y vivir en la impunidad después de haberla cometido no es el colmo de todos los males, o si dejas subsistir esta verdad en toda su fuerza, te juro, Calicles, por el perro, dios de los egipcios, que Calicles nunca estará de acuerdo consigo mismo y toda su vida será una perpetua contradicción. Y yo, al menos, amigo mío, soy de la opinión que para mí valdría mucho más que mi lira estuviera mal montada y desafinada, y que la mayoría, lejos de estar de acuerdo conmigo, me contradijeran que yo no estuviera de acuerdo conmigo mismo y tuviera que contradecirme.

CALICLES.- Me parece, Sócrates, que triunfas con tus discursos al igual que un orador popular. Toda tu declamación se basa en el hecho de haber ocurrido a Polo lo mismo que él ha pretendido haberle sucedido a Gorgias contigo. Ha dicho, en efecto, que cuando preguntaste a Gorgias, en la suposición de que fueran a su casa a aprender la retórica y no tuvieran ningún conocimiento de lo que concierne a la justicia, si él les daría lecciones, que Gorgias se avergonzó de contestarte conforme a la verdad, y dijo que la enseñaría a causa del hábito establecido entre los hombres, que encontrarían mal una respuesta contraria; que esta confesión había hecho caer a Gorgias en contradicción, lo que te había satisfecho; en una palabra, que me parece que en esta ocasión se ha burlado Polo de ti con razón. Pero he aquí que ahora se encuentra en el mismo caso que Gorgias. Te confieso, amigo mío, que no me satisface nada que Polo te conceda que es peor o más feo cometer una injusticia que sufrirla, porque esta confesión es la que le ha confundido en la disputa y ha permitido le cierres la boca, porque ha tenido vergüenza de decir su pensamiento. En efecto, Sócrates, so pretexto de buscar la verdad, como dices, haces a los que conversan contigo preguntas propias de un declamador y que tienen por objeto lo que es bello no por la naturaleza, sino según la ley; pero en la mayor parte de las cosas, la naturaleza y la ley están en oposición, de forma que si por vergüenza no se atreve uno a decir lo que piensa, estará por fuerza obligado a contradecirse. Tú te diste cuenta de esta sutil distinción y te aprovechas de ella para tender lazos en la controversia. Si alguno te habla de lo que se refiere a la ley, le preguntas acerca de lo que atañe a la naturaleza, y si te habla de lo que está en el orden de la naturaleza, le interrogas acerca de lo que está en el orden de la ley. Esto es lo que acabas de hacer al referirte a la injusticia cometida y a la sufrida cuando Polo habló de lo legalmente más feo; tú, contrariamente, te atuviste a lo legal como si fuera lo natural. Según la naturaleza, todo lo peor es del mismo modo lo más feo; por ende, sufrir una injusticia es una cosa muy fea, pero, según la ley, más feo es aún el cometerla. Y, en efecto, sucumbir a la injusticia de otro no es propio de un hombre, sino de un vil esclavo, para quien vale más morir que vivir cuando sufriendo injusticias y ofensas no se está en estado de defenderse uno mismo ni tampoco defender a quienes le son queridos. Pero pienso en que los que escriben las leyes son los débiles y la gran masa, y teniendo solo en cuenta lo que les puede interesar determinan lo que ha de ser digno de loa y lo que ha de merecer ser prohibido. Para amedrentar a los más fuertes, que podrían ir más allá de los otros e impedírselo, dicen que es feo e injusto aventajar en algo a los demás, y que trabajar por hacerse más poderoso es hacerse culpables de injusticia, porque siendo los más débiles se consideran demasiado felices de que todos sean iguales, ya que ellos son los peores. Tal es la razón por la cual en el orden de la ley es injusto y feo el querer aspirar a más que la mayoría, y debido a esto se le ha dado el nombre de injusticia.

»Pero me parece que la naturaleza demuestra que no es justo que el que valga más tenga menos que otro que no valga lo que él y el más fuerte menos que el más débil y prueba en mil ocasiones que debe ser así tanto en lo que concierne a los animales como a los mismos hombres, entre los cuales vemos Estados y naciones enteras donde la regla de lo justo es que el más fuerte se imponga al más débil y esté más beneficiado que él. ¿Con qué derecho hizo Xerxes la guerra a Grecia y su padre a los escitas? Y como estos podría citar infinidad de otros ejemplos. En esta clase de empresas se trata, me figuro, de obrar según la naturaleza, y, ¡Zeus!, del mismo modo según las mismas leyes de ella, aunque no ciertamente quizá según las leyes que los hombres han establecido. Desde la juventud nos ganamos y nos llevamos a los mejores y más fuertes de entre nosotros; los formamos y los domamos, como se doma a los cachorros del león, a través de discursos repletos de encantos y prestigios, haciéndoles saber que es necesario subordinarse a la legalidad y que en esto consiste lo bello y lo justo. Pero me imagino que si surgiere un hombre dotado de excelsas cualidades que sacudiendo y rompiendo todas estas trabas encontrara el medio de desembarazarse de ellas y que pisoteando sus escritos, sus prestigios, sus discusiones y leyes antinaturales y aspirando a elevarse sobre todo se convirtiera de esclavo en su señor, entonces se vería brillar la justicia tal como es, manifestando sus derechos. Píndaro, me parece, apoya estos sentimientos en una sola oda, en que dice «que la ley es la reina de los mortales y de los inmortales; ella misma —añade— lleva consigo la fuerza que su mano poderosa convierte en legítima. Juzgo de ello por los trabajos de Heracles, que sin haberlos comprado...» Estas son, poco más o menos, las palabras de Píndaro, porque no sé de memoria la oda. Pero su sentido es que Heracles se llevó a los bueyes de Gerión sin haberlos comprado y sin que se los hubiese dado, dejando comprender que su acción era justa según la naturaleza y que los bueyes y todos los demás bienes de los débiles e insignificantes pertenecen de derecho al más fuerte y al mejor. La verdad es, entonces, tal como te la digo: tú mismo la reconocerás si, dando de lado a la filosofía, te dedicas a asuntos más elevados. Te confieso, Sócrates, que la filosofía es algo muy divertido cuando en la juventud se la estudia con moderación, pero si se prolonga su estudio más tiempo del preciso se convierte en una plaga de la humanidad. Porque por grandes que sean las dotes con que la naturaleza haya adornado al hombre, si este en una edad ya adelantada continúa filosofando tiene por fuerza que carecer de la experiencia de todo lo que no debe ignorar el hombre que quiera ser una persona bienquista y distinguida. Porque no solo son inexpertos en las leyes del Estado, sino del mismo modo en la forma acertada de tratar a los hombres en las relaciones públicas o particulares que con ellos se tienen, sino además carecen de toda experiencia de los placeres y pasiones humanas, y, en una palabra, de idea alguna de lo que es la vida. Debido a esto incurren en el ridículo cuando tienen que hacerse cargo de cualquier asunto doméstico o civil, como les ocurre a los políticos cuando concurren a sus asambleas y controversias. Porque nada hay tan cierto como estas palabras de Eurípides: «Cada uno se consagra con placer a las cosas para las cuales muestra más talento, a las que dedica la mayor parte del día en su afán de superarse a sí mismo». En cambio, se huye de aquellas en las que uno no descuella, y se habla con desprecio de ellas, mientras por amor propio se ponderan las primeras, creyendo de este modo elogiarse a sí mismo. Pero lo mejor, desde mi punto de vista, es tener algunos conocimientos de las unas y de las otras. Conviene saber algo de filosofía, lo que se necesite para el cultivo del espíritu, y no me parece vergonzoso que un joven filosofe. Pero seguir filosofando en la edad viril me parece ridículo, Sócrates. Los que se consagran a la filosofía me hacen la misma impresión que los niños que todavía no hablan bien y no piensan más que en jugar. Cuando veo a un niño todavía en edad de no hablar que bromea balbuciendo, me place y le encuentro gracioso y propio de sus pocos años, pero si le oigo articular las palabras con precisión, me extraño, me lastima el oído y me parece presentir al esclavo. Mas si es un hombre el que oigo balbucir y veo jugar, la cosa me parece ridícula, indecente en esa edad y merecedora de unos latigazos. Esta es mi forma de pensar acerca de los que se ocupan de la filosofía. Un joven entregado a ella me complace y le encuentro muy en su lugar, y juzgo que tiene nobleza de sentimientos; si la desdeña, me parece un alma baja que nunca se creerá capaz de una bella y generosa acción. Mas cuando veo a un anciano filosofando todavía y que no ha renunciado a este estudio, le considero merecedor de ser castigado con el látigo, Sócrates. Como comenté, por bellas dotes naturales que tenga este hombre, no puede por menos de degradarse al evitar los lugares frecuentados de la ciudad y las plazas públicas, donde los hombres, según el poeta, adquieren la celebridad, y escondiéndose, como hace, pasa el resto de sus días charlando en un rincón con tres o cuatro niños sin que nunca salga de su boca un discurso noble y grande que valga la pena de ser conocido. Sócrates, pienso bien de ti y soy uno de tus amigos; en este momento me parece que respecto a ti me animan los mismos sentimientos que a Zethos le animaron respecto a Anfión de Eurípides, de quien ya he hecho mención, porque me está viniendo el pensamiento de dirigirte un discurso parecido al que Zethos dirigió a su hermano. Descuidas, Sócrates, lo que debería ser tu principal ocupación y desfiguras por tus procederes infantiles un espíritu de tan espléndida naturaleza como el tuyo, tanto, que no sabrías proponer una determinación en las deliberaciones de asuntos de justicia, ni lo hay de plausible y probable en una empresa, ni sugerir a los otros un consejo generoso. No obstante, mi apreciado Sócrates —y no te ofendas por lo que te voy a decir, porque son la simpatía y el afecto los que me lo dictan—, ¿no te parece vergonzoso estar en el estado en que estoy, lo mismo que los otros que pasan sus días en marchar incesantemente en la carrera filosófica? Si cualquiera te echara la mano encima, y lo mismo que digo de ti puedo decirlo de los que se te asemejan, y te condujera a la cárcel sosteniendo que le habías causado un perjuicio, aunque no le hayas hecho nada, te quedarías con la boca abierta, la cabeza te daría vueltas y te verías sumamente apurado sin saber qué hacer ni decir. Y cuando comparecieras ante los jueces, por vil y despreciable que fuere tu acusador, serías condenado a muerte si le pluguiera hacerte condenar a tal pena. ¿Qué estima puede tenerse, apreciado Sócrates, a un arte que empeora a los que, dotados de las mejores cualidades, se aplican a él, los incapacita para defenderse a sí mismos y para salvar de los mayores peligros no solo a su propia persona, sino a ninguna otra; que los expone a verse desposeídos de todos sus bienes por sus enemigos y a arrastrar en su patria una vida sin honor? Es duro decirlo, pero, en fin, se puede abofetear impunemente a un hombre de este carácter. Créeme, entonces, apreciado amigo, deja tus argumentos, cultiva lo bello, ejercítate en lo que te dará la reputación de hombre hábil y abandona a otros estas vanas sutilidades que solo tratan de extravagancias o puerilidades y que terminarán por reducirte a la miseria; proponte por modelos no a esos que disputan con estas frivolidades, sino a las personas que han conquistado fama y riquezas y que gozan de las otras ventajas de la vida.

SÓCRATES.- Si mi alma fuese de oro, ¿no crees, Calicles, que sería para mí motivo de gran alegría encontrar una excelente piedra de toque de las que sirven para probar el oro, de forma que acercándola a mi alma, si me diera testimonio favorable, reconociera yo sin ningún género de duda que estoy en buen estado y que no tengo necesidad de ninguna prueba más?

CALICLES.- ¿A propósito de qué me preguntas esto, Sócrates?

SÓCRATES.- Voy a decírtelo: creo haber tenido contigo un feliz encuentro.

CALICLES.- ¿Por qué?

SÓCRATES.- Estoy muy seguro de que si te manifiestas de acuerdo conmigo en las opiniones que tengo en el alma es porque estas opiniones son verdad. Observo, en efecto, que para saber si un alma está bien o mal es necesario poseer tres cualidades que tú reúnes: la ciencia, la bondad y la franqueza. Encuentro mucha gente que no es capaz de sondarme porque no es sabia como tú. Otros hay que son sabios, pero como no se interesan por mí como tú, no quieren decirme la verdad. Estos dos extranjeros, Gorgias y Polo, son hábiles los dos, y mis amigos, pero les falta un poco de franqueza y son más circunspectos de lo que les conviene ser. ¿Cómo no han de serlo, dado que por una vergüenza perjudicial han llevado su timidez hasta el extremo de contradecirse mutuamente ante tantas personas y tratándose de objetos de la mayor importancia? En referente a ti, te digo que empiezas por tener todo lo que tienen los otros, porque eres sumamente hábil, como convendrá la mayor parte de los atenienses, y además me miras bondadosamente. Mira por lo que juzgo. Sé, Calicles, que son cuatro los que han estudiado juntos la filosofía: tú, Tisandros de Afidne, Andron, hijo de Androtion, y Nausícides de Chalargos. Un día les oí deliberar acerca de a qué extremo se debía llevar el cultivo de la sabiduría y sé qué opinión fue la que se impuso: que no se debía aspirar a ser filósofo consumado y que se advertirían mutuamente de tener cuidado de que por filosofar más de lo conveniente no se perjudicaran sin saberlo. Hoy que te oigo darme el mismo consejo que a tus más íntimos amigos me das con ello una prueba decisiva del afecto que me tienes. De que tienes además lo que es necesario para hablarme con toda libertad y no disimularme nada por vergüenza lo has dicho tú mismo, y el discurso que acabas de dirigirme es testimonio de ello. Una vez las cosas así, es evidente que lo que me concedas en esta discusión acerca del asunto que nos separa habrá pasado por una prueba suficiente de tu parte y de la mía, y que no será necesario someterlo a un nuevo examen. Porque tú no me lo habrás dejado pasar por falta de luces ni por exceso de vergüenza y tampoco confesarás nada por deseo de engañarme, siendo, como dices, mi amigo. Así será el resultado de tus opiniones y las mías la plena y entera verdad. De todas las consideraciones, Calicles, la más bella indudablemente es la que concierne a los objetos acerca de los cuales me has dado una lección: qué se debe ser, a qué debe uno dedicarse con preferencia y hasta qué punto, sea en la ancianidad o en la juventud.

En referente a mí, si el género de vida que llevo es reprensible desde ciertos puntos de vista, estate persuadido de que la falta no es voluntaria de mi parte y que de ella solo tiene la culpa la ignorancia. No renuncies, entonces, a hacerme observaciones como tan bien empezaste; pero explícame a fondo qué profesión es a la que debo dedicarme y cómo tengo que componérmelas para ejercerla, y si después de que la cosa esté decidida entre los dos, si descubres más tarde que no me atengo fielmente a lo convenido, tenme por un hombre sin corazón y prívame en lo sucesivo de tus consejos, como totalmente indigno de ellos. Exponme, entonces, de nuevo, te lo ruego, lo que Píndaro y tú entienden por lo justo; has dicho tú que, consultando a la naturaleza, el más poderoso tiene derecho de apropiarse lo que pertenece al más débil, el mejor a mandar al que lo es menos y el que vale más a tener más que el que vale menos. ¿Tienes alguna otra idea de lo justo o mi memoria me es infiel?

CALICLES.- Lo que dije entonces es lo que continúo diciendo.

SÓCRATES.- ¿Piensas en lo mismo cuando dices que uno es mejor y cuando dices que uno es más poderoso? Porque te confieso que no he podido comprender lo que querías decir ni si por los más poderosos entendías los más fuertes y si es necesario que los más débiles estén sometidos a los más fuertes, como parece lo insinuaste al decir que los grandes Estados atacan a los pequeños en virtud del derecho natural porque son más poderosos y más fuertes, lo que hace suponer que más poderosos, más fuertes y mejor son la misma cosa. ¿O se puede ser mejor y al mismo tiempo más pequeño y más débil, más poderoso y del mismo modo peor? ¿O el mejor y el más poderoso están comprendidos en la misma definición? Hazme ver claramente si más poderoso, mejor y más fuerte expresan la misma idea o ideas diferentes.

CALICLES.- Te declaro que estas palabras expresan, en efecto, la misma idea.

SÓCRATES.- En el orden de la naturaleza, ¿es la multitud más poderosa que uno solo, dado que, como dijiste hace un instante, es la que formula las leyes contra el individuo?

CALICLES.- Nadie puede dudarlo.

SÓCRATES.- Las leyes de la mayoría son, entonces, las de los más poderosos.

CALICLES.- Seguramente.

SÓCRATES.- Y, por ende, de los mejores, dado que, según tú, los más poderosos son del mismo modo con mucho los mejores.

CALICLES.- Sí.

SÓCRATES.- Sus leyes son, entonces, bellas según la naturaleza, dado que son las de los más poderosos.

CALICLES.- Lo reconozco.

SÓCRATES.- Pero ¿no piensa la mayoría en que la justicia consiste en la igualdad, como hace un momento decías, y que es más feo cometer una injusticia que sufrirla? ¿Es cierto o no? Y, por favor, ten cuidado de no avergonzarte ahora. ¿Piensa la mayoría, o no, en que es justo tener tanto y no más que los otros y que cometer una injusticia es algo más feo que ser víctima de ella? No te niegues a contestarme a esto, Calicles, a fin de que, si convienes en ello, me afirmes en mi parecer viéndolo apoyado por el sufragio de un hombre tan capacitado para juzgar.

CALICLES.- Pues bien, sí; el gran número está persuadido de ello.

SÓCRATES.- Entonces no es solamente según la ley, sino del mismo modo según la naturaleza, que es más feo cometer una injusticia que sufrirla y que la justicia consiste en la igualdad. De forma que parece que no dijiste la verdad hace un momento y que me acusaste sin razón al sostener que la naturaleza y la ley están en contradicción, que yo lo sabía de sobra y que me servía de este conocimiento para tender lazos en mis discursos, haciendo recaer la discusión sobre la ley cuando se hablaba de la naturaleza y sobre la naturaleza cuando se hablaba de la ley.

CALICLES.- ¡Este hombre no va a cesar de decir vaciedades! Sócrates, contéstame: ¿no te avergüenzas a tus años de estar a la caza de palabras y considerar que has ganado tu causa cuando uno se equivoca en una palabra? ¿Te figuras que por los más poderosos comprendo algo distinto de los mejores? ¿No te he dicho hace ya tiempo que para mí tienen la misma acepción estos términos de mejor y más poderoso? ¿Te imaginas acaso en que pienso que se deben considerar como leyes los acuerdos que se hayan tomado en una asamblea compuesta de una masa de esclavos y de gente de toda clase cuyo único mérito no es quizá más que su fuerza física?

Sócrates.- Perfectamente, sapientísimo Calicles. ¿Es así como lo entiendes?

Calicles.- Indudablemente.

Sócrates.- Me figuraba hace ya bastante tiempo, apreciado amigo, que tomabas las palabras «más poderoso» en este sentido y si te he interrogado ha sido porque tenía ganas de conocer mejor tu pensamiento. Porque tú no crees que dos son mejores que uno ni que tus esclavos mejores que tú porque son más fuertes. Dime, entonces, de nuevo quiénes son los que llamas mejores, dado que no son los más fuertes, y, por favor, sé menos áspero conmigo a fin de que no huya de tu escuela.

Calicles.- ¡Ya vuelves a burlarte de mí!

Sócrates.- ¡No, Calicles, no, por Zethos!, de cuyo nombre te serviste hace poco para burlarte bastante de mí. Vamos, dime quiénes son los que llamas mejores.

Calicles.- Los que valen más.

Sócrates.- ¿Ves como no me dices más que palabras y que no me explicas nada? ¿No vas a decirme si por los mejores y más poderosos entiendes los más sabios u otros parecidos?

Calicles.- ¡Sí, Zeus!, a ellos me refiero muy especialmente.

Sócrates.- Así, entonces, a menudo es mejor un sabio por lo que dices que diez mil que no lo son, y a él corresponderá mandar y a los otros obedecer, y en calidad de dominador deberá tener más que sus súbditos. Me parece que es esto lo que quieres decir, si es cierto que uno solo es mejor que diez mil, y conste que no voy a la caza de palabras.

Calicles.- Es precisamente lo que digo: que, según la ley natural, es muy justo que el mejor y más sabio mande y tenga mejor parte que los que carecen de méritos.

Sócrates.- Mantente, entonces, en esto. ¿Y qué vas a contestar a lo que te voy a preguntar? Si varios estuviéramos reunidos en un mismo sitio como estamos aquí y hubiéramos aportado para todos diferentes manjares y bebidas, y que nuestra asamblea se compusiera de gente, fuertes unas y débiles otras, y que uno de nosotros, por su calidad de médico, supiese más que nosotros en lo referente al uso de esos alimentos, y que por añadidura fuera, como es muy verosímil, más fuerte que unos y más débil que otros, ¿no es cierto que este hombre, sabiendo más que nosotros, será del mismo modo el mejor y más poderoso en lo referente a estas cosas?

CALICLES.- Indudablemente.

SÓCRATES.- Por ser mejor, ¿será preciso que tenga una parte mayor de alimentos que los otros? ¿O más bien en su calidad de jefe estar encargado de la distribución de todo? Pero en referente a disfrutar de los alimentos teniendo en cuenta su cuerpo, no aspiraría a tener más que los demás, porque podría hacerle daño, sino a más que unos y a menos que otros; pero si por casualidad fuera el más débil, menos que todos, Calicles, no obstante ser el mejor. ¿No te parece, mi buen amigo?

CALICLES.- Me hablas de comidas, de bebidas, de médicos y de otras tonterías análogas. No es eso lo que quiero decir.

SÓCRATES.- ¿No has reconocido que el más sabio es el mejor? Confiésalo o niégalo.

CALICLES.- Lo reconozco.

SÓCRATES.- ¿Y que el más sabio tiene que percibir mayor parte?

CALICLES.- Sí, pero no en cuestión de alimentos y bebidas.

SÓCRATES.- Comprendido: puede ser que se trate de vestidos. ¿Es necesario que el más hábil en la confección de telas lleve el traje más grande y vaya cargado de un gran número de trajes de los más bellos?

CALICLES.- ¿De qué trajes me estás hablando?

SÓCRATES.- Por lo dicho será preciso que el artesano más entendido en la fabricación de cueros y el mejor de los zapateros tengan más calzado que los demás y que el zapatero lleve cuando vaya a la calle los zapatos más grandes y muchos de repuesto.

CALICLES.- ¿Qué tonterías de zapatos estás diciendo?

SÓCRATES.- Si no es esto lo que piensas, puede ser sea esto otro; por ejemplo, que el labrador entendido y práctico en el cultivo de sus tierras debe tener más semillas que echar en sus campos que los otros.

CALICLES.- Siempre tienes que venir a parar a lo mismo, Sócrates.

SÓCRATES.- A lo mismo, no, Calicles; pero sí al mismo asunto.

CALICLES.- ¡Por todos los dioses!, no cesas de tener en la punta de la lengua a los zapateros, a los curtidores, a los cocineros y a los médicos, como si aquí nos ocupáramos de ellos.

SÓCRATES.- Pero ¿no me dirás al fin en qué debe ser más poderoso y sabio aquel a quien la justicia autoriza a tener más que los demás? ¿No preferirías decirlo tú mismo a que yo te lo sugiera?

CALICLES.- Te lo digo desde hace tiempo. Por los más poderosos no comprendo ni a los cocineros ni a los zapateros, sino a los más expertos en los asuntos públicos y en la buena administración del Estado, y no solamente entendidos, sino más valientes y capaces de ejecutar los proyectos que han concebido sin fatigarse por debilidad del espíritu.

SÓCRATES.- ¿No estás viendo, apreciado Calicles, que los dos nos estamos reprochando lo mismo? Tú me echas en cara que digo siempre lo mismo, como si fuera un delito, y yo, al contrario, me quejo de que nunca dices igual de las mismas cosas, y de que unas veces tienes a los más fuertes por mejores y más poderosos y otras a los que más saben. Ahora me das una tercera definición, y los más poderosos y mejores son, según tú, los más valientes. Dime de una vez para siempre a quiénes llamas los mejores y más poderosos y en relación a qué.

CALICLES.- Ya te he dicho que son los hombres expertos en las cuestiones políticas y valientes; a ellos les pertenece el gobierno de los Estados y es justo que tengan más que los otros, dado que son los que mandan y estos los que obedecen.

SÓCRATES.- ¿Son esos, apreciado amigo, los que se mandan a sí mismos, o en qué haces consistir su imperio?

CALICLES.- ¿De qué hablas?

SÓCRATES.- Hablo de cada individuo en tanto que se manda a sí mismo. ¿O no es necesario acaso que ejerza imperio sobre sí mismo, sino únicamente sobre los demás?

CALICLES.- ¿Qué entiendes por mandarse a sí mismo?

SÓCRATES.- Nada extraordinario, sino lo que todo el mundo cree saber: ser temperante, dueño de sí mismo y dominar sus pasiones y deseos.

CALICLES.- ¡Eres encantador!; nos estás hablando de imbéciles y los llamas temperantes.

SÓCRATES.- ¡Cómo! No creo que haya alguien que no haya comprendido que no es eso lo que quiero decir.

CALICLES.- Es eso mismo, Sócrates. ¿Cómo puede ser dichoso un hombre obligado a servir de algo? Pero voy a decirte con entera libertad lo que es lo bello y lo justo en el orden de la naturaleza. Para tener una vida feliz es necesario dejar que sus pasiones tomen el incremento posible y no reprimirlas. Cuando así han llegado al paroxismo se debe estar en disposición de satisfacerlas con valor y habilidad, satisfaciendo cada deseo a medida que nace. Me figuro que esto es lo que no sabría hacer la mayoría de los hombres y es la causa de que conducen a los que lo consiguen, ocultando avergonzados su propia impotencia. Dicen, entonces, que la intemperancia es algo muy feo, como he observado antes; encadenan a los que han nacido dotados de mejores cualidades que ellos, y no pudiendo conceder a sus pasiones lo que necesitan para aguantarlas, elogian la temperancia, la moderación y la justicia por pura cobardía. Y en realidad, para cualquiera que haya tenido la suerte de nacer de padres reyes o bien suficiente grandeza de alma para procurarse alguna soberanía, como una tiranía o una monarquía, no habrá nada tan vergonzoso y dañino como la templanza, dado que hombres de su temple, que pueden disfrutar de todos los bienes de la vida sin que nadie se lo impida, se impondrían el yugo de las leyes, de los discursos y de la censura de lo vulgar. ¿Cómo no los haría desgraciados esta pretendida belleza de la justicia y de la templanza quitándoles la libertad de dar más a sus amigos que a sus enemigos, siendo como son soberanos en su propia ciudad? Tal es el estado de cosas en esa verdad, Sócrates, tras la cual dices que corres. La molicie, la intemperancia, el desenfreno, cuando nada les falta, son la virtud y la felicidad. Todas esas otras bellas ideas, esas convenciones contrarias a la naturaleza, no son más que extravagancias humanas, que no deben ser tenidas en cuenta para nada.

SÓCRATES.- Has expuesto con mucho valor y libertad tu pensamiento, Calicles; explicas con mucha claridad lo que los otros piensan, es cierto, pero no se atreven a decir. Te conjuro para que en todas las materias, procedas del mismo modo a fin de que veamos clarísimamente el género de vida que nos es necesario adoptar. Y dime: ¿sostienes que para ser como conviene, no se deben poner trabas a las pasiones, sino dejarlas acrecentarse todo lo posible y cuidando de tener con qué satisfacerlas, y que en esto consiste la virtud?

CALICLES.- Sí, lo mantengo.

SÓCRATES.- Admitido esto, es una gran equivocación decir que los que no necesitan nada son felices.

CALICLES.- Si así fuera, nadie sería tan feliz como los cadáveres y las piedras.

SÓCRATES.- Pero del mismo modo sería una vida terrible esa de la que tú hablas. Verdaderamente, no me sorprendería de que fuera cierto lo que dice Eurípides: «¿Quién sabe si la vida no es para nosotros una muerte y la muerte una vida?», y si en realidad estamos muertos. A un sabio le oí decir que ahora estábamos muertos y que nuestros cuerpos eran solamente nuestras sepulturas, y en cambio la parte del alma en que residen las pasiones es de naturaleza apta para cambiar de sentimientos y pasar de un extremo a otro. Un hombre de espíritu siciliano probablemente, o italiano, explicando esto por la fábula, en la que descollaba, llamaba por una alusión de nombre a esta parte del alma un tonel, a causa de su facilidad para creer y dejarse convencer, a los insensatos profanos todavía no iniciados. Comparaba parte del alma de estos insensatos en la que residen las pasiones, siempre que el alma es intemperante y no se contiene en nada, a un tonel agujereado, a causa de su insaciable avidez. Este hombre, Calicles, pensaba todo lo contrario de ti, que de todos los que están en los infiernos, y por esa palabra entendía lo que es indivisible; los más desventurados son estos profanos que llevan sobre la espalda un tonel agujereado lleno de agua que cogen con un cedazo. Este cedazo, decía explicando su pensamiento, es el alma de estos insensatos, para indicar que estaba agujereada y que la desconfianza y el olvido no le permitían retener nada. Toda esta explicación es bastante extravagante; no obstante, hace comprender lo que quiero darte a conocer, si logro decidirte a cambiar de opinión y preferir a una vida insaciable y disoluta una vida ordenada que se satisface con lo que tiene a mano y no desea nada más.

¿He logrado ganar algo en tu espíritu, y volviendo sobre tus pasos crees que los temperantes son más felices que los licenciosos? ¿O no he conseguido nada y aunque empleare varias explicaciones mitológicas parecidas no estarás más inclinado a pensar de otro modo?

CALICLES.- Esto que mencionaste es la verdad, Sócrates.

SÓCRATES.- Tolera que te explique un nuevo emblema salido de la misma escuela que el anterior. Mira si lo que dices de estas dos vidas, la desenfrenada y la moderada, no es como si supieras que dos hombres tiene cada uno un gran número de toneles; que los de uno de los dos hombres están en muy buen estado y llenos este de vino, este otro de miel, un tercero de leche y otros de diferentes licores; que además los licores de cada tonel solo se obtienen tras muchas molestias y son muy raros; que aquel hombre que llenó sus toneles no tiene que echar nada más en ellos en lo sucesivo y que debido a esto puede estar perfectamente tranquilo; el otro hombre puede, es cierto, procurarse los mismos licores tan difícilmente como el primero; sus toneles, en cambio, están podridos y agujereados, lo que le obliga a estar llenándolos incesantemente de día y de noche, so pena de verse presa de terribles disgustos. Este cuadro es la imagen de una y otra vida; ¿sigues diciendo que la del libertino es más feliz que la del moderado? ¿No te hace pensar este discurso en que la vida moderada es preferible a la desarreglada o no te he convencido?

CALICLES.- No me has convencido, Sócrates, porque este hombre cuyos toneles están siempre llenos no disfruta de placer alguno, y una vez que los ha llenado se encuentra en el caso de que antes hablé, de vivir como una piedra, sin experimentar en lo sucesivo placeres ni dolores. El placer y la dulzura de la vida consisten en derramar cuanto más sea posible en los toneles.

SÓCRATES.- Si hay que echar mucho es señal de que mucho se escapa, y para que así sea tiene que haber agujeros muy grandes.

CALICLES.- Indudablemente.

SÓCRATES.- La condición de que hablas no es, por cierto, la de un cadáver ni la de una piedra, sino la de una sima. Además, dime: ¿comparas eso al tener hambre y comer entonces?

CALICLES.- Sí.

SÓCRATES.- ¿Y a tener sed y beber?

CALICLES.- Sí, y mantengo que sentir esos apetitos y poder satisfacerlos es vivir dichoso.

SÓCRATES.- Muy bien, apreciado amigo, continúa como has empezado y procura no tener que avergonzarte. Y también es preciso que yo, por mi parte, tampoco me avergüence. Ante todo, dime si es vivir feliz tener sarna y comezón, poderse rascar a gusto y pasarse la vida rascándose.

CALICLES.- ¡Qué absurdos dices y qué prueba de mal gusto das recurriendo a tan feos artificios!

SÓCRATES.- Aunque así he desconcertado a Polo y Gorgias, contigo no temo ocurra lo mismo ni que te ruborices, porque eres demasiado valiente, pero contesta solamente a mi pregunta.

CALICLES.- Digo que el que se rasca vive feliz.

SÓCRATES.- ¿Bastará que le pique la cabeza o tenga que picarle algo más? Te lo pregunto. Fíjate, Calicles, en lo que responderás si se llevan las preguntas de esta clase hasta lo lejos que se pueden llevar. En fin, siendo las cosas así, resultará que la vida de los sodomitas no es detestable, vergonzosa ni miserable. ¿O te atreverás a sostener que estos son felices del mismo modo cuando tienen todo lo que les hace falta?

CALICLES.- ¿No te da vergüenza, Sócrates, haber hecho recaer nuestra conversación sobre tales inconveniencias?

SÓCRATES.- ¿Soy yo el causante de ello o el que descaradamente sostiene que cualquiera que experimenta un placer, cualquiera clase que sea es feliz sin hacer distingo entre los placeres honestos y deshonestos? Explícame, entonces, esto. ¿Quieres que lo agradable y lo bueno son la misma cosa o admites que hay cosas agradables que no son buenas?

CALICLES.- Para que no haya contradicción en mi discurso, si te digo que lo uno es diferente de lo otro te contesto que son la misma cosa.

SÓCRATES.- Estropeas todo lo dicho precedentemente y no buscaremos juntos la verdad con la exactitud requerida si respondes lo que no piensas, mi apreciado Calicles.

CALICLES.- Tú, Sócrates, me das el ejemplo.

SÓCRATES.- Si así es, hago tan mal como tú. Pero mira, apreciado amigo, si el bien no consiste en algo diferente del placer, cualquiera que sea este, porque todo lo vergonzoso que de forma enmascarada acabo de indicar y mucho más aún sería evidentemente una consecuencia inmediata de ello, si fuera cierto lo que has dicho.

CALICLES.- Al menos tú lo crees, Sócrates.

SÓCRATES.- Y tú, Calicles, ¿aseguras de buena fe que lo que has dicho es la verdad?

CALICLES.- Sí.

SÓCRATES.- ¿Quieres que discutamos tu opinión como si hablaras en serio?

CALICLES.- Hablo muy en serio.

SÓCRATES.- Perfectamente. Dado que tal es tu forma de pensar, explícame esto. ¿No existe una cosa a la que llamas ciencia?

CALICLES.- Sí.

SÓCRATES.- ¿No hablaste hace poco del valor unido a la ciencia?

CALICLES.- Es cierto.

SÓCRATES.- ¿No haces distinción de estas dos cosas por la razón de que el valor es otra cosa que la ciencia?

CALICLES.- En efecto.

SÓCRATES.- ¿La voluptuosidad y la ciencia son la misma cosa o se diferencian?

CALICLES.- Se diferencian, sapientísimo Sócrates.

SÓCRATES.- Y el valor, ¿es del mismo modo distinto de la voluptuosidad?

CALICLES.- Indudablemente.

SÓCRATES.- Espera para que grabemos esto en la memoria: Calicles de Acharnea sostiene que lo agradable y lo bueno son la misma cosa y que la ciencia y el valor son diferentes la una del otro y de lo bueno. ¿Sócrates de Alopeka está conforme con esto o no?

CALICLES.- No está conforme.

SÓCRATES.- No creo tampoco que Calicles lo esté cuando haya reflexionado seriamente, porque dime: ¿no crees que la forma de ser de la gente feliz es contraria de la de los desgraciados?

CALICLES.- Indudablemente.

SÓCRATES.- Dado que estas dos maneras de ser son opuestas, ¿no es necesario que ocurra con ellas lo mismo que con la salud y la enfermedad? Porque el mismo hombre no puede estar a la vez bueno y enfermo y no pierde la salud al mismo tiempo que se ve libre de la enfermedad.

CALICLES.- ¿Qué quieres decir?

SÓCRATES.- Escúchalo: tomemos, por ejemplo, la parte del cuerpo que más te plazca. ¿Los ojos? ¿No se enferman los ojos alguna vez de una afección que se llama oftalmía?

CALICLES.- ¿Quién puede dudarlo?

SÓCRATES.- A la vez no pueden tenerse los ojos sanos y tener una oftalmía.

CALICLES.- Para nada.

SÓCRATES.- Pero cuando está uno curado de la oftalmía, ¿pierde la salud de los ojos o pierde ambas cosas a la vez?

CALICLES.- No.

SÓCRATES.- Me parece que sería una cosa prodigiosa y absurda, ¿no es cierto?

CALICLES.- Sí.

SÓCRATES.- Porque me parece que la una viene y la otra se va y recíprocamente.

CALICLES.- Convengo en ello.

SÓCRATES.- ¿No puede decirse lo mismo de la fuerza y de la debilidad?

CALICLES.- Sí.

SÓCRATES.- ¿Y de la velocidad y de la lentitud?

CALICLES.- Del mismo modo.

SÓCRATES.- ¿Se adquieren de la misma forma y, se pierden a la vez los bienes y los males, la dicha y la desgracia?

CALICLES.- Ciertamente.

SÓCRATES.- Si descubrimos, entonces, ciertas cosas que se tienen aún en el momento en que uno se ve libre de ellas, es evidente que no son ni un bien ni un mal. ¿Lo reconocemos? Examínalo bien antes de contestarme.

CALICLES.- Lo reconozco sin titubeos.

SÓCRATES.- Volvamos ahora a lo que antes convinimos. ¿Dijiste del hambre que es una sensación agradable o desagradable? Hablo del hambre considerada en sí misma.

CALICLES.- Sí; es una sensación dolorosa, y comer teniendo ganas una cosa agradable.

SÓCRATES.- Te comprendo; pero el hambre por sí misma, ¿es dolorosa o no?

CALICLES.- Yo digo que sí lo es.

SÓCRATES.- ¿Y la sed, indudablemente del mismo modo?

CALICLES.- Ciertamente.

SÓCRATES.- ¿Crees que es necesario que te haga nuevas preguntas o convienes ya en que toda necesidad, todo deseo es doloroso?

CALICLES.- Convengo en ello; no me preguntes más.

SÓCRATES.- Perfectamente. ¿Beber teniendo sed es en tu opinión una cosa agradable?

CALICLES.- Sí.

SÓCRATES.- ¿No es cierto que tener sed es causa de dolor?

CALICLES.- Sí.

SÓCRATES.- ¿Y que beber es la satisfacción de un deseo y un placer?

CALICLES.- Sí.

SÓCRATES.- ¿De forma que beber es tener un placer?

CALICLES.- Indudablemente.

SÓCRATES.- ¿Porque se tiene sed?

CALICLES.- Sí.

SÓCRATES.- ¿O sea, porque se sufre un dolor?

CALICLES.- Sí.

SÓCRATES.- ¿Ves que de esto resulta que cuando dices: beber teniendo sed es como si dijeras: experimentar un placer sintiendo un dolor? Estos dos sentimientos, ¿no concurren en el mismo tiempo y en el mismo lugar, sea del alma o sea del cuerpo, como quieras, porque desde mi punto de vista, lo mismo da? ¿Es cierto o no?

CALICLES.- Es cierto.

SÓCRATES.- Pero ¿no confesaste que es imposible ser desgraciado al mismo tiempo que se es feliz?

CALICLES.- Y lo sigo diciendo.

SÓCRATES.- Acabas de reconocer que se puede disfrutar de un placer sintiendo dolor.

CALICLES.- Eso parece.

SÓCRATES.- Entonces sentir un placer no es ser feliz ni experimentar un dolor ser desgraciado, y por ende, lo agradable es distinto de lo bueno.

CALICLES.- No sé qué razonamientos tan capciosos empleas, Sócrates.

SÓCRATES.- Lo sabes muy bien, pero disimulas, Calicles. Todo esto no es por tu parte más que una broma. Pero sigamos adelante a fin de que veas bien hasta qué punto eres sabio tú que me das opiniones. ¿No cesan al mismo tiempo el placer de beber y la sed?

CALICLES.- No comprendo nada de lo que dices.

GORGIAS.- No hables así, Calicles; responde por nosotros a fin de terminar esta disputa.

CALICLES.- Sócrates es siempre el mismo, Gorgias. Hace preguntitas que carecen de importancia para refutarlas inmediatamente.

GORGIAS.- ¿Y qué te importa? No es cosa tuya, Calicles. Te has comprometido a dejar argumentar a Sócrates como mejor le plazca.

CALICLES.- Continúa, entonces, con tus minuciosas y apretadas preguntas, ya que así lo desea Gorgias.

SÓCRATES.- Puedes considerarte dichoso, Calicles, por haber estado iniciado en los grandes misterios antes de estarlo en los pequeños; debo confesar que no creí que esto estuviera permitido. Vuelve, entonces, al punto donde te quedaste y dime si no se cesa al mismo tiempo de tener sed y de sentir el placer de beber.

CALICLES.- Confieso que sí.

SÓCRATES.- ¿No se pierden igualmente a la vez la sensación del hambre y de otros deseos y la del placer?

CALICLES.- Es cierto.

SÓCRATES.- ¿Se deja, entonces, al mismo tiempo de sentir dolor y placer?

CALICLES.- Sí.

SÓCRATES.- Por ende, no se pueden perder a la vez los bienes y los males como estás convencido. ¿No sigues estándolo todavía?

CALICLES.- Indudablemente, pero ¿qué es deducible de ello?

SÓCRATES.- Es deducible, amigo, que lo bueno y lo grato, lo malo y lo doloroso, no son la misma cosa, dado que se deja al mismo tiempo de experimentar los unos y los otros, lo que nos muestra la diferencia. ¿Cómo podría ser, en efecto, lo agradable la misma cosa que lo bueno y lo doloroso que lo malo? Examina además esto, si quieres, de otra forma. Porque no creo que vayas a estar más de acuerdo contigo mismo. Mira: ¿no tienes por buenos a los que son buenos a causa del bien que reside en ellos, como llamas hermosos a aquellos en quienes se encuentra la belleza?

CALICLES.- Sí.

SÓCRATES.- Pero ¿cómo? ¿Tienes por gentes de bien a los insensatos y a los cobardes? Hace un rato no los llamabas así, pero sí dabas ese nombre a los hombres valerosos e inteligentes. ¿No sigues diciendo que estos son los hombres de bien?

CALICLES.- Ciertamente.

SÓCRATES.- Dime, ¿has visto alegre alguna vez a un niño privado de razón?

CALICLES.- Sí.

SÓCRATES.- ¿Y viste del mismo modo alegre a un hombre demente?

CALICLES.- Creo que sí, aunque ¿por qué me lo preguntas?

SÓCRATES.- Por nada; solo contesta.

CALICLES.- Algunos he visto.

SÓCRATES.- ¿Y has visto del mismo modo a hombres razonables en la tristeza y en la alegría?

CALICLES.- Sí.

SÓCRATES.- ¿Quiénes sienten más vivamente la alegría y el dolor, los cuerdos o los insensatos?

CALICLES.- No creo que haya una gran diferencia.

SÓCRATES.- Me basta. ¿No has visto cobardes en la guerra?

CALICLES.- Ya lo creo.

SÓCRATES.- Cuando el enemigo se retiraba, ¿quiénes te han parecido demostrar más júbilo, los cobardes o los valientes?

CALICLES.- Unas veces se alegraban más los unos y otras los otros, pero casi lo mismo.

SÓCRATES.- Eso no significa nada. ¿Los cobardes se alegran del mismo modo?

CALICLES.- Muchísimo.

SÓCRATES.- ¿Y los insensatos del mismo modo a lo que parece?

CALICLES.- Sí.

SÓCRATES.- Cuando el enemigo avanzaba, ¿estaban tristes los cobardes solamente o del mismo modo los valerosos?

CALICLES.- Los unos y los otros.

SÓCRATES.- ¿Igualmente?

CALICLES.- Los cobardes quizá más.

SÓCRATES.- Y cuando el enemigo se retira, ¿no son los cobardes quienes más se alegran?

CALICLES.- Puede ser.

SÓCRATES.- De forma que los insensatos y los cuerdos, los cobardes y los valientes, experimentan, por lo que dices, igualmente el dolor y el placer, y los cobardes más que los valientes.

CALICLES.- Y lo mantengo.

SÓCRATES.- Pero los cuerdos y los valientes son buenos y los cobardes y los insensatos malos.

CALICLES.- Sí.

SÓCRATES.- Los buenos y los malos experimentan, entonces, casi igualmente la alegría y el dolor.

CALICLES.- Así lo pretendo.

SÓCRATES.- Pero los buenos y los malos, ¿son aproximadamente igualmente buenos o malos?, o ¿acaso no son los malos mejores y peores que los buenos?

CALICLES.- ¡Zeus!, te aseguro que no sé lo que dices.

SÓCRATES.- ¿No sabes que dijiste que los buenos son buenos por la presencia del bien y los malos por la del mal, y que el placer es un bien y el dolor un mal?

CALICLES.- Sí.

SÓCRATES.- El bien o el placer se encuentran, entonces, en aquellos que experimentan una alegría mientras la experimentan.

CALICLES.- Indudablemente.

SÓCRATES.- ¿Entonces los que sienten alegría son buenos por la presencia del bien?

CALICLES.- Sí.

SÓCRATES.- Dime: ¿no se encuentran el mal y el dolor en los que sienten penas?

CALICLES.- Indudablemente.

SÓCRATES.- ¿Dices aún o no dices ya, que los malos son malos por la presencia del mal?

CALICLES.- Sigo diciéndolo.

SÓCRATES.- De forma que los que experimentan alegría son buenos y los que tienen algún dolor malos.

CALICLES.- Seguramente.

SÓCRATES.- Y lo son más si estos sentimientos son más vivos y menos si son más débiles, e igualmente si son iguales.

CALICLES.- Sí.

SÓCRATES.- ¿No crees que los cuerdos y los insensatos, los cobardes y los valientes experimentan casi igualmente la alegría y el dolor y hasta aún más los cobardes?

CALICLES.- Sí.

SÓCRATES.- Deduce conmigo las consecuencias que resultan de estos reconocimientos, porque se dice que es muy bello decir y considerar hasta dos y tres veces las cosas bellas. Estamos de acuerdo en que el cuerdo y el valiente son buenos; ¿no es así?

CALICLES.- Sí.

SÓCRATES.- ¿Y en que el insensato y el malo son malos?

CALICLES.- Indudablemente.

SÓCRATES.- Además, en que el que disfruta de la alegría es bueno.

CALICLES.- Sí.

SÓCRATES.- Y en el que el que siente el dolor es malo.

CALICLES.- Necesariamente.

SÓCRATES.- En fin, en que el bueno y el malo experimentan de una forma igual el placer y el dolor y el malo quizá más.

CALICLES.- Sí.

SÓCRATES.- El malo entonces se vuelve tan bueno y hasta mejor que el bueno. Esto y lo que antes se ha dicho, ¿no es deducible de que haya quien sostiene que lo bueno y lo grato es igual? ¿Es así o no, Calicles?

CALICLES.- Hace ya rato, Sócrates, que te estoy oyendo, y asintiendo a todo cuanto dices, porque observo que cuando alguien, aunque sea en broma, te da motivo para que le derrotes, te alegras como un niño. ¿Te has podido imaginar que yo, y al decir yo digo cualquier hombre, no opinamos que hay placeres mejores y otros peores?

SÓCRATES.- ¡Ja, ja! ¡Qué pillo eres Calicles! Me estás tratando como a un niño diciendo unas veces que las cosas son de una forma y otra de un modo distinto viendo así si me puedes engañar. Y mira: al principio no pude creer que te prestaras a engañarme, porque te tenía por amigo. Pero me he llevado un chasco y reconozco que no tengo más remedio que contentarme, como dice el antiguo proverbio, con que las cosas sean como son y tomar lo que me das. Ahora, entonces, me dices, a lo que parece, que hay voluptuosidades buenas y malas. ¿No es así?

CALICLES.- Sí.

SÓCRATES.- ¿No son las buenas las que dan alguna utilidad y las malas las perjudiciales?

CALICLES.- Indudablemente.

SÓCRATES.- ¿Te estás refiriendo a las voluptuosidades que voy a decir: refiriéndome, por ejemplo, al cuerpo, las que se encuentran en el comer y el beber? ¿Y no consideras que son buenas las que procuran al cuerpo salud y fuerza o cualquier otra cualidad parecida, y que son malas las que engendran cualidades contrarias?

CALICLES.- Seguramente.

SÓCRATES.- ¿No es necesario escoger y aprovechar las voluptuosidades y los dolores que nos sean un bien?

CALICLES.- Es cierto.

SÓCRATES.- ¿Y huir de los que nos perjudican?

CALICLES.- Evidentemente.

SÓCRATES.- Porque, si te acuerdas, convinimos Polo y yo en que en todas las cosas tenemos que obrar en vista del bien. ¿Opinas del mismo modo como nosotros que el bien es el objetivo de todas nuestras acciones y que todo lo demás debe referirse a él y no el bien a las otras cosas? ¿Unes tu sufragio a los nuestros?

CALICLES.- Sí.

SÓCRATES.- Entonces hay que hacer todo, hasta lo agradable con miras al bien, y no el bien con miras a lo agradable.

CALICLES.- Indudablemente.

SÓCRATES.- ¿Puede diferenciar cualquiera entre las cosas agradables cuáles son las buenas y cuales las malas? ¿O más bien se necesita para ello de un experto en cada género?

CALICLES.- Hace falta uno de estos.

SÓCRATES.- Recordemos ahora lo que sobre este punto dije a Polo y a Gorgias. Dije, si no lo has olvidado, que hay ciertas industrias que solo aspiran a procurar placeres y limitándose a esto ignoran lo que es bueno y lo que es malo, y que hay otras que lo saben. Entre el número de las industrias cuya finalidad son los placeres del cuerpo, he contado la cocina, no como un arte, sino como una rutina, y del mismo modo la medicina entre las artes cuya finalidad es el bien. Y en nombre de Zeus que preside la amistad, no creas, Calicles, que te conviene burlarte de mí ni de responder contra tus convicciones diciendo cuanto te venga a la boca, ni de tomar a pura broma de mi parte lo que te digo. Estás viendo que nuestra disputa tiene por causa una materia muy importante. ¿Y qué hombre, de poseer un poco de juicio, mostrará más interés por un asunto que pueda igualarse al que le inspire el afán de saber cómo debe vivir; si es necesario que siga la vida a la que le invitas y obrar como debe hacerlo un hombre, según tu criterio, discurriendo ante el pueblo congregado, ejercitándose en la retórica y administrando los negocios públicos de la forma que lo hace hoy día o si debe preferir la vida consagrada a la filosofía y en qué se diferencia este género de vida del precedente? Quizá esté más apto para distinguir el uno del otro, como yo he empezado a hacerlo hace poquísimo tiempo, después de haberlos separado y haber convenido entre nosotros que son dos vidas diferentes, examinando en qué consiste esta diferencia y cuál de las dos vidas merece ser preferida. Quizá no entiendes todavía lo que te quiero decir.

CALICLES.- Verdaderamente, no.

SÓCRATES.- Te lo voy a explicar más claramente. Tú y yo hemos estado de acuerdo en que existen lo bueno y lo agradable y que lo agradable no es igual que lo bueno; además en que hay ciertas industrias y diversas maneras de procurárselas; unas tendiendo a buscar lo agradable y otras lo bueno. Empieza, entonces, concediéndome o negándome este punto.

CALICLES.- Concedido.

SÓCRATES.- Vamos a ver si estarás de acuerdo conmigo en que lo que dije a Polo y Gorgias te parece verdad. Les dije que la habilidad del cocinero no me parecía un arte, sino una rutina; que la medicina, al contrario, es un arte, fundándome en que la medicina ha estudiado la naturaleza del sujeto en quien se ejerce, conoce las causas de lo que hace y puede dar razón de cada una de sus operaciones; la cocina, en cambio, por estar dedicada por completo a la preparación del placer y tender a este fin sin someterse a ninguna regla ni haber examinado la naturaleza del placer ni los motivos de sus preparaciones, está falto por completo de razón y, por decirlo así, no se da cuenta de nada; no es más que un uso, una rutina, un simple recuerdo que se conserva de lo que se tiene costumbre de hacer y por el que se procura el placer. Examina primeramente si esto te parece bien dicho, e inmediatamente si hay en relación al alma profesiones parecidas, unas de las cuales marchando según las reglas del arte tengan cuidado de procurar al alma lo que le es ventajoso y que las otras descuidan, y como ya lo he dicho con referencia al cuerpo, se ocupan únicamente del placer del alma y de los medios de buscárselos, no examinando para nada en ninguna materia cuáles son los buenos placeres y los malos, y no preocupándose más que de impresionar al alma gratamente, séale ventajoso o no. Mi punto de vista, Calicles, es que existe esta clase de profesiones a las que no vacilo en llamar adulaciones, lo mismo a las referentes al cuerpo que a las que conciernen al alma y a cualquiera otra cosa que procure el placer sin haberse molestado en averiguar si le es útil o pernicioso. ¿Opinas como yo o piensas de otra forma?

CALICLES.- No opino como tú, pero dejo pasar este punto a fin de terminar esta disputa y por complacer a Gorgias.

SÓCRATES.- ¿La adulación de que te hablo existe en relación a un alma solamente o del mismo modo en relación a dos o más?

CALICLES.- En relación a dos y a muchas.

SÓCRATES.- Así, entonces, se podrá complacer a una muchedumbre de almas reunidas sin preocuparse de lo que les es más ventajoso.

CALICLES.- Así me lo imagino.

SÓCRATES.- ¿Podrías decirme qué profesiones son las que producen este efecto?, o, mejor aún, si lo quieres, te interrogaré, y a medida que te parezca que una profesión es de esta clase dirás sí, y si te parece que no, dirás que no. Comencemos por la profesión de flautista. ¿No te parece, Calicles, que es una de las ocupaciones que busca solo nuestro placer sin preocuparse de nada más?

CALICLES.- Eso me parece.

SÓCRATES.- ¿Y no juzgas lo mismo de todas las profesiones parecidas, como la de tocar la lira en los juegos públicos?

CALICLES.- Sí.

SÓCRATES.- ¿Y no dirás lo mismo de los ejercicios de los coros y de las composiciones ditirámbicas? ¿Crees que Kinesias, hijo de Meles, se preocupa de que sus cantos sirvan para que se vuelvan mejores los que los escuchan y que tiene otras miras que no sean las de agradar a la masa de los espectadores?

CALICLES.- Lo que me dices de Kinesias es evidente.

SÓCRATES.- ¿Y su padre Meles? ¿Te imaginas que cuando canta acompañándose de la lira piensa en el bien? Y ni siquiera en lo agradable, porque con su canto desagrada a los oyentes. Examina bien. ¿No te parece que todo canto con acompañamiento de lira y toda composición ditirámbica no han sido inventados más que en vista del placer?

CALICLES.- Sí.

SÓCRATES.-Y la tragedia, este poema imponente y admirable, ¿a qué aspira? ¿No te parece que todos sus esfuerzos no tienden más que al único objeto de agradar al espectador? Cuando se presenta algo agradable y gracioso, pero malo al mismo tiempo, ¿se entretiene en suprimirlo y en declamar y canta lo que es agradable, pero útil, encuentren o no placer en ello los espectadores? De estas dos disposiciones, ¿cuál es a tu parecer la de la tragedia?

CALICLES.- Es claro, Sócrates, que se inclina más del lado del placer y del agrado de los espectadores.

SÓCRATES.- ¿No hemos visto hace muy poco, Calicles, que todo esto no es más que adulación?

CALICLES.- Seguramente.

SÓCRATES.- Pero si de una poesía, cualquiera que sea, quitásemos el canto, el ritmo y la medida, ¿quedaría algo más que las palabras?

CALICLES.- No.

SÓCRATES.- Estas palabras ¿no se dirigen a la multitud y al pueblo congregados?

CALICLES.- Indudablemente.

SÓCRATES.- La poesía es, entonces, una poesía de declamación popular.

CALICLES.- Así lo parece.

SÓCRATES.- Esta declamación popular es, por ende, una retórica, porque ¿no te parece que los poetas hacen en el teatro el papel de oradores?

CALICLES.- Sí.

SÓCRATES.- Nosotros hemos encontrado, por ende, una retórica para el pueblo, es decir, para los niños, las mujeres y los hombres libres y los esclavos reunidos, retórica de la que no hacemos mucho caso, dado que comentamos que no es más que una adulación.

CALICLES.- Es cierto.

SÓCRATES.- Muy bien. ¿Y qué nos parece esta retórica hecha para el pueblo de Atenas y los pueblos de las otras ciudades, constituidos todos por hombres libres? ¿Te parece bien que los oradores compongan siempre sus arengas en vista del mayor bien y se propongan hacer que sus conciudadanos se vuelvan más virtuosos, todo lo más posible, por virtud de sus discursos? ¿O bien que los mismos oradores, buscando agradar a los ciudadanos y descuidando el interés público para no ocuparse más que del suyo personal, traten a los pueblos como a los niños, esforzándose únicamente en complacerlos sin inquietarse de si debido a esto se volverán mejores o empeorarán?

Calicles.- En esto tengo que establecer una diferenciación: hay oradores que hablan teniendo a la vista la utilidad pública; otros, en cambio, son como has dicho.

Sócrates.- Me es suficiente con esto, porque si hay dos maneras de predicar, una de ellas es una adulación y una práctica vergonzosa, y la otra es honorable, yo opino que esta es la que trabaja en mejorar las almas de los ciudadanos y se dedica en toda controversia a decir lo que es más provechoso, sea agradable o no al auditorio. Pero tú no has visto nunca una retórica semejante, o si puedes nombrarme algún orador de este carácter, ¿por qué no me das su nombre?

Calicles.- ¡Zeus! Entre todos los de hoy día, no conozco ni uno.

Sócrates.- ¿Qué dices?... Y entre los antiguos, ¿podrías nombrarme alguno de quien pueda decirse que los atenienses se volvieron mejores desde que comenzó a arengarlos o que, por lo menos continuaron siendo buenos como lo eran antes? Porque yo no veo quién pudiera ser.

Calicles.- ¿Será posible que no hayas escuchado decir que Temístocles fue un hombre de bien, lo mismo que Cimón, Milcíades y Pericles, muerto hace poco y cuyos discursos has escuchado?

Sócrates.- Si la verdadera virtud consiste, como dijiste, en contentar sus pasiones y las de los otros, tienes razón. Pero si no es así, como nos hemos visto forzados a reconocer en el curso de esta discusión, la virtud consiste en la satisfacción de nuestros deseos, que una vez contentados hacen mejor al hombre y a no conceder nada a los que empeoran, y si además hay un arte para esto, ¿puedes decirme que alguno de los que acabas de nombrar haya sido virtuoso?

Calicles.- No sé qué contestarte.

Sócrates.- Si buscas bien, hallarás una respuesta. Examinemos, entonces, pacíficamente, si alguno de entre ellos ha sido virtuoso. ¿No es cierto que el hombre virtuoso, que en todos sus discursos tiene siempre en vista el mayor bien, no hablará al azar y se propondrá un fin? Procederá como los artistas que aspirando a la perfección en su obra no cogerán al azar lo que necesitan para ejecutarla, sino lo que es adecuado para darle la forma que debe tener. Por ejemplo: si quieres fijarte en los pintores, en los arquitectos, en los constructores de barcos, en una palabra, en el obrero que te plazca, verás que cada uno de ellos pone en cierto orden todo lo que coloca y obliga a cada parte a adaptarse y a sumarse a las otras hasta que todo tenga la disposición, la forma y la belleza que debe tener, lo mismo que los otros obreros de quienes hablábamos antes hacen en relación a su obra; me refiero a lo que los maestros de gimnasia y los médicos hacen respecto al cuerpo para prepararlo debidamente y lograr su mejor estado. ¿Reconocemos o no que la cosa es así?

CALICLES.- Creo que siempre debe ser así.

SÓCRATES.- Una casa en la que reina el orden y el arreglo, ¿no es buena?, y si en ella hay desorden, ¿no es mala?

CALICLES.- Sí.

SÓCRATES.- ¿No debe decirse lo mismo de una embarcación?

CALICLES.- Sí.

SÓCRATES.- Y refiriéndonos a nuestro cuerpo, ¿no podemos emplear el mismo lenguaje?

CALICLES.- Indudablemente.

SÓCRATES.- ¿Será buena nuestra alma si es desordenada? ¿No lo será más si todo en ella está en orden y en regla?

CALICLES.- Después de lo anteriormente dicho, nadie podrá negarlo.

SÓCRATES.- ¿Qué nombre darías al efecto que el orden y el arreglo producen en el cuerpo? Probablemente lo llamarías salud y fuerza, ¿no es cierto?

CALICLES.- Sí.

SÓCRATES.- Trata ahora de encontrar y decirme precisamente el nombre del efecto que el orden y el arreglo producen en el alma.

CALICLES.- ¿Por qué no lo buscas tú mismo, Sócrates?

SÓCRATES.- Si quieres, lo diré; pero si encuentras que tengo razón, convén en ello; si no, refútame y no me dejes pasar nada. Me parece que se da el nombre de saludable a todo lo que entretiene el orden en el cuerpo y de donde la salud y las otras buenas cualidades corporales. ¿Te parece bien o no?

CALICLES.- Me parece verdad.

SÓCRATES.- Así, entonces, el buen orador, el que se conduce según las reglas del arte, tenderá siempre a este fin en los discursos que dirigirá a las almas y en todas sus acciones; si hace alguna concesión al pueblo será sin perder esto de vista y si le quita algo será por el mismo motivo. Su espíritu estará ocupado incesantemente pensando en los medios de hacer nacer la justicia en el alma de sus conciudadanos, de expulsar de ella a la injusticia, de hacer germinar en ella la templanza y de apartar de ella a la intemperancia; de introducir, en fin, todas las virtudes y de excluir todos los vicios. ¿Estás de acuerdo conmigo u opinas de otro modo?

CALICLES.- Opino como tú.

SÓCRATES.- ¿De qué le sirve, en efecto, Calicles, a un cuerpo enfermo y mal dispuesto que le presenten manjares suculentos en abundancia y las bebidas más exquisitas o cualquier otra cosa que quizá de nada le aproveche o, al contrario, más bien le perjudique? ¿No es cierto?

CALICLES.- Sí.

SÓCRATES.- Porque me figuro que no es una ventaja para un hombre vivir con un cuerpo enfermo, dado que por necesidad tendrá que vivir en ese estado una vida desgraciada. ¿No te lo parece?

CALICLES.- Sí.

SÓCRATES.- Debido a esto, dejan los médicos en general en libertad a los que se encuentran bien de satisfacer sus apetitos como de comer cuanto quieran cuando tienen ganas y lo mismo de beber cuando tienen sed. Pero nunca permiten a los enfermos hartarse de lo que les apetece. ¿Estás del mismo modo de acuerdo conmigo en esto?

CALICLES.- Sí.

SÓCRATES.- Pero, apreciado amigo, ¿no será preciso proceder lo mismo con el alma? Quiero decir que en tanto sea mala, es decir, insensata, intemperante, injusta e impía, se debe mantener alejado de ella lo que desea y no permitirle más que lo que pueda volverla mejor. ¿Piensas como yo o no?

CALICLES.- Pienso como tú.

SÓCRATES.- Porque es el partido más ventajoso para el alma.

CALICLES.- Indudablemente.

SÓCRATES.- Pero tener a alguien alejado de lo que desea, ¿no es corregirle?

CALICLES.- Sí.

SÓCRATES.- Entonces para el alma vale más vivir corregida que silenciosamente, como pensabas hace poco.

CALICLES.- No comprendo nada de lo que dices, Sócrates, interroga a otro.

SÓCRATES.- He aquí un hombre que no podría consentir en lo que por él se hace ni soportar la cosa misma de que estamos hablando: la enmienda.

CALICLES.- Nada de lo que has estado diciendo me interesa ni me ocupo de ello; si te he estado contestando ha sido por complacer a Gorgias.

SÓCRATES.- ¡Sea! ¿Qué haremos entonces? ¿Dejaremos incompleta esta discusión?

CALICLES.- Tú lo sabrás.

SÓCRATES.- Pero como comúnmente se dice que no está permitido dejar nada incompleto, aunque solo sea un cuento y que hay que ponerle una cabeza para que no ande errante sin cabeza de un lado a otro, contéstame a lo que falta para dar una cabeza a esta conversación.

CALICLES.- ¡Qué pesado eres, Sócrates! Si quieres creerme, renuncia a esta disputa o termínala con otro.

SÓCRATES.- ¿Quién querrá ser ese otro? Por favor, no dejemos sin terminar esta discusión.

CALICLES.- ¿No podrías terminarla solo, sea hablando o contestándote tú mismo?

SÓCRATES.- No, por temor de que me ocurra lo que dice Epicharmes, y que no sea yo solo el que diga lo que dos hombres decían antes. Pero veo que no voy a tener más remedio que hacerlo. No obstante, si lo decidimos juntos, creo que ya que somos tantos debemos estar interesados en saber lo que hay de verdad y de falso en el asunto de que tratamos, porque a todos nos interesa que la cosa quede evidenciada.

Debido a esto voy a exponer lo que pienso acerca de esto. Si alguno de ustedes encontrase que reconozco como verdaderas cosas que no lo son, que me interrumpa sin pérdida de tiempo y me refute. Después de todo, no hablo como un hombre seguro de lo que dice, sino que busco con vosotros y en común la verdad. Debido a esto, si alguno que me discuta una cosa me pareciera que tiene razón, seré el primero en ponerme de acuerdo con él. Por lo demás, no les hago esta propuesta más que en el concepto de que juzguen que debe terminarse esta discusión; mas si no opinan así, dejémosla donde ha quedado y vámonos.

GORGIAS.- Mi punto de vista, Sócrates, es que no nos separemos hasta que tú termines tu discurso, y me parece que los otros piensan como yo. Estaría encantado de oírte exponer lo que aún te queda por decir.

SÓCRATES.- Y yo, Gorgias, reanudaría gustosísimo la conversación con Calicles hasta que pudiera devolverle el discurso del Anfión por el de Zethos. Pero dado que no quieres, Calicles, que terminemos esta disputa, escúchame al menos, y cuando se me escape alguna frase que no te parezca bien dicha, dime que no siga, y si me pruebas que estoy en un error, no me enfadaré contigo; al contrario, te consideraré como mi mayor bienhechor.

CALICLES.- Habla, amigo mío, y acaba.

SÓCRATES.- Escúchame bien: voy a reanudar nuestra disputa desde el principio. ¿Lo bueno y lo agradable son la misma cosa? No, como convinimos Calicles y yo. ¿Debe hacerse lo agradable en vista de lo bueno o lo bueno en vista de lo agradable? Es preciso hacer lo agradable en vista de lo bueno. ¿No es lo agradable lo que nos produce una sensación de placer mientras disfrutamos de ello? ¿Y bueno aquello cuya presencia nos hace buenos? Indudablemente. Entonces nosotros somos buenos, nosotros y todas las cosas que son buenas por la presencia de alguna virtud. Me parece que esto es incontestable, Calicles. Pero la virtud de una cosa, cualquiera que sea, mueble, cuerpo, alma o animal, no se encuentra en ella, sin más ni más, de una forma perfecta; debe su origen al orden, al arte, que conviene a cada una de dichas cosas. ¿Es esto verdad? Para mí, sí. La virtud de cada cosa ¿está, entonces, reglamentada y ordenada? Yo lo afirmaría. Entonces, el alma que tenga un orden especial ¿será del mismo modo mejor que la desordenada? Necesariamente. Pero el alma que tiene orden y mérito está arreglada. ¿Cómo podría no serlo? El alma está arreglada, está dotada de templanza. Entonces el alma temperante es buena. No podrías decir lo contrario, Calicles; pero si tienes que objetarme algo, dímelo.

CALICLES.- Continúa, querido amigo.

SÓCRATES.- Digo, entonces, que si el alma temperante es buena, la que está en una disposición contraria tiene que ser mala. Esta alma es el alma insensata e intemperante.

CALICLES.- Convengo en ello.

SÓCRATES.- El hombre temperante o moderado cumple con sus deberes para con Dios y sus semejantes, porque si no los cumpliera no sería temperante. Y es necesario que sea así. Cumpliendo con sus deberes para con sus semejantes realiza actos de justicia, y cumpliendo los que tiene para con Dios, actos de santidad. Y todo el que realiza actos de justicia y santidad es necesariamente justo y santo. Esto es cierto. Por fuerza, además, es valeroso, porque no es propio de un hombre temperante buscar ni rehuir lo que no le conviene buscar ni rehuir. Pero cuando el deber lo exige es necesario que prescinda de acontecimientos y de los hombres, del placer y del dolor, buscando, en cambio, lo que le conviene y permaneciendo firme donde deba. De forma, querido Calicles, que es de toda necesidad que el hombre temperante que, como se ha visto, es justo, valeroso y santo, sea un perfecto hombre de bien, y que siendo un hombre de bien todos sus actos sean buenos y honrados, y que obrando bien sea dichoso; que el malo, al contrario, cuyos hechos son perversos, sea desgraciado; el malo es de una disposición contraria a la del temperante, es el libertino, cuya condición tú ponderas. Esto hago constar por lo menos y afirmo que es cierto, y si es cierto, quienquiera que aspire a vivir feliz no tendrá más remedio, me parece, que buscar y ejercer la templanza y huir de la vida licenciosa tan lejos y rápidamente como pueda; por todos los medios posibles debe procurar, además, no hacerse merecedor de ninguna corrección, pero si tuviera necesidad de ella o alguno de los suyos, sea en la vida

privada o por su intervención en los asuntos públicos, será preciso que
le hagan sufrir un castigo y que se le corrija si se quiere que sea feliz. Tal
es, a mi juicio, el objetivo que debe guiar su conducta, refiriendo todos
sus actos y los del Estado a este fin; que la justicia y la moderación im-
peran en aquel que aspira a ser dichoso. Hay que guardarse muy bien
de dar libre curso a sus pasiones, de esforzarse en satisfacerlas, lo que
es un mal incurable, y de llevar así una vida de bandolero. Un hombre
tal no podría ser amigo de los otros hombres ni de los dioses, porque
no es posible que tenga relación alguna con ellos, y donde no median
relaciones no puede existir la amistad. Los sabios, Calicles, dicen que
un lazo común une al Cielo con la Tierra, a los dioses y a los hombres,
y este lazo común es la amistad, la templanza, la moderación y la justicia, y por esta razón, amado Calicles, dan a este universo el nombre de
Orden y no lo llaman desorden o licencia. Pero a pesar de lo sabio que
eres, me parece que no prestas atención a lo que digo y no ves que la
igualdad geométrica tiene mucho poder entre los dioses y los hombres.
Así es que crees que todo es cuestión de tener más que los demás y no
hacer caso de la Geometría. ¡Bueno! Es necesario, entonces, refutar lo
que acabo de decir y demostrar que no se es feliz por la posesión de la
justicia y de la templanza ni desgraciado por estar entregado al vicio; o
si este discurso es cierto, examinar lo que resultará de él. Pero resulta,
Calicles, todo lo que antes dije y acerca de lo cual me preguntaste
si hablaba en serio cuando dije que en caso de una injusticia debería acusarse uno mismo, acusar a su hijo y a su amigo y valerse para
esto de la retórica. Y lo que creíste que Polo aceptaba como verdad
por vergüenza, era, entonces, verdad, que es mucho más repugnante
y mucho peor, cometer una injusticia que ser víctima de ella. No es
menos verdad que para ser un buen orador es necesario ser justo y estar
versado en la ciencia de las cosas justas, lo que Polo del mismo modo
ha dicho que Gorgias me había concedido por vergüenza. Las cosas
en este estado, examinemos un poco los reproches que me haces, y si
tienes razón o no al decir que no estoy en disposición de defenderme
yo mismo ni a ninguno de mis amigos, ni de mis parientes, ni de
librarme de los grandes peligros; en fin, que estoy a merced del pri-

mero que quiera abofetearme —esta fue tu expresión— o despojarme de mis bienes o desterrarme de la ciudad o hasta de matarme, y que hallarse en una situación semejante es lo más horrible del mundo. Tal fue tu forma de pensar. He aquí la mía: la he dicho ya más de una vez, pero nada me importa repetirla. Mantengo, Calicles, que lo más feo de todo no es ser abofeteado injustamente, ni verse mutilado el cuerpo o despojado el bolsillo, sino el hecho de abofetearme y de arrebatarme injustamente lo que es mío; y que robarme, apoderarse de mi persona, escalar mi casa, cometer en una palabra, cualquiera mala acción contra mí o contra lo que es mío, es mucho peor y más odioso para el que lo comete que para mí que lo sufro. Estas verdades, que pretendo han sido demostradas en el transcurso de esta conversación, están unidas entre sí, al menos me lo parece, por razones de hierro y de diamante, sirviéndome de una expresión quizá un poco grosera. Si no consigues romperlas, tú o cualquier otro más vigoroso que tú, no será posible hablar con sensatez de estos objetos si se emplea un lenguaje diferente del mío, que en estas cuestiones es siempre el mismo, a saber: que no puedo asegurar que lo que digo sea la verdad, pero de todos con quienes he hablado, como ahora hablo contigo, no ha habido ni uno que haya podido evitar caer en ridículo si sostuvo una opinión contraria. Esto me hace suponer que mi creencia es la verdadera; pero si lo es, si la injusticia es el mayor de los males para quien la comete, y si a pesar de lo grande que es existe otro, si es posible todavía mayor, es este: el de no ser castigado por las injusticias cometidas ¿qué genero de socorro es el que uno no puede procurarse a sí mismo sin exponerse a ser objeto de la burla general? ¿No es este el auxilio cuyo efecto es el de apartar de nosotros el mayor perjuicio? Sí: lo incontestablemente más vergonzoso es no poder prestarse ayuda a sí mismo ni a sus parientes ni amigos. En segundo lugar, hay que colocar como vergonzoso la incapacidad de poder evitar el segundo mal; en tercer lugar, la impotencia de poder evitar el tercer mal y así sucesivamente según la importancia del mismo. Tan bello como es poderse preservar de estos males, tan vergonzoso y feo es el no poder evitarlos. ¿Te parece que es así, como digo, o crees que de otra forma?

CALICLES.- Creo que es como has dicho.

SÓCRATES.- De estas dos cosas, cometer una injusticia y ser víctima de ella, siendo la primera para nosotros un gran mal y la segunda uno menor, ¿qué es, entonces, preciso que el hombre se procure para estar en disposición de socorrerse a sí mismo y gozar de la noble ventaja de no cometer una injusticia y no ser víctima de ella? ¿Es el poder o la voluntad? He aquí lo que quiero decir. Pregunto si para no sufrir injusticias basta no querer ser víctima de ellas o si hay que hacerse bastante poderoso para ponerse a cubierto de ellas.

CALICLES.- Es notable que no logrará librarse de ellas más que siendo poderoso.

SÓCRATES.- En el segundo punto, que es cometer la injusticia, ¿será bastante no querer para no cometerla, de forma que en efecto no se cometa? o ¿será necesario conquistar cierto poder o un cierto arte, de modo que si no se le aprende y se le lleva a la práctica se cometerá la injusticia?... ¿Por qué no dices nada a esto, Calicles? ¿Crees que cuando Polo y yo convinimos en que nadie comete la injusticia queriendo, sino que los que son malos y obran mal cometen la injusticia contra su voluntad nos hayamos visto obligados por buenas razones o no a hacer esta declaración?

CALICLES.- Te concedo del mismo modo esto para que puedas terminar tu discurso.

SÓCRATES.- Es necesario, entonces, a lo que parece, procurarse del mismo modo cierto poder o cierto arte para no cometer injusticias.

CALICLES.- Indudablemente.

SÓCRATES.- Pero para preservarse de toda o de casi toda la injusticia de otro, ¿qué medio hay? Fíjate a ver si en esto eres de mi punto de vista. Creo que es necesario poseer toda la autoridad en la ciudad, bien como soberano o tirano, o bien siendo amigo de los que gobiernan.

CALICLES.- ¿Ves, Sócrates, cómo estoy dispuesto a dar mi aprobación cuando dices bien? Esto me parece muy bien dicho.

SÓCRATES.- Examina si lo que añado es menos verdad. Me parece, como dijeron antiguos y sabios personajes, que lo semejante es amigo de lo que se le asemeja más. ¿Piensas igualmente?

Calicles.- Sí.

Sócrates.- Entonces, ¿dondequiera que se encuentre un tirano salvaje y sin educación, si hay en su ciudad algún ciudadano mucho mejor que él, le temerá y no podrá ser nunca su verdadero amigo?

Calicles.- Es cierto.

Sócrates.- El tirano tampoco querrá a ningún ciudadano de un mérito inferior al suyo, porque le despreciará y no sentirá nunca por él el afecto que se profesa a un amigo.

Calicles.- Del mismo modo es cierto.

Sócrates.- El único amigo que le quedará, por ende, el único a quien otorgará su confianza, será aquel que teniendo su mismo carácter, aprobando y censurando las mismas cosas, consentirá en obedecerle y en estar sometido a su voluntad. Este hombre disfrutará de gran influencia en el Estado, y nadie podrá perjudicarle impunemente. ¿No te parece?

Calicles.- Sí.

Sócrates.- Si alguno de los jóvenes de esta ciudad se dijese: ¿de qué forma podré alcanzar un gran poder que me ponga al abrigo de cualquier injusticia? El camino que hay que seguir para conseguirlo me parece que es el acostumbrarse desde bien temprano a tener los mismos gustos y las mismas aversiones que el tirano, y esforzarse en lograr parecérsele lo más posible. ¿No te parece?

Calicles.- Sí.

Sócrates.- Por este medio, se pondrá muy pronto, decimos, a cubierto de las injusticias y se hará poderoso entre sus conciudadanos.

Calicles.- Puede asegurarse.

Sócrates.- Pero ¿será esto igualmente una garantía de que no cometerá injusticias? ¿O estará muy lejos de ser así en el caso de que se parezca a su jefe, y tenga un gran poder cerca de él? Yo creo que todos sus esfuerzos se dirigirán a colocarse en disposición de poder cometer las mayores injusticias y a no tener que temer poder ser castigado. ¿No opinas lo mismo?

Calicles.- Indudablemente.

Sócrates.- Por ende, llevará consigo el mayor de los males, que será la desfiguración de su alma, originada por la semejanza con su jefe y por su poder.

CALICLES.- No sé cómo te las arreglas para dar vueltas a tu discurso poniéndolo de arriba abajo y viceversa. ¿Ignoras que este hombre que toma por modelo al tirano hará morir, si le parece, y despojará de sus bienes al que no quiera hacer como él?

SÓCRATES.- Lo sé, mi apreciado Calicles; tendría que ser sordo para ignorarlo después de haberlo escuchado más de una vez de tus propios labios hace muy poco tiempo, lo mismo que de los de Polo y de los de casi todos los habitantes de esta ciudad. Pero escúchame a mi vez. Convengo en ello en que podrá mandar matar a quien se le antoje, pero entonces será un malvado y el condenado a muerte un hombre de bien.

CALICLES.- ¿No es esto precisamente lo más irritante?

SÓCRATES.- Para el hombre sensato, al menos, no, como lo prueba este discurso. ¿Crees acaso que el hombre no debe preocuparse más que de vivir el mayor tiempo posible y dedicarse al aprendizaje de las artes que puedan preservarnos de todos los mayores peligros, como el arte de la retórica, que hoy me aconsejabas estudie, porque constituye nuestra seguridad ante los tribunales?

CALICLES.- ¡Sí, Zeus!; creo que te doy un excelente consejo.

SÓCRATES.- Y el arte de nadar, apreciado Calicles, ¿no te parece muy estimable?

CALICLES.- Si te he de ser sincero, no.

SÓCRATES.- No obstante, salva de la muerte a quienes se hallan en circunstancias en que es necesario este arte. Pero si te parece indigno de aprecio te citaré otro muy importante: el arte de dirigir las embarcaciones, que no solamente preserva a las almas, sino del mismo modo a los cuerpos y los bienes contra los mayores peligros, como la retórica. Este arte es modesto y sin pompa, se mantiene retraído y procura pasar inadvertido, como si nunca hiciera nada de particular; mas aunque gracias a él logremos las mismas ventajas que nos proporciona el arte de la oratoria, no exige, creo, más que dos óbolos para traernos sanos y salvos desde Egina hasta aquí, y si es desde Egipto o desde el Ponto solo dos dracmas por prestarnos un beneficio tan grande y conservarnos, como acabo de decir, nuestra persona y bienes, nuestros hijos y nuestras esposas al depositarnos sobre tierra firme en el puerto. El que posee este arte y que nos ha prestado tan señalado servicio, apenas desembarca se pasea modestamente por la orilla junto a su barco, porque sabe decirse a sí mismo, me imagino, que ignora quiénes son los viajeros a los que ha favorecido preservándolos de sumergirse, ni quiénes a los que ha perjudicado sabiendo que no han salido de su barco mejores de lo que entraron de cuerpo y alma. Razona, entonces, de esta suerte: si alguno afecto de enfermedades graves, incurables, no se ha ahogado en las aguas del mar, es víctima de la desgracia de no haberse muerto y no me debe ninguna consideración. Si, recibe en su alma sustancia mucho más preciosa que su cuerpo, una porción de males incurables, ¿es un beneficio vivir o se le presta un servicio a un hombre semejante salvándole del mar, de las garras de la justicia o de cualquier otro peligro? Al contrario, el piloto sabe que para un malvado la vida no significa una ventaja, porque por necesidad tiene que vivir desgraciado. Este es el motivo de que el piloto no esté vanidoso de su arte, aunque le debamos nuestra salvación, ni tampoco el arquitecto militar, que en ciertos casos puede salvar tantas cosas, no digo como el piloto, sino como el caudillo de las tropas, que a veces conserva ciudades enteras. No lo compares, entonces, con el abogado. Si no obstante quisiera hablar como tú, Calicles, y ponderar su arte, te agobiaría a fuerza de razones, probándote que debes hacerte arquitecto militar y exhortándote a creer que las demás artes nada significan al lado de la suya, y está seguro de que las palabras no le faltarían. Y tú no dejarías debido a esto de menospreciar menos su arte y a él; le dirías como una injuria que no es más que un arquitecto militar y que no querrías a su hija por nuera ni a su hijo por yerno. Mas tú, que tanto alabas tu arte, ¿con qué derecho podrás despreciar el suyo y los otros de que he hablado? Sé lo que me vas a contestar: que eres mejor que ellos y de mejor ascendencia. Pero si por mejor no debe entenderse lo que yo llamo mejor, y si toda la virtud consiste en poseer en seguridad su persona y bienes, tu desprecio al arquitecto militar, al médico y las otras artes cuyo fin es velar por nuestra conservación, es sencillamente, una ridiculez. Pero ten mucho cuidado, apreciado amigo, de que lo bello y lo bueno no sean algo más que el aseguramiento y la conservación propios y de los demás. En efecto, el que es realmente un hombre, no debe desear vivir tanto tiempo como se supone ni demostrar demasiado apego a la vida, sino dejar a Dios el cuidado de todo esto, y prestando crédito a lo que dicen las mujeres, de que nadie ha logrado escapar a su destino, hay que ver después de qué forma tendrá que proceder para pasar lo mejor posible el tiempo que se ha de vivir. ¿Ha de ser esto acomodándose a las costumbres del gobierno al que se está subordinado? Es, entonces, preciso que te esfuerces por parecerte al pueblo ateniense si quieres serle grato y tener un gran crédito en esta ciudad. Mira si te convendrá y del mismo modo a mí. Pero sí hay que temer, apreciado amigo, que no nos ocurra, lo que se dice sucede a las mujeres de Tesalia cuando hacen descender la Luna, y no podamos adquirir tal poder en Atenas más que a costa, de lo que nos sea, más querido. Y si crees que alguno en el mundo te enseñará el secreto de volverte poderoso en esta ciudad sin tener el menor parecido con el Gobierno y que este parecido sea para ti un bien o más bien un mal, como pienso, te engañas, Calicles. Porque no te bastará ser un imitador; es necesario haber nacido con un carácter igual al suyo para contraer con ellos una amistad verdadera y del mismo modo conseguir algo de la de tu mancebo, el hijo de Pirilampo. El que te dé un perfecto parecido con ellos hará de ti un político y un orador tal como ambicionas serlo. Los hombres, en efecto, se complacen oyendo los discursos que están referidos a sus caracteres y todo lo extraño a estos los ofende; a menos, apreciado Calicles, que otro sea tu modo de pensar. ¿Tenemos algo que oponer a esto?

CALICLES.- No sé cómo es, Sócrates, pero me parece que tienes razón, y, no obstante, me encuentro en el mismo caso de la mayoría de los que te escuchan: no me persuades.

SÓCRATES.- Esto es debido a que el cariño a tu pueblo y el amor que sientes por el hijo de Pirilampo, arraigados en tu corazón, combaten mis razones. Pero si reflexionamos juntos y más a menudo acerca de estos asuntos, quizá te rindas a ellas. Recuerda que dijimos que hay dos maneras de cultivar el cuerpo y el alma: una que tiene por objetivo el placer y otra que se propone el bien y lejos de adular sus inclinaciones las combate. ¿No es esto en lo que estamos de acuerdo se diferencian ambas?

CALICLES.- Sí.

SÓCRATES.- La que solo piensa en la voluptuosidad es innoble y nada más que pura adulación. ¿No es así?

CALICLES.- Sí, dado que lo quieres.

SÓCRATES.- La otra, en cambio, no piensa más que en perfeccionar el objeto de nuestros cuidados, sea el cuerpo o sea el alma.

CALICLES.- Indudablemente.

SÓCRATES.- ¿No es así como debemos emprender la cultura del Estado y de los ciudadanos, trabajando para hacerles tan buenos como sea posible?, dado que sin esto, como antes dijimos, cualquier servicio que se les haga no les sería de ninguna utilidad, a menos que el alma de aquellos a quienes deban procurar grandes riquezas o un aumento de sus dominios o cualquier otro género de poder, no sea buena y honrada. ¿Admitimos esto como cierto?

CALICLES.- Sí, si lo quieres.

SÓCRATES.- Si nos instáramos mutuamente, apreciado Calicles, a intervenir en los asuntos públicos, por ejemplo en la construcción de las murallas, arsenales, templos y los edificios más considerables, ¿no sería lo más natural que nos estudiáramos y examináramos primero si tenemos aptitudes o conocimiento en la arquitectura o no y de quién habíamos aprendido este arte? ¿Crees que sería necesario o no?

CALICLES.- Indudablemente, creo que sí.

SÓCRATES.- Lo segundo que deberíamos estudiar, ¿no sería si hemos construido alguna casa para nosotros o nuestros amigos y si esta casa está bien o mal construida? Y una vez terminado este examen, si encontrásemos que habíamos tenido maestros inteligentes y célebres, bajo cuya dirección hemos construido un gran número de hermosos edificios y otros varios para nosotros mismos desde que nos separamos de nuestros maestros, siendo así podía confiársenos sin temor a imprudencia la construcción de las obras públicas; mas, si al contrario, no podemos decir quiénes fueron nuestros maestros ni enseñar ningún edificio obra nuestra o si enseñamos varios mal entendidos, sería una locura de nuestra parte emprender una obra pública y animarnos a ello mutuamente. ¿Reconocemos que esto está bien dicho o no?

CALICLES.- Indudablemente.

SÓCRATES.- ¿No ocurre lo mismo con las demás cosas? Si, por ejemplo, tuviéramos que servir al público en calidad de médicos y creyéndonos capacitados para ello, ¿no nos examinaríamos mutuamente y estudiaríamos? "Veamos —dirías tú—, cómo está Sócrates, y si sus cuidados han curado a alguien, hombre libre o esclavo". Y yo haría lo mismo contigo. Y si resultara que no hubiéramos devuelto la salud a nadie, ni ciudadano extranjero, ni hombre ni mujer, ¡por el nombre santo de Zeus!, Calicles, ¿no sería verdaderamente muy ridículo que pueda haber hombres que lleguen al extravagante extremo de querer aprender en el mismo cántaro, como se dice, el oficio de alfarero y dedicarse inmediatamente al servicio del público y animar a los otros a que los imiten antes de haber logrado ejercitarse en su arte y producido muestras de su aprendizaje? ¿No juzgarías que una conducta semejante sería verdaderamente insensata?

CALICLES.- Sí.

SÓCRATES.- Entretanto, ¡oh, tú!, el mejor de los hombres, que empiezas a intervenir en la vida pública incitándome a imitarte y que me reprochas que no tomo ninguna parte activa en ella, ¿no podríamos examinarnos mutuamente? Ensayemos un poco: ¿Calicles ha convertido en mejor a algún ciudadano en el tiempo transcurrido? ¿Pueden nombrar a alguien, extranjero, ciudadano, hombre libre o esclavo que habiendo sido antes un malvado, injusto, insensato y libertino se haya convertido en un hombre honrado gracias a los esfuerzos de Calicles? Dime, Calicles, si te interrogan así, ¿qué responderías? ¿Podrías decir que el trato contigo ha mejorado a alguien? ¿Te avergüenzas de confesarme si cuando no eras más que un simple particular y antes de mezclarte en el gobierno del Estado hiciste algo parecido?

CALICLES.- Siempre quieres tener razón, Sócrates.

SÓCRATES.- No creas que te interrogo por espíritu de controversia, sino por el sincero deseo de aprender cómo debe uno conducirse entre nosotros en la administración pública, y si al intervenir en los asuntos del Estado te propondrás otro objeto que no sea el hacer de nosotros perfectos ciudadanos. ¿No hemos convenido varias veces ya que tal debe ser la finalidad de la política? ¿Estamos de acuerdo o no? responde. Pues estamos de acuerdo, ya que me obligas a contestar por ti. Si tal es el beneficio que el hombre de bien debe esforzarse en procurar a su patria, reflexiona un poco y dime si te sigue pareciendo todavía que aquellos personajes, de quienes hablaste hace algún tiempo, Pericles, Cimón, Milcíades y Temístocles, fueron buenos ciudadanos.

CALICLES.- Indudablemente.

SÓCRATES.- Si fueron buenos ciudadanos es evidente, por ende, que de peores que eran sus compatriotas los hicieron mejores. ¿Los hicieron o no?

CALICLES.- Los hicieron.

SÓCRATES.- Cuando Pericles empezó a hablar en público, ¿eran, entonces, peores los atenienses que cuando se dirigió a ellos por última vez?

CALICLES.- Pudo ser que lo fueran.

SÓCRATES.- No hay que decir «pudo ser», apreciado amigo, porque eso es deducible necesariamente de lo que hemos convenido, si es cierto que Pericles fue un buen ciudadano.

CALICLES.- Bueno, ¿qué más?

SÓCRATES.- Nada, pero dime solamente si es general la opinión de que los atenienses se volvieron mejores por los cuidados de Pericles o si este, contrariamente, los corrompió más. Oigo decir que por culpa de Pericles los atenienses se volvieron perezosos, cobardes, charlatanes e interesados, dado que él fue el primero que los convirtió en mercenarios.

CALICLES.- Esto, Sócrates, se lo has escuchado decir a los que tienen entorpecidos los oídos.

SÓCRATES.- Lo que voy a decirte ahora al menos no es un he oído decir. Sé, con toda certeza, y tú del mismo modo lo sabes, que Pericles adquirió al principio un gran renombre y que los atenienses en el tiempo que fueron peores, no pronunciaron contra él ninguna sentencia infamatoria, pero al fin de la vida de Pericles, cuando gracias a él se hubieron vuelto buenos y virtuosos, lo condenaron por peculado, y faltó muy poco para que le condenaran a muerte como a un mal ciudadano.

CALICLES.- ¿Acaso fue por eso malo Pericles?

SÓCRATES.- De un hombre que guardara asnos, caballos y bueyes, dirían, si se le pareciera, que era un mal guardián, si aquellos animales vuelto feroces entre sus manos cocearan, mordieran y dieran cornadas, no hubiesen tenido tales mañas cuando se le confiaron. ¿No crees que no sabe cuidar bien de un animal cualquiera que sea quien habiéndolo recibido manso lo hace más intratable que antes? ¿Opinas así o no?

CALICLES.- Sí, dado que así te complazco.

SÓCRATES.- Pues entonces haz el favor de decirme si el hombre puede ser clasificado en la especie de los animales o no.

CALICLES.- ¿Cómo no ha de estarlo?

SÓCRATES.- ¿No gobernaba Pericles a los hombres?

CALICLES.- Sí.

SÓCRATES.- Pues bien, ¿no era preciso, como hemos convenido, que de injustos que eran, sometidos a él se volvieron buenos, ya que él los gobernaba como si verdaderamente fuese un buen político?

CALICLES.- Ciertamente.

SÓCRATES.- Pero los justos son de carácter dulce, como dice Homero. Tú qué dices, ¿piensas como nuestro gran poeta?

CALICLES.- Sí.

SÓCRATES.- Pero Pericles los volvió más feroces de lo que eran cuando se encargó de ellos, y esto hasta contra él mismo, lo cual ha decidido ser lo más contrario del mundo a sus propósitos.

CALICLES.- ¿Quieres que convenga en ello?

SÓCRATES.- Sí, si crees que digo la verdad. ¿Y al volverlos más feroces no los hizo, por ende, más injustos y peores?

CALICLES.- Sea.

SÓCRATES.- Por ende, desde este punto de vista no ha sido Pericles un buen político.

CALICLES.- Tú lo dices.

SÓCRATES.- Y tú del mismo modo a juzgar por tus confesiones. Dime ahora acerca de Cimón: ¿aquellos a quienes gobernó no le hicieron sufrir la pena de ostracismo para estar diez años sin oír su voz? ¿No hicieron lo mismo del mismo modo con Temístocles, pero desterrándole para siempre? A Milcíades, el vencedor en Maratón, le condenaron a ser enterrado vivo, y si no hubiera sido por el primer pritaneo le hubieran arrojado a la fosa. No obstante, si todos ellos hubieran sido buenos ciudadanos, nada parecido a esto les hubiera ocurrido. No es natural que los hábiles conductores de carros que no se cayeron de sus vehículos cuando comenzaron a conducirlos se caigan más tarde después de haber domado sus caballos y ser mejores aurigas. Esto es lo que no ocurre ni en la conducción de carros ni en ninguna otra profesión. ¿Qué dices?

CALICLES.- Que, en efecto, no ocurre.

SÓCRATES.- Nuestros anteriores discursos han resultado, por ende, verdad, porque parece que no conocemos a persona alguna de esta ciudad que haya sido un buen político. Confesaste hace muy poco que hoy día no encuentras ni uno solo, pero sostuviste que antes los hubo y nombraste preferentemente a estos, de quienes acabo de hablar, y luego hemos visto que en nada aventajaban a los de hoy día, que si hubieran sido oradores habrían hecho uso de la verdadera retórica, haciendo mejores a los atenienses, y si se hubieran servido de la retórica aduladora no habrían incurrido en su desgracia.

CALICLES.- Y no obstante, querido Sócrates, falta mucho para que alguno de los políticos del día ejecute obras tan grandes como las que hizo el que más quieras de aquellos otros.

SÓCRATES.- Debido a esto, apreciado amigo, no los menosprecio en su calidad de servidores del pueblo; al contrario, me parece que desde este punto de vista valen mucho más que los actuales y que se mostraron más hábiles en procurar al Estado lo que deseaba. Pero en lo referente a hacer cambiar de objetivo a los deseos, no permitir su satisfacción y llevar a los ciudadanos, bien fuera por la persuasión y hasta por la violencia, hacia lo que pudiera haberlos hecho mejores, es en lo que, por decirlo así, no existe diferencia entre ellos y los de ahora, y esta es ciertamente la única empresa propia de un buen ciudadano. En lo que estoy muy de acuerdo contigo es en reconocer que en la cuestión de construcciones de barcos, murallas, arsenales y muchas otras obras análogas supieron procurarnos mucho más los de los tiempos pasados lo que nos hacía falta que los de nuestros días. Pero en esta discusión nos está sucediendo a ti y a mí una cosa un poco ridícula. Desde que empezamos a hablar, no hemos dejado de dar vueltas alrededor del mismo objeto sin entendernos. Me imagino que con frecuencia has confesado y reconocido que hay dos maneras de cuidar el cuerpo y el alma: la una, servil, se propone proporcionar por todos los medios posibles alimentos a los cuerpos cuando sienten hambre y bebidas cuando tienen sed, vestidos para el día y para la noche y calzados cuando tienen frío, y en una palabra, todas las otras cosas que el cuerpo puede necesitar. Me sirvo expresamente de estas imágenes para que entiendas mejor mi pensamiento. Cuando se está en disposición de subvenir a estas necesidades, como comerciante, traficante o artesano de cualquiera de estas profesiones: panadero, cochero, tejedor, zapatero y curtidor, no es de extrañar que uno por ser tal se figure ser el proveedor de las necesidades del cuerpo y que como tal sea mirado por cualquiera que ignore que además de estas artes hay otras cuyas partes son la gimnástica y la medicina, y a la que verdaderamente pertenece el cuidar del cuerpo y a la que corresponde imponerse a todas las otras artes y servirse de sus productos, porque es la única que sabe lo que hay de saludable y perjudicial en la comida y en la bebida y que las otras artes ignoran. Debido a esto, cuando se trata del cuerpo hay que calificar de funciones serviles y bajas a las otras artes, y que la medicina y la gimnasia ocupen, como es justo, la jerarquía que les corresponde. Que lo mismo ocurre en relación al alma, me parece habrás comprendido algunas veces qué es lo que pienso, y me lo concedes como hombre que entiende perfectamente lo que digo. Pero un momento después añades que en esta ciudad ha habido excelentes hombres de Estado, y cuando te pregunto quiénes, me presentas hombres que para los asuntos políticos son precisamente como si te preguntase quiénes han sido o son los más hábiles en la gimnástica y capaces de cuidar bien de los cuerpos y me citaste seriamente a Tearión, el panadero; a Mitecos, que ha escrito acerca de la cocina en Sicilia, y a Sarambos, el tratante de vinos, pretendiendo que han descollado en el arte de tratar los cuerpos, porque sabían preparar admirablemente el uno el pan, el otro los guisados y el tercero el vino. Quizá te enfadarías conmigo si respecto de esto te dijera que no tienes, mi apreciado amigo, idea alguna de lo que es la gimnástica; me nombras servidores de nuestras necesidades que no tienen más ocupación que satisfacer estas, pero que desconocen lo que hay de bueno y bello en este género, y que después de haber llenado e hinchado con toda clase de alimentos el cuerpo de los hombres y haber sido elogiado, acaban por echarles a perder su temperamento primitivo. Los glotones, que son unos ignorantes, no acusarán a estos fomentadores de su gula de ser los causantes de las enfermedades que les sobrevienen y de la pérdida de sus carnes sanas, pero sí echarán la culpa a los presentes que les hubiesen dado algunos ejemplos. Y cuando los excesos del estómago que hayan cometido sin preocuparse para nada de su salud les acarreen largo tiempo después numerosas enfermedades, la emprenderán contra estas, hablarán pestes de ellas y si pudieran perjudicarlas las perjudicarían, pero seguirían prodigando alabanzas a los excesos, causa indiscutible de sus males. Del mismo modo procedes tú ahora, Calicles, exaltando a las personas que dieron bien de comer y beber a los atenienses y satisficieron sus pasiones sirviéndoles cuanto apetecieron. Aquellos hicieron grande al Estado, dicen los atenienses; pero no ven que dicho engrandecimiento no es más que una hinchazón, un tumor lleno de podredumbre; porque de una forma descabellada estos antiguos políticos han llenado a la ciudad de puertos, arsenales, murallas, impuestos y otras tonterías semejantes sin unir a estas obras la moderación y la justicia. Cuando la enfermedad se declare, no dudarán en culpar a los que les hayan aconsejado prudentemente y elevarán hasta las nubes a Temístocles, Cimón y Pericles, los verdaderos autores de sus males, y quizá proceden contra ti, si no sabes defenderte, y contra mi amigo Alcibíades, aunque no sean los primeros autores de su caída, pero sí quizá los cooperadores. Por lo demás, veo que hoy día ocurre algo irrazonable; y lo mismo oigo decir de los hombres que nos precedieron; veo, en efecto, que cuando la ciudad castiga como culpable de malversación a algunos de los que intervienen en los negocios públicos, se enfadan y se quejan amargamente del mal trato a que se los somete después de los servicios sin cuento que han prestado al Estado. ¿Es injusta, como pretenden, la sentencia de muerte que el pueblo pronuncia contra ellos? No ni nada más falso. Un hombre puesto al frente del gobierno de un Estado no puede nunca ser castigado injustamente por este Estado. Lo mismo que les ocurre a algunos de estos hombres que se las dan de políticos, pasa con los sofistas, porque estos, gente hábil indudablemente, tienen la desgracia de observar en ocasiones una conducta por completo falta de buen sentido. Al mismo tiempo que hacen alarde de profesar la virtud, acusan a menudo a sus discípulos de ser culpables de injusticia al regatearles su remuneración y no demostrarles ninguna clase de reconocimiento después de tantos beneficios como ellos, los sofistas, les han otorgado. Dime si hay algo más inconsecuente que semejantes palabras. ¿No juzgas tú mismo, amigo mío, que es irrisorio decir que hombres que se han convertido en justos y buenos por los desvelos de sus maestros y en cuyos pechos la injusticia ha cedido el puesto a la justicia, obren injustamente por un vicio que ya no tienen? Por no querer contestarme, me has obligado, Calicles, a pronunciar contra mi voluntad un verdadero discurso.

CALICLES.- ¿Acaso te es imposible hablar si no te contesta alguien?

SÓCRATES.- Parece que sí, dado que desde que no me quieres contestar me extiendo en largos discursos. Pero, ¡en nombre de Zeus que preside la amistad!, dime, ¿no encuentras irrisorio que un hombre, que se vanagloria de haber hecho virtuoso a otro, se queje de él como de un malvado, cuando por sus esfuerzos se ha convertido y verdaderamente es bueno?

CALICLES.- Efectivamente, me parece irrisorio.

SÓCRATES.- ¿No es este, no obstante, el lenguaje que oyes de boca de los que hacen profesión de formar a los hombres en la virtud?

CALICLES.- Es cierto; pero ¿puede esperarse otra cosa de gente tan despreciable como los sofistas?

SÓCRATES.- Pues bien, ¿qué dirías de los que haciendo a gala de encontrarse a la cabeza del Estado y de dedicar todos sus esfuerzos a hacerlo virtuoso, le acusan en la primera ocasión de estar muy corrompido? ¿Crees que hay mucha diferencia entre estos y los precedentes? El sofista y el orador, apreciado amigo, son la misma cosa o dos cosas muy parecidas, como dije a Polo. Pero como no conoces esta semejanza, te imaginas que la retórica es lo más bello que existe en el mundo y desprecias la profesión de sofista. Y en realidad es la sofística más bella que la retórica, lo mismo que la función del legislador en relación a la del juez y la de la gimnástica a la de la medicina. Y yo había creído que los sofistas y los oradores eran los únicos que no tenían ningún derecho a reprochar nada al sujeto que educan y forman, y menos de ser este malo para ellos, porque acusándole se acusan ellos mismos de no haber hecho ningún bien a los que se jactan de haber mejorado. ¿Es cierto, no?

CALICLES.- Lo es.

SÓCRATES.- Y del mismo modo son los únicos que podrían no exigir recompensa alguna por los beneficios que procuran, si lo que dicen fuera verdad. En efecto, cualquiera que hubiese recibido un beneficio de otro género, por ejemplo, que por los cuidados de un maestro de gimnasia se haya vuelto más ligero para las carreras, puede ser que fuera capaz de frustrarle el reconocimiento que le debe, si el maestro lo dejara a su discreción y no hubiera hecho con él ningún convenio en virtud del cual percibiera su remuneración al mismo tiempo que le comunicaba la agilidad. Porque no creo que sea la lentitud en las carreras, sino la injusticia, lo que hace mala a la gente. ¿No es cierto?

CALICLES.- Sí.

SÓCRATES.- Si alguno, entonces, destruyera este principio de maldad, quiero decir, la injusticia, no tendría motivos de temer que se portaran mal con él, y sería el único que podría seguramente prodigar sus beneficios gratuitamente, si verdaderamente estaba en su poder el volver virtuosos a los hombres. ¿Me das la razón en esto?

CALICLES.- Sí.

SÓCRATES.- Indudablemente por esta razón no es ninguna vergüenza recibir un salario por otros consejos que se dan, referentes, por ejemplo, a la arquitectura o todo arte parecido.

CALICLES.- Así me parece.

SÓCRATES.- En cambio, sería vergonzoso que cualquiera se negara a inspirar a un nombre toda la virtud que pueda tener y enseñarle a gobernar perfectamente su familia o su patria y a negarle sus consejos a menos que se le diera dinero. ¿No es cierto?

CALICLES.- Sí.

SÓCRATES.- Está claro que la razón de esta diferencia consiste en que de todos los beneficios este es el único que despierta en el que lo recibe el deseo de convertirse a su vez en bienhechor; de forma que es una buena señal el dar muestras de reconocimiento al autor de un beneficio tal y una mala el no demostrar gratitud. ¿No te parece que es así?

CALICLES.- Sí.

SÓCRATES.- Explícame, entonces, con toda claridad, cuál de estas dos maneras de gobernar un Estado me recomiendas: si combatir las inclinaciones de los atenienses para hacer de ellos excelentes ciudadanos, en calidad de médico, o ser servidor de sus pasiones y no tratar con ellos más que para halagarlos. Dime la pura verdad, Calicles: es justo que ya que debutaste hablándome con franqueza continúes hasta el fin diciéndome lo que piensas. Sé generoso y contéstame con sinceridad.

CALICLES.- Te recomiendo que seas el servidor de Atenas.

SÓCRATES.- Es decir, que me invitas, muy generoso Calicles, a convertirme en su adulador.

CALICLES.- Si quieres tratarlos como a misios, allá tú, Sócrates; pero si no tomas el partido de elogiarlos...

SÓCRATES.- No me repitas una vez más lo que tantas veces me has dicho, de que me matará el primero que tenga ganas de ello, si no quieres que te repita a mi vez que el que haga morir a un hombre de bien será por fuerza un malvado; ni que me arrebatará lo que pueda poseer, a fin de que no tenga que decirte que después de despojarme de mis bienes no sabré qué uso hacer de ellos, y que como me los quitará injustamente los usaría injustamente, y por tanto, de una forma fea y por ende mala.

CALICLES.- Creo, Sócrates, que estás en la firme convicción de que nada de esto te sucederá, como si estuvieras muy lejos de todo peligro y que ningún hombre por malo y despreciable que pueda ser, pueda llevarte ante los tribunales.

SÓCRATES.- Podrías calificarme de demente, Calicles, si no creyera que en una ciudad como Atenas hay alguien que no esté expuesto a toda clase de accidentes. Pero lo que sí sé es que si mañana, por uno de estos accidentes con que me amenazas, compareciera ante algún tribunal, el que me citara sería un mal hombre, porque un ciudadano honrado nunca llevará ante los tribunales a un inocente. Y no tendría nada de extraño que me condenasen a muerte. ¿Quieres saber por qué te lo digo?

CALICLES.- Sí, me gustaría saberlo.

SÓCRATES.- Me imagino que me dedico a la verdadera política con un escaso número de atenienses —para no decir que me dedico solo— y que nadie más que yo hoy día cumple con los deberes de un hombre público. Como no entra en mis intenciones adular a aquellos con quienes hablo diariamente, tiendo a lo más útil y no a lo más agradable, y no quiero hacer ninguna de las bellas cosas que me aconsejas, no sabría qué decir cuando me hallara ante los jueces. Y ahora viene muy al caso lo que dije a Polo: me juzgarán como juzgarían unos niños a un médico acusado por un cocinero. Examina, en efecto, lo que un médico sometido a un tribunal de semejantes jueces tendría que decir en su defensa si le acusaran en estos términos: "Niños, este hombre les ha perjudicado mucho, les pierde y del mismo modo a los que aún son menores que ustedes y les precipita en la desesperación, cortándolos, quemándolos, enflaqueciéndolos y ahogándolos; les da porciones amarguísimas y los hace morir de hambre y de frío. No les sirve, como yo, manjares de todas clases en gran número y gratísimos al paladar". ¿Qué piensas que diría un médico al verse en tal aprieto? Responder lo que es cierto: "Niños, si les he hecho todo eso, ha sido para conservar su salud". ¿No te figuras que los jueces protestarían a gritos y con todas sus fuerzas al escuchar su respuesta?

CALICLES.- Me parece que casi todos te dirán que sí.

SÓCRATES.- ¿No te figuras que este médico se vería en el mayor de los apuros para saber lo que tendría que decir?

CALICLES.- Con toda seguridad.

SÓCRATES.- Sé que me pasaría lo mismo si tuviera que reconocer ante la justicia, porque no podría hablar a los jueces de placeres que les haya procurado y que ellos cuentan como tantos beneficios y servicios; no tengo envidia a los que los procuran ni a los que los disfrutan. Si se me acusa de corromper a la juventud llenando su espíritu de dudas y de hablar mal de ciudadanos de más edad que la mía y de pronunciar contra ellos discursos mordaces, sea privada o públicamente, no podré decir, aunque sea verdad, que si obro y hablo de tal forma, es con justicia y teniendo en vista su prestigio, ¡oh jueces!, y nada más. Así es que tendré que esperar todo cuanto el destino tenga a bien ordenarme.

CALICLES.- ¿Encuentras, Sócrates, que es maravilloso para un ciudadano verse en una situación semejante que le imposibilite de defenderse por sí mismo?

SÓCRATES.- Sí, Calicles, siempre que pueda responder de una cosa con la que te has mostrado acorde más de una vez; con tal, digo, de que pueda probar para su defensa que no tiene discurso alguno ni ninguna acción injusta que reprocharse cometidos contra los dioses ni contra los hombres, porque a menudo hemos reconocido que este auxilio es para él el más poderoso de todos. Si se probara que soy incapaz de ser parte de este auxilio y tampoco de cualquier otro, me avergonzaría de haber caído en falta en este punto, lo mismo delante de poca que de mucha gente y aun ante mí mismo; causaría mi desesperación ver que una impotencia semejante fuese causa de mi muerte. Mas si perdiera la vida por no haber hecho algún uso de la retórica aduladora, estoy muy seguro que me verías soportar la muerte estoicamente. Verdad es que únicamente un insensato o un cobarde teme a la muerte. Lo que se teme es la comisión de injusticias, porque la mayor de todas las desdichas es bajar a los infiernos con el alma cargada de crímenes. Me alegraría, si lo desearas, probarte que la cosa es efectivamente así.

CALICLES.- Si has terminado con lo otro, suma todavía esto.

SÓCRATES.- Escucha, entonces, una bella narración que tomarás, me imagino, por una fábula, y que creo es una verdad. Yo, al menos, te la doy como tal. Zeus, Poseidón y Plutón se repartieron la soberanía, como Homero lo refiere después de su padre. Desde el tiempo de Saturno existía una ley entre los hombres que ha subsistido siempre y subsiste todavía entre los dioses; todo mortal que hubiera llevado una vida santa y justa iría después de su muerte a las islas Afortunadas, donde gozaría de una perfecta felicidad a cubierto de todos los males; el que al contrario hubiese vivido en la injusticia y en la impiedad, iría a un lugar de castigo y de suplicio denominado el Tártaro. Durante el reinado de Saturno y en los primeros años de Zeus, dichos hombres eran juzgados en vida por jueces vivientes, que decidían de un futuro destino el mismo día en que tenían que morir, por lo que estos juicios se pronunciaban mal. Esta fue la causa de que Plutón y los gobernadores de las islas Afortunadas acudieran a Zeus y le dijeran que les enviaban hombres que no merecían las recompensas ni los castigos que se les habían asignado. "Yo acabaré con esta injusticia —dijo Zeus—. Lo que hace que se sentencie mal hoy día es que se juzga a los hombres vestidos, dado que se los juzga cuando aún viven. Así es —continuó diciendo—, que muchos cuya alma está corrompida, están revestidos de hermosísimos cuerpos, de noblezas y de riquezas, y cuando se trata de pronunciar el fallo, se presentan muchísimos testigos a deponer en su favor y dispuestos a testimoniar que han vivido bien. Los jueces se dejaban deslumbrar por todo esto y además juzgaban vestidos, teniendo delante del alma, ojos, orejas y toda la masa del cuerpo que los envuelve. Sus vestiduras, y lo mismo las de las personas a las que van a juzgar, son para ellos otros tantos obstáculos. Hay que empezar, pues —dijo—, por quitar a los hombres la presciencia de su última hora, porque ahora la conocen con anticipación. Ya he dado mis órdenes a Prometeo a fin de que los prive de ese privilegio. Quiero, además, que sean juzgados en completa desnudez de todo lo que los rodea y que para esto no se les juzgue hasta después de muertos. Es necesario del mismo modo que el juez esté completamente desnudo, muerto y que examine inmediatamente por su alma la de cada uno en cuanto muera, se haya separado de todos sus parientes y deje todas sus galas en la Tierra, a fin de que su fallo sea justo. Estaba enterado de estos abusos antes que ustedes; debido a esto he designado para jueces a tres de mis hijos, dos de Asia: Minos y Radamanto, y uno de Europa: Eaco. Cuando mueran, emitirán sus fallos en la pradera, en el sitio en que desembocan tres caminos, uno de los cuales conduce a las islas Afortunadas y otro al Tártaro. Radamanto juzgará a los hombres de Asia, y Eaco a los de Europa; asignaré a Minos la autoridad suprema para decidir en última instancia en los casos en que aquellos estén indecisos, a fin de que la sentencia referente al paraje de la destinación de los hombres después de su muerte sea pronunciada con toda la equidad posible". Tal es, Calicles, la narración que oí y que tengo por verdadera. Razonando acerca de este discurso he aquí lo que me parece resulta de él. La muerte, me figuro, no es más que la separación de estas dos cosas: el cuerpo y el alma. En el momento de su separación cada una de las dos no es muy diferente de lo que era en vida del hombre. El cuerpo conserva la naturaleza y los vestigios bien señalados de los cuidados que con él se tuvieron o de los accidentes que sufrió. Por ejemplo, si alguno tuvo en vida un cuerpo muy grande, fuere por naturaleza o por educación, su cadáver después de su muerte será grande; si estaba grueso, su cadáver lo estará del mismo modo y lo mismo en todo lo demás. De igual forma, si gustó de cuidar de su cabello, su cadáver tendrá hermosa cabellera; si fue un penado que llevara en su cuerpo las huellas y las cicatrices de los latigazos o de otras heridas, se podrán ver las mismas huellas y cicatrices en su cadáver. Si hubiese tenido en vida algún miembro roto o dislocado, estos defectos serán todavía visibles después de su muerte. En una palabra, tal como ha sido en vida en lo concerniente al cuerpo, tal será en todo o en parte, durante cierto tiempo, después de la muerte. Me parece, Calicles, que con el alma debe ocurrir lo mismo, y que cuando queda despojada del cuerpo, lleva las marcas evidentes de su carácter y de las diversas afecciones que cada uno ha experimentado en su alma como consecuencia del género de vida que abrazó. Una vez que lleguen a la presencia de su juez, los de Asia ante Radamanto, este los llamará para que se le aproximen y examinará el alma de cada uno sin saber a quién pertenece. Y a veces teniendo entre las manos al gran rey o a cualquier otro soberano o potentado, descubrirá que no tiene nada sano en su alma, porque los perjurios y las injusticias la han flagelado y cubierto de cicatrices de las que cada una de sus acciones ha dejado grabada la huella en su alma; que la mentira y la vanidad han trazado en ella mil revueltas y que nada recto se encuentra en ella por haber sido educada lejos de la verdad. El juez ve que el poderío sin límites, la vida de molicie y desenfreno, y una conducta desarreglada, han llenado a aquella alma de desorden e infamia, e inmediatamente que se da cuenta de todo esto la envía cubierta de ignominia a su prisión, en donde apenas llegue sufrirá el castigo merecido. A todo el que sufre una pena y es castigado por otro de una forma razonable, le ocurre que o se vuelve mejor y el castigo le resulta un beneficio o que sirve de ejemplo a otros, a fin de que siendo testigos de los tormentos que sufre teman verse de igual caso y trabajan por enmendarse. Los que sacan partido de los castigos que les imponen los dioses y los hombres son aquellos cuyas faltas son de naturaleza que permite se expíen en la Tierra. Pero no se hacen acreedores a este beneficio, sea en la Tierra o sea en los infiernos, más que por los dolores y los sufrimientos, único medio posible para verse libres de la injusticia. Los que han cometido los crímenes más execrables y que por este motivo son incurables, sirven de ejemplo a los otros. Su suplicio no les reporta ninguna ventaja, porque son incapaces de curación, pero para los demás es útil ver los grandes tormentos, espantosos y dolorosísimos, que sufren eternamente por sus faltas, estando, por decirlo así, expuestos en la prisión de los infiernos como un ejemplo que sirve a la vez de espectáculo y de instrucción a todos los malos que incesantemente llegan a aquellos antros. Mantengo que Arquelao pertenecerá a este número, si lo que Polo ha dicho de él es cierto, y como él todo tirano que se le asemeje. Hasta creo que la mayor parte de los condenados a tal exhibición son tiranos, reyes, potentados y hombres de Estado. Porque ellos son los que a causa del gran poder de que están revestidos cometen las acciones más injustas e impías. Homero me testimonia de ello. Los que representa como eternamente atormentados, son reyes y potentados como Tántalo, Sísifo y Tityos. En referente a Tersites y otros malvados de inferior categoría, ningún poeta los ha representado sufriendo los mayores suplicios, como un culpable de los incurables, indudablemente porque no poseyeron todo el poder, por lo que tuvieron más suerte que los que impunemente pudieron ser perversos. Los más grandes criminales, apreciado Calicles, se forman de los que tienen en su mano toda la autoridad. Nada impide, no obstante, que entre estos se encuentren del mismo modo hombres virtuosos, que nunca serían demasiado admirados. Porque es una cosa muy difícil, Calicles, y merecedora de los mayores elogios, vivir dentro de la justicia cuando se está en plena libertad de obrar mal, tanto que se encuentran muy pocos de este carácter. Ha habido, no obstante, en esta ciudad, y del mismo modo en otras, y seguirá habiendo seguramente, personajes excelentes en este género de virtud que consiste en administrar con arreglo a las leyes de la justicia lo que les está confiado. Uno de ellos ha sido Arístides, hijo de Lisímacos, que por sus virtudes se hizo célebre en toda Grecia; pero la mayor parte de los hombres en el poder, amigo querido, se vuelven malos. Volviendo a lo que decía, cuando alguno de estos cae entre las manos de Radamanto, no sabe este de él ni quién es ni quiénes son sus padres, y sí solo que es malo, y habiéndolo reconocido tal, lo relega al Tártaro después de haberle puesto una señal según lo juzgue susceptible de curación o no. Al llegar al Tártaro el culpable es castigado como se merece. Otras veces, viendo un alma que vivió santamente y en verdad, el alma de un particular o de otro cualquiera, pero sobre todo, como lo pienso, Calicles, de un filósofo ocupado únicamente de sí mismo y que durante su vida evitó las dificultades de los negocios, se encanta y la destina a las islas Afortunadas. Eaco, por su parte, procede de igual forma. Uno y otro pronuncian sus veredictos teniendo una varita en la mano. Minos es el único que se sienta y tiene la alta inspección; en la mano sostiene un cetro de oro, como Homero refiere que le vio Ulises «teniendo un cetro de oro y haciendo justicia a los muertos». Yo concedo, apreciado Calicles, entera fe a estos discursos y me aplico a fin de presentarme ante el juez llevando el alma más íntegra posible. Debido a esto, menospreciando lo que la mayoría de los hombres tiene en más alta estimación y no aspirando más que a la verdad, consagraré todos mis esfuerzos, en lo que de mí depende, a vivir tan virtuosamente como pueda y a morir igualmente cuando suene la hora de abandonar este mundo. Invito a todos tanto como puedo, y a ti mismo a mi vez, a abrazar este género de vida y a ejercitarte en este combate, el más interesante a mi juicio de cuantos libramos aquí abajo. Te reprocho que no estarás en disposición de socorrerte a ti mismo cuando tengas que comparecer a sufrir el juicio de que hablo y que cuando te encuentres en presencia de tu juez, el hijo de Eginos, y te haya llevado ante su tribunal, abrirás de espanto la boca y perderás la cabeza ni más ni menos que yo ante los jueces en esta ciudad. Podrá ser que entonces te abofeteen, ignominiosamente, y que te inflijan toda clase de ultrajes. Estás oyendo lo que te digo como si fuesen cuentos de viejas y no haces ningún caso de ello. Nada de extraño tendría que todos hiciéramos lo mismo si después de investigar mucho lográramos encontrar algo mejor y más verdadero. Pero ves que ustedes tres, Polo, Gorgias y tú, que son los más sabios de la Grecia de hoy, no sabrían probarnos que se debe llevar otra vida diferente de la que nos será útil cuando estemos allá abajo. De tantas opiniones que hemos discutido todas han sido refutadas menos esta, que permanece inquebrantable: que se debe tener mucho más cuidado de cometer una injusticia que no de ser víctima de ella y que ante todo se debe procurar no solo parecer un hombre de bien, sino serlo, lo mismo en público que en privado; que si alguno faltare en algo, fuere en lo que fuere, es necesario castigarlo; y que después del primer bien, que es ser justo, el segundo es llegarlo a ser y sufrir el correctivo que antes mereció; que es necesario huir de la lisonja de sí mismo como de la de los demás y que nunca ha de servirse de la retórica ni de ninguna otra profesión si no es con miras a la justicia. Ríndete, entonces, a mis razones y sígueme por la ruta que te conducirá a la felicidad en esta vida y después de tu muerte como acaba de demostrar este discurso. Sufre que se te menosprecie como un insensato, que te insulten, si quieren, y hasta déjate abofetear sin protestar aunque te parezca ultrajante. Ningún mal te sucederá por ello si eres ciertamente un hombre bueno dedicado a la práctica de la virtud. Después que la hayamos cultivado en compañía, si lo juzgamos a propósito, intervendremos en los negocios públicos, y cuando se trate de deliberar acerca de algo, estaremos más en estado de hacerlo que actualmente. Porque es vergonzoso para nosotros que en la situación en que parecemos estar, queramos hacer creer como si valiéramos para algo, sin tener en cuenta que a cada instante cambiamos de opinión en lo referente a los mismos objetos y hasta a los más importantes, ¡tan grande es nuestra ignorancia! Sirvámonos, entonces, del discurso que nos hace la luz en este momento, como de un guía que nos hace ver que el mejor partido que podemos seguir es vivir y morir en la práctica de la justicia y de las otras virtudes. Marchemos por la senda que nos traza y excitemos a los otros a que nos imiten. No escuchemos el discurso que te ha seducido, Calicles, y al que me exhortas para que me rinda, porque no vale nada, amigo mío.

FEDÓN O DEL ALMA

INTERLOCUTORES
EQUÉCRATES
FEDÓN
SÓCRATES
APOLODORO
CEBES
SIMMIAS
CRITÓN
JANTIPA
EL SERVIDOR DE LOS ONCE

EQUÉCRATES.- Fedón, ¿estabas con Sócrates cuando bebió la cicuta en la prisión, o solo escuchaste lo que pasó?

FEDÓN.- Fui testigo, Equécrates.

EQUÉCRATES.- ¿Qué dijo en sus últimos momentos y cómo murió? Con gusto te escucharé, porque no tenemos a nadie que de Flionte vaya a Atenas; ni tampoco ha venido de Atenas ninguno que nos diera otras noticias acerca de este suceso, que la de que Sócrates había muerto después de haber bebido la cicuta. Nada más sabemos.

FEDÓN.- ¿No han sabido nada de su proceso ni de las cosas que ocurrieron?

EQUÉCRATES.- Sí; lo supimos, porque no ha faltado quien nos lo refiriera; y solo hemos extrañado el que la sentencia no hubiera sido ejecutada tan rápido como recayó. ¿Cuál ha sido la causa de esto, Fedón?

FEDÓN.- Una circunstancia particular. Sucedió que la víspera del juicio se había coronado la popa del buque que los atenienses envían cada año a Delos.

EQUÉCRATES.- ¿Qué buque es ese?

FEDÓN.- Al decir de los atenienses, es el mismo buque en que Teseo condujo a Creta en otro tiempo a los siete jóvenes de cada sexo, que salvó, salvándose a sí mismo. Se comenta que cuando partió el buque, los atenienses ofrecieron a Apolo que si Teseo y sus compañeros escapaban de la muerte, enviarían todos los años a Delos una expedición; y desde entonces nunca han dejado de cumplir este voto. Cuando llega la época de verificarlo, la ley ordena que la ciudad esté pura, y prohíbe ejecutar sentencia alguna de muerte antes que el buque haya llegado a Delos y vuelto a Atenas; y algunas veces el viaje dura mucho, como cuando los vientos son contrarios. La expedición empieza desde el momento en que el sacerdote de Apolo ha coronado la popa del buque, lo que tuvo lugar, como ya te dije, la víspera del juicio de Sócrates. De aquí por qué ha pasado tan largo intervalo entre su condena y su muerte.

EQUÉCRATES.- ¿Y qué pasó entonces? ¿Qué dijo, qué hizo? ¿Quiénes fueron los amigos que permanecieron cerca de él? ¿Quizá los magistrados no les permitieron asistirle en sus últimos momentos, y Sócrates murió privado de la compañía de sus amigos?

FEDÓN.- No; muchos de sus amigos estaban presentes; en gran número.

EQUÉCRATES.- Tómate el trabajo de referírmelo todo, hasta los más minuciosos pormenores, a no ser que algún negocio urgente te lo impida.

FEDÓN.- Nada de eso; estoy desocupado, y voy o darte gusto; porque para mí no hay placer más grande que recordar a Sócrates, ya hablando yo mismo de él, ya oyendo a otros que de él hablen.

EQUÉCRATES.- De ese mismo modo hallarás dispuestos a tus oyentes; y así, comienza, y procura en cuanto te sea posible no omitir nada.

FEDÓN.- Verdaderamente este espectáculo hizo sobre mí una impresión extraordinaria. Yo no experimentaba la compasión que era natural que experimentase asistiendo a la muerte de un amigo. Contrariamente, Equécrates, al verle y escucharle, me parecía un hombre dichoso; tanta fue la firmeza y dignidad con que murió. Creía yo que no dejaba este mundo sino bajo la protección de los dioses, que le tenían reservada en el otro una felicidad tan grande, que ningún otro mortal ha gozado nunca otra igual; y así, no me vi sobrecogido de esa penosa compasión que parece debía inspirarme esta escena de duelo. Tampoco sentía mi alma el placer que se mezclaba ordinariamente en nuestras pláticas sobre la filosofía; porque en aquellos momentos del mismo modo fue este el objeto de nuestra conversación; sino que en lugar de esto, yo no sé qué de extraordinario pasaba en mí; sentía como una mezcla, hasta entonces desconocida, de placer y dolor, cuando me ponía a considerar que dentro de un momento este hombre admirable iba a abandonarnos para siempre; y cuantos estaban presentes, se hallaban, poco más o menos, en la misma disposición. Se nos veía tan pronto sonreír como derramar lágrimas; sobre todo a Apolodoro; tú conoces a este hombre y su carácter.

EQUÉCRATES.- ¿Cómo no he de conocer a Apolodoro?

FEDÓN.- Se abandonaba por entero a esta diversidad de emociones; y yo mismo no estaba menos turbado que todos los demás.

EQUÉCRATES.- ¿Quiénes eran los que se encontraban allí, Fedón?

FEDÓN.- De nuestros compatriotas, estaban: Apolodoro, Critóbulo y su padre, Critón, Hermógenes, Epigenes, Esquines y Antístenes, del mismo modo estaban Ctesipo, del pueblo de Peanea, Menexenes y algunos otros del país. Platón creo que estaba enfermo.

EQUÉCRATES.- ¿Y había extranjeros?

FEDÓN.- Sí; Simmias, de Tebas, Cebes y Fedondes; y de Megara, Euclides y Terpsion.

EQUÉCRATES.- Arístipo y Cleombroto, ¿no estaban allí?

FEDÓN.- No; se decía que estaban en Egina.

EQUÉCRATES.- ¿No había otros?

FEDÓN.- Creo que, poco más o menos, estaban los que te he dicho.

EQUÉCRATES.- Ahora bien; ¿sobre qué decías que había versado la conversación?

FEDÓN.- Todo te lo puedo contar punto por punto, porque desde la condenación de Sócrates no dejamos ni un solo día de verle. Como la plaza pública, donde había tenido lugar el juicio, estaba cerca de la prisión, nos reuníamos allí de madrugada, y conversando aguardábamos a que se abriera la cárcel, que nunca era temprano. Luego que se abría, entrábamos; y pasábamos ordinariamente todo el día con él. Pero el día de la muerte, nos reunimos más temprano que de costumbre. Habíamos sabido la víspera, al salir por la tarde de la prisión, que el buque había vuelto de Delos. Convinimos todos en ir al día siguiente al sitio acostumbrado lo más temprano que se pudiera, y ninguno faltó a la cita. El alcaide, que comúnmente era nuestro introductor, se adelantó, y vino donde estábamos para decirnos que esperáramos hasta que nos avisara, porque los Once[1], nos añadió, están en este momento mandando quitar los grillos a Sócrates, y dando orden para que muera hoy. Pasados algunos momentos, vino el alcaide y nos abrió la prisión. Al entrar, encontramos a Sócrates, a quien acababan de quitar los grillos, y a Jantipa, ya la conoces, que tenía uno de sus hijos en los brazos. Apenas nos vio, comenzó a deshacerse en lamentaciones, y a decir todo lo que las mujeres acostumbran en semejantes circunstancias.

»—¡Sócrates —gritó ella—, hoy es el último día en que te hablarán tus amigos y en que tú les hablarás!

»Pero Sócrates, dirigiendo una mirada a Critón, le dijo que la llevaran a su casa. En el momento, algunos esclavos de Critón condujeron a Jantipa, que iba dando gritos y golpeándose el rostro. Entonces Sócrates, tomando asiento, dobló la pierna, libre ya de los hierros, la frotó con la mano, y nos dijo:

»—Es cosa singular, amigos míos, lo que los hombres llaman placer; y ¡qué relaciones maravillosas mantiene con el dolor, que se considera como su contrario! Porque el placer y el dolor no se encuentran nunca a un mismo tiempo; y no obstante, cuando se experimenta el uno, es necesario aceptar el otro, como si un lazo natural los hiciese inseparables. Siento que a Esopo no se le haya ocurrido esta idea, porque hubiera inventado una fábula, y nos hubiese dicho, que Dios quiso un día reconciliar estos dos enemigos, y que no habiendo podido conseguirlo, los ató a una misma cadena, y por esta razón, en el momento que uno llega, se ve bien pronto llegar a su compañero. Yo acabo de tener la experiencia por mí mismo; dado que veo que al dolor, que los hierros me hacían sufrir en esta pierna, sucede ahora el placer.

---

1   Magistrados encargados de la policía de las prisiones y de hacer ejecutar las sentencias de los jueces.

—Verdaderamente, Sócrates —dijo Cebes—, haces bien en traerme este recuerdo; porque a propósito de las poesías que has compuesto, de las fábulas de Esopo que has puesto en verso y de tu himno a Apolo, algunos, principalmente Eveno, me han preguntado recientemente por qué motivo te habías dedicado a componer versos desde que estabas preso, cuando no lo has hecho en tu vida. Si tienes algún interés en que pueda responder a Eveno, cuando vuelva a hacerme la misma pregunta, y estoy seguro de que la hará, dime lo que he de contestarle.

»—Pues bien, mi apreciado Cebes —replicó Sócrates—, dile la verdad; que no lo he hecho seguramente por hacerme su rival en poesía, porque ya sabía que esto no me era fácil; sino que lo hice por depurar el sentido de ciertos sueños y aquietar mi conciencia respecto de ellos; para ver si por casualidad era la poesía aquella de las bellas artes a que me ordenaban que me dedicara; porque muchas veces, en el curso de mi vida, mi mismo sueño me ha aparecido tan pronto con una forma, como con otra, pero prescribiéndome siempre la misma cosa: "Sócrates, me decía, cultiva las bellas artes". Hasta ahora había tomado esta orden por una simple indicación, y me imaginaba que, a la forma de las excitaciones con que alentamos a los que corren en la lid, estos sueños que me prescribían el estudio de las bellas artes, me exhortaban solo a continuar en mis ocupaciones acostumbradas; dado que la filosofía es la primera de las artes, y yo vivía entregado por entero a la filosofía. Pero después de mi sentencia y durante el intervalo que me dejaba la fiesta del Dios, pensé que si eran las bellas artes, en el sentido estricto, a las que querían los sueños que me dedicara, era preciso obedecerles, y para tranquilizar mi conciencia no abandonar la vida hasta haber satisfecho a los dioses, componiendo al efecto versos según lo ordenaba el sueño. Comencé, entonces, por cantar en honor del Dios, cuya fiesta se celebraba; inmediatamente, reflexionando que un poeta, para ser verdadero poeta, no debe componer discursos en verso sino inventar ficciones, y no reconociendo en mí este talento, me decidí a trabajar sobre las fábulas de Esopo; puse en verso las que sabía, y que fueron las primeras que vinieron a mi memoria. He aquí, mi apreciado Cebes, lo que habrás de decir a Eveno. Salúdale del mismo modo en mi nombre, y dile, que si es sabio, que me siga, porque al parecer hoy es mi último día, dado que los atenienses lo tienen ordenado.

»Entonces Simmias dijo:

»—¡Ah!, Sócrates, qué consejo das a Eveno!, verdaderamente he hablado con él muchas veces; pero, a mi juicio, no se prestará muy voluntariamente a aceptar tu invitación.

»—¡Qué! —repuso Sócrates—; ¿Eveno no es filósofo?

»—Por tal le tengo —dijo Simmias.

»—Pues bien —dijo Sócrates—; Eveno me seguirá como todo hombre que se ocupe dignamente de filosofía. Sé bien que no se suicidará, porque esto no es lícito.

»Diciendo estas palabras se sentó al borde de su cama, puso los pies en tierra, y habló en esta postura todo el resto del día.

»Cebes le preguntó:

»—¿Cómo es, Sócrates, que no es permitido atentar a la propia vida, y no obstante, el filósofo debe querer seguir a cualquiera que muere?

»—¡Y qué!, Cebes —replicó Sócrates—, ¿ni tú ni Simmias han escuchado hablar nunca de esta cuestión a su amigo Filolao?

»—Nunca —dijo Cebes—, se explicó claramente sobre este punto.

»—Yo —replicó Sócrates—, no sé más que lo que he escuchado decir, y no les ocultaré lo que he sabido. Así como así no puede darse una ocupación más conveniente para un hombre que va a partir bien pronto de este mundo, que la de examinar y tratar de conocer a fondo ese mismo viaje, y descubrir la opinión que sobre él tengamos formada. ¿En qué mejor cosa podemos emplearnos hasta la puesta del sol?

»—¿En qué se fundan, Sócrates —dijo Cebes—, los que afirman que no es permitido suicidarse? He escuchado decir a Filolao, cuando estaba con nosotros, y a otros muchos, que esto era malo; pero nada he escuchado que me satisfaga sobre este punto.

»—Cobra ánimo —dijo Sócrates—, porque hoy vas a ser más afortunado; pero te sorprenderás al ver que el vivir es para todos los hombres una necesidad absoluta e invariable, hasta para aquellos mismos a quienes vendría mejor la muerte que la vida; y tendrás del mismo modo por cosa extraña que no sea permitido a aquellos, para quienes la muerte es preferible a la vida, procurarse a sí mismos este bien, y que estén obligados a esperar otro libertador.

»Entonces Cebes, sonriéndose, dijo a la manera de su país:

»—Dios lo sabe.

»—Esta opinión puede parecer irracional —repuso Sócrates—, pero no es porque carezca de fundamento. No quiero alegar aquí la máxima, enseñada en los misterios, de que nosotros estamos en este mundo cada uno como en su puesto, y que nos está prohibido abandonarlo sin permiso. Esta máxima es demasiado elevada, y no es fácil penetrar todo lo que ella encierra. Pero he aquí otra más accesible, y que me parece incontestable; y es que los dioses tienen cuidado de nosotros, y que los hombres pertenecen a los dioses. ¿No es esto una verdad?

»—Muy cierto —dijo Cebes.

»—Tú mismo —repuso Sócrates—, si uno de tus esclavos se suicidase sin tu orden, ¿no montarías en cólera contra él, y no le castigarías rigurosamente, si pudieras?

»—Sí, indudablemente.

»—Por la misma razón —dijo Sócrates—, es justo sostener que no hay razón para suicidarse, y que es necesario que Dios nos envíe una orden formal para morir, como la que me envía a mí en este día.

»—Lo que dices me parece probable —dijo Cebes—; pero decías al mismo tiempo que el filósofo se presta gustoso a la muerte, y esto me parece extraño, si es cierto que los dioses cuidan de los hombres, y que los hombres pertenecen a los dioses; porque, ¿cómo pueden los filósofos desear no existir, poniéndose fuera de la tutela de los dioses, y abandonar una vida sometida al cuidado de los mejores gobernadores del mundo? Esto no me parece en forma alguna racional. ¿Creen que serán más capaces de gobernarse cuando se vean libres del cuidado de los dioses? Comprendo que un mentecato pueda pensar que es necesario huir de su amo a cualquier precio; porque no comprende que siempre conviene estar al lado de lo que es bueno, y no perderlo de vista; y por tanto si huye, lo hará sin razón. Pero un hombre sabio debe desear permanecer siempre bajo la dependencia de quien es mejor que él. De donde infiero, Sócrates, todo lo contrario de lo que tú decías; y pienso que a los sabios aflige la muerte y que a los mentecatos les regocija.

»Sócrates manifestó cierta complacencia al notar la sutileza de Cebes; y dirigiéndose a nosotros, nos dijo:

»—Cebes siempre encuentra objeciones, y no se fija mucho en lo que se le dice.

»—Pero —dijo entonces Simmias—, yo encuentro alguna razón en lo que dice Cebes. En efecto, ¿qué pretenden los sabios al huir de dueños mucho mejores que ellos, y al privarse voluntariamente de su auxilio? A ti es a quien dirige este razonamiento Cebes, y te echa en cara que te separas de nosotros voluntariamente, y que abandonas a los dioses que, según tú mismo parecer, son tan buenos amos.

»—Tienen razón —dijo Sócrates—; y veo que ya quieren obligarme a que me defienda aquí como me he defendido en el tribunal.

»—Así es —dijo Simmias.

»—Es necesario, entonces, satisfacerles —replicó Sócrates—, y procurar que esta apología tenga mejor resultado respecto de ustedes, que el que tuvo la primera respecto de los jueces. En verdad, Simmias y Cebes, si no creyese encontrar en el otro mundo dioses tan buenos y tan sabios y hombres mejores que los que dejo en este, sería un necio, si no me manifestara pesaroso de morir. Pero sabed que espero reunirme allí con hombres justos. Puedo quizá hacerme ilusiones respecto de esto; pero en referente a encontrar allí dioses que son muy buenos dueños, yo lo aseguro en cuanto pueden asegurarse cosas de esta naturaleza. He aquí por qué no estoy tan afligido en estos momentos, esperando que haya algo reservado para los hombres después de esta vida, y que, según la antigua máxima, los buenos serán mejor tratados que los malos.

»—¿Pero qué, Sócrates —replicó Simmias—, será posible que nos abandones sin hacernos partícipes de esas convicciones de tu alma? Me parece que este bien nos es a todos común; y si nos convences de tu verdad, tu apología está hecha.

»—Eso es lo que pienso hacer —dijo—; pero antes veamos lo que Critón quiere decirnos. Me parece que hace un rato que intenta hablarnos.

»—No es más —dijo Critón—, sino que el hombre, que debe darte el veneno, no ha cesado de decirme largo rato, que se te advierta que hables poco, porque dice que el hablar mucho acalora, y que no hay cosa más opuesta, para que produzca efecto el veneno; por lo que es necesario dar dos y tres tomas, cuando se está de esta suerte acalorado.

»—Déjale que hable —dijo Sócrates—; y que prepare la cicuta, como si hubiera necesidad de dos tomas y de tres, si fuese necesario.

»—Ya sabía yo que darías esta respuesta —dijo Critón—; pero él no desiste de sus advertencias.

»—Déjenme que diga —repuso Sócrates—; ya es tiempo de que explique delante de ustedes, que son mis jueces, las razones que tengo para probar que un hombre, que se ha consagrado toda su vida a la filosofía, debe morir con mucho valor, y con la firme esperanza de que gozará después de la muerte de bienes infinitos. Voy a darles las pruebas, Simmias y Cebes.

»Los hombres ignoran que los verdaderos filósofos no trabajan durante su vida sino para prepararse a la muerte; y siendo esto así, sería ridículo que después de haber proseguido sin tregua este único fin, recelasen y temiesen, cuando se les presenta la muerte.

»En este momento Simmias echándose a reír, dijo a Sócrates:

»—¡Zeus!, tú me has hecho reír, a pesar de la poca gana que tengo de hacerlo en estos momentos; porque estoy seguro de que si hubiera aquí un público que te escuchara, la mayoría no dejaría de decir que hablas muy bien de los filósofos. Nuestros tebanos, sobre todo, consentirían gustosos en que todos los filósofos aprendieran tan bien a morir, que positivamente se murieran; y dirían que saben bien que esto es precisamente lo que se merecen.

»—Dirían verdad, Simmias —repuso Sócrates—; salvo un punto que ignoran, y es por qué razón los filósofos desean morir, y por qué son dignos de la muerte. Pero dejemos a los tebanos, y hablemos nosotros. La muerte, ¿es alguna cosa?

»—Sí, indudablemente —dijo Simmias.

»—¿No es —repuso Sócrates—, la separación del alma y el cuerpo, de forma que el cuerpo queda solo de un lado y el alma sola de otro? ¿No es esto lo que se llama la muerte?

»—Lo es —dijo Simmias.

»—Vamos a ver, mi apreciado amigo, si piensas como yo, porque de este principio sacaremos magníficos datos para resolver el problema que nos ocupa. ¿Te parece digno de un filósofo buscar lo que se llama el placer, como, por ejemplo, el de comer y beber?

»—No, Sócrates.

»—¿Y los placeres del amor?

»—Para nada.

»—Y respecto de todos los demás placeres que afectan al cuerpo, ¿crees tú que deba buscarlos y apetecer, por ejemplo, trajes hermosos, calzado elegante, y todos los demás adornos del cuerpo? ¿Crees tú que debe estimarlos o despreciarlos, siempre que la necesidad no le fuerce a servirse de ellos?

»—Me parece —dijo Simmias—, que un verdadero filósofo no puede menos de despreciarlos.

»—Te parece entonces —repuso Sócrates—, que todos los cuidados de un filósofo no tienen por objeto el cuerpo; y que, al contrario, procura separarse de él cuanto le es posible, para ocuparse solo de su alma.

»—Seguramente.

»—Así, entonces, entre todas estas cosas de que acabo de hablar —replicó Sócrates—, es evidente que lo propio y peculiar del filósofo es trabajar más particularmente que los demás hombres en desprender su alma del comercio del cuerpo.

»—Evidentemente —dijo Simmias.

»—Y no obstante, la mayor parte de los hombres se figuran que el que no tiene placer en esta clase de cosas y no las aprovecha, no sabe verdaderamente vivir; y creen que el que no disfruta de los placeres del cuerpo, está bien cercano a la muerte.

»—Es cierto, Sócrates.

»—¿Y qué diremos de la adquisición de la ciencia? El cuerpo, ¿es o no un obstáculo cuando se le asocia a esta indagación? Voy a explicarme a través de un ejemplo. La vista y el oído, ¿llevan consigo alguna especie de certidumbre, o tienen razón los poetas cuando en sus cantos nos dicen sin cesar, que verdaderamente ni oímos ni vemos? Porque si estos dos sentidos no son seguros ni verdaderos, los demás lo serán mucho menos, porque son más débiles. ¿No lo crees como yo?

»—Sí, indudablemente —dijo Simmias.

»—¿Cuándo encuentra entonces el alma la verdad? Porque mientras la busca con el cuerpo, vemos claramente que este cuerpo la engaña y la induce a error.

»—Es cierto.

»—¿No es a través del razonamiento como el alma descubre la verdad?

»—Sí.

»—¿Y no razona mejor que nunca cuando no se ve turbada por la vista, ni por el oído, ni por el dolor, ni por el placer; y cuando, encerrada en sí misma, abandona al cuerpo, sin mantener con él relación alguna, en cuanto esto es posible, fijándose en el objeto de sus indagaciones para conocerlo?

»—Perfectamente dicho.

»—¿Y no es entonces cuando el alma del filósofo desprecia el cuerpo, huye de él, y hace esfuerzos para encerrarse en sí misma?

»—Así me parece.

»—¿Qué diremos ahora de ciertas cosas, Simmias, como la justicia, por ejemplo? ¿Diremos que es algo, o que no es nada?

»—Diremos que es alguna cosa, seguramente.

»—¿Y no podremos decir otro tanto del bien y de lo bello?

»—Indudablemente.

»—¿Pero has visto tú estos objetos con tus ojos?

»—Nunca.

»—¿Existe algún otro sentido corporal, por el que hayas percibido alguna vez estos objetos, de que estamos hablando, como la magnitud, la salud, la fuerza; en una palabra, la esencia de todas las cosas, es decir, aquello que ellas son en sí mismas? ¿Es a través del cuerpo como se conoce la realidad de estas cosas? ¿O es cierto que cualquiera de nosotros, que quiera examinar con el pensamiento lo más profundamente que sea posible lo que intente saber, sin mediación del cuerpo, se aproximará más al objeto y llegará a conocerlo mejor?

»—Seguramente.

»—¿Y lo hará con mayor exactitud el que examine cada cosa con solo el pensamiento, sin tratar de auxiliar su meditación con la vista, ni sostener su razonamiento con ningún otro sentido corporal; o el que sirviéndose del pensamiento, sin más, intente descubrir la esencia pura y verdadera de las cosas sin el intermedio de los ojos, ni de los oídos; desprendido, por decirlo así, del cuerpo por entero, que no hace más que turbar el alma, e impedir que encuentre la verdad siempre que con él tiene la menor relación? Si alguien puede llegar a conocer la esencia de las cosas, ¿no será, Simmias, el que te acabo de describir?

»—Tienes razón, Sócrates, y hablas admirablemente.

»—De este principio —continuó Sócrates—, ¿no se sigue necesariamente que los verdaderos filósofos deban pensar y discurrir para sí de esta forma? La razón no tiene más que un camino que seguir en sus indagaciones; mientras tengamos nuestro cuerpo, y nuestra alma esté sumida en esta corrupción, nunca poseeremos el objeto de nuestros deseos; es decir, la verdad. En efecto, el cuerpo nos opone mil obstáculos por la necesidad en que estamos de alimentarle, y con esto y las enfermedades que sobrevienen, se turban nuestras indagaciones. Por otra parte, nos llena de amores, de deseos, de temores, de mil quimeras y de toda clase de necesidades; de forma que nada hay más cierto que lo que se dice ordinariamente: que el cuerpo nunca nos conduce a la sabiduría. Porque, ¿de dónde nacen las guerras, las sediciones y los combates? Del cuerpo con todas sus pasiones. En efecto; todas las guerras no proceden sino del ansia de amontonar riquezas, y nos vemos obligados a amontonarlas a causa del cuerpo, para servir como esclavos a sus necesidades. He aquí por qué no tenemos tiempo para pensar en la filosofía; y el mayor de nuestros males consiste en que en el acto de tener tiempo y ponernos a meditar, de repente interviene el cuerpo en nuestras indagaciones, nos embaraza, nos turba y no nos deja diferenciar la verdad. Está demostrado que si queremos saber verdaderamente alguna cosa, es necesario que abandonemos el cuerpo, y que el alma sola examine los objetos que quiere conocer. Solo entonces gozamos de la sabiduría, de que nos mostramos tan celosos; es decir, después de la muerte, y no durante la vida. La razón misma lo dicta; porque si es imposible conocer nada en su pureza mientras que vivimos con el cuerpo, es necesario que suceda una de dos cosas: o que no se conozca nunca la verdad, o que se la conozca después de la muerte, porque entonces el alma, libre de esta carga, se pertenecerá a sí misma; pero mientras estemos en esta vida, no nos aproximaremos a la verdad, sino en razón de nuestro alejamiento del cuerpo, renunciando a todo comercio con él, y cediendo solo a la necesidad; no permitiendo que nos inficione con su corrupción natural, y conservándonos puros de todas estas manchas, hasta que Dios mismo venga a libertarnos. Entonces, libres de la locura del cuerpo, conversaremos, así lo espero, con hombres que gozarán la misma libertad, y conoceremos por nosotros mismos la esencia pura de las cosas; porque quizá la verdad solo en esto consiste; y no es permitido alcanzar esta pureza al que no es asimismo puro. He aquí, mi apreciado Simmias lo que me parece deben pensar los verdaderos filósofos, y el lenguaje que deben usar entre sí. ¿No lo crees como yo?

»—Seguramente, Sócrates.

»—Si esto es así, mi apreciado Simmias, todo hombre que llegue a verse en la situación en que yo me hallo, tiene un gran motivo para esperar que allá, mejor que en otra parte, poseerá lo que con tanto trabajo buscamos en este mundo; de forma que este viaje, que se me ha impuesto, me llena de una dulce esperanza; y hará el mismo efecto sobre todo hombre que se persuada, que su alma está preparada, es decir, purificada para conocer la verdad. Y bien; purificar el alma, ¿no es, como antes decíamos, separarla del cuerpo, y acostumbrarla a encerrarse y recogerse en sí misma, renunciando al comercio con aquel cuanto sea posible, y viviendo, sea en esta vida, sea en la otra, sola y desprendida del cuerpo, como quien se desprende de una cadena?

»—Es cierto, Sócrates.

»—Y a esta libertad, a esta separación del alma y del cuerpo, ¿no es a lo que se llama la muerte?

»—Seguramente.

»—Y los verdaderos filósofos, ¿no son los únicos que verdaderamente trabajan para conseguir este fin? ¿No constituye esta separación y esta libertad toda su ocupación?

»—Así me lo parece, Sócrates.

»—¿No sería una cosa ridícula, como dije al principio, que después de haber gastado un hombre toda su vida en prepararse para la muerte, se indignase y se aterrase al ver que la muerte llega? ¿No sería verdaderamente ridículo?

»—¿Cómo no?

»—Es cierto, por ende, Simmias, que los verdaderos filósofos se ejercitan para la muerte, y que esta no les parece para nada terrible. Piénsalo tú mismo. Si desprecian su cuerpo y desean vivir con su alma sola, ¿no es el mayor irrisorio, que cuando llega este momento, tengan temor, se aflijan y no marchen gustosos allí, donde esperan obtener los bienes, por los que han suspirado durante toda su vida y que son la sabiduría, y el verse libres del cuerpo, objeto de su desprecio? ¡Qué! Muchos hombres, por haber perdido sus amigos, sus esposas, sus hijos, han bajado voluntariamente a los infiernos, conducidos por la única esperanza de volver a ver a los que habían perdido, y vivir con ellos; y un hombre, que ama verdaderamente la sabiduría, y que tiene la firme esperanza de encontrarla en los infiernos, ¿sentirá la muerte, y no irá lleno de placer a aquellos lugares donde gozará de lo que tanto ama? ¡Ah!, mi apreciado Simmias; hay que creer que irá con el mayor placer, si es cierto filósofo, porque estará firmemente persuadido de que en ninguna parte, fuera de los infiernos, encontrará esta sabiduría pura que busca. Siendo esto así, ¿no sería una extravagancia, como dije antes, que un hombre de estas condiciones temiera la muerte?

»—¡Zeus!, sí lo sería —dijo Simmias.

»—Por ende, siempre que veas a un hombre estremecerse y retroceder cuando está a punto de morir, es una prueba segura de que tal hombre ama, no la sabiduría, sino su cuerpo, y con el cuerpo los honores y riquezas, o ambas cosas a la vez.

»—Así es, Sócrates.

»—Así, entonces, lo que se llama fortaleza, ¿no conviene particularmente a los filósofos? Y la templanza, que solo en el nombre es conocida por la mayoría de los hombres; esta virtud, que consiste en no ser esclavo de sus deseos, sino en hacerse superior a ellos, y en vivir con moderación, ¿no conviene particularmente a los que desprecian el cuerpo y viven entregados a la filosofía?

»—Necesariamente.

»—Porque si quieres examinar la fortaleza y la templanza de los demás, hallarás que son muy ridículas.

»—¿Cómo, Sócrates?

»—Sabes que todos los demás hombres creen que la muerte es uno de los mayores males.

»—Es cierto —dijo Simmias.

»—Así que cuando estos hombres, que se llaman fuertes, sufren la muerte con algún valor, no la sufren sino por temor a un mal mayor.

»—Es necesario convenir en ello.

»—Por ende, los hombres son fuertes a causa del temor, excepto los filósofos: ¿y no es una cosa ridícula que un hombre sea valiente por timidez?

»—Tienes razón, Sócrates.

»—Y entre esos mismos hombres que se dicen moderados o templados, lo son por intemperancia, y aunque parezca esto imposible a primera vista, es el resultado de esa templanza loca y ridícula; porque renuncian a un placer por el temor de verse privados de otros placeres que desean, y a los que están sometidos. Llaman, en verdad, intemperancia al ser dominado por las pasiones; pero al mismo tiempo ellos no vencen ciertos placeres sino en interés de otras pasiones a que están sometidos y que los subyugan; y esto se parece a lo que decía antes, que son templados y moderados por intemperancia.

»—Esto me parece muy cierto.

»—Mi apreciado Simmias, no hay que equivocarse; no se camina hacia la virtud cambiando placeres por placeres, tristezas por tristezas, temores por temores, y haciendo lo mismo que los que cambian una moneda grande por piezas pequeñas. La sabiduría es la única moneda de buena ley, y por ella es necesario cambiar todas las demás cosas. Con ella se compra todo y se tiene todo: fortaleza, templanza, justicia; en una palabra, la virtud no es verdadera sino con la sabiduría, independientemente de los placeres, de las tristezas, de los temores y de todas las demás pasiones. Mientras que, sin la sabiduría, todas las demás virtudes, que resultan de la transacción de unas pasiones con otras, no son más que sombras de virtud; virtud esclava del vicio, que nada tiene de verdadero ni de sano. La verdadera virtud es una purificación de toda suerte de pasiones. La templanza, la justicia, la fortaleza y la sabiduría misma son purificaciones; y hay muchas señales para creer que los que han establecido las purificaciones no eran personajes despreciables, sino grandes genios, que desde los primeros tiempos han apreciado hacernos comprender a través de estos enigmas, que el que vaya a los infiernos sin estar iniciado y purificado, será precipitado en el fango; y que el que llegue allí después de haber cumplido con las expiaciones, será recibido entre los dioses; porque, como dicen los que presiden los misterios: "muchos llevan el cetro, pero son pocos los inspirados por el Dios"; y estos en mi punto de vista no son otros que los que han filosofado bien. Nada he perdonado por ser de este número, y he trabajado toda mi vida para conseguirlo. Si mis esfuerzos no han sido inútiles, y si lo he alcanzado, espero en la voluntad de Dios saberlo en este momento. He aquí, mi apreciado Cebes, mi apología para justificar ante ustedes, por qué, dejándoles y abandonando a los señores de este mundo, ni estoy triste ni desasosegado, en la esperanza de que encontraré allí, como he encontrado en este mundo, buenos amigos y buenos gobernantes, y esto es lo que la multitud no comprende. Pero estaré contento si he conseguido defenderme con mejor fortuna ante ustedes que ante mis jueces atenienses.

»Después que Sócrates hubo hablado de esta forma, Cebes, tomando la palabra, le dijo:

»—Sócrates, todo lo que acabas de decir me parece muy cierto. Hay, no obstante, una cosa que parece increíble a los hombres, y es eso que has dicho del alma. Porque los hombres se imaginan, que cuando el alma ha abandonado el cuerpo, ella desaparece; que el día mismo que el hombre muere, o se marcha con el cuerpo o se desvanece como un vapor, o como un humo que se disipa en los aires y que no existe en ninguna parte. Porque si subsistiese sola, recogida en sí misma y libre de todos los males de que nos has hablado, podríamos alimentar una grande y magnífica esperanza, Sócrates; la de que todo lo que has dicho es cierto. Pero que el alma vive después de la muerte del hombre, que obra, que piensa; he aquí puntos que quizá piden alguna explicación y pruebas sólidas.

»—Lo que dices es cierto, Cebes —replicó Sócrates—: ¿pero cómo lo haremos? ¿Quieres que examinemos esos puntos en esta conferencia?

»—Tendré mucho placer —dijo Cebes—, en oír lo que piensas sobre esta materia.

»—No creo —repuso Sócrates—, que cualquiera que nos escuche, aun cuando sea un autor de comedias, pueda echarme en cara que me estoy burlando, y que hablo de cosas que no nos toquen de cerca. Ya que quieres, examinemos la cuestión. Preguntémonos, por lo pronto, si las almas de los muertos están o no en los infiernos. Según una opinión muy antigua, las almas, al abandonar este mundo, van a los infiernos, y desde allí vuelven al mundo y vuelven a la vida, después de haber pasado por la muerte. Si esto es cierto, y los hombres después de la muerte vuelven a la vida, se sigue de aquí necesariamente que las almas están en los infiernos durante este intervalo, porque no volverían al mundo si no existiesen, y será una prueba suficiente de que existen, si vemos claramente que los vivos no nacen sino de los muertos; porque si esto no fuese así, sería preciso buscar otras pruebas.

»—Naturalmente —dijo Cebes.

»—Pero —replicó Sócrates—, para asegurarse de esta verdad, no hay que concretarse a examinarla en relación a los hombres, sino que es necesario hacerlo en relación a los animales, a las plantas, y a todo lo que nace; porque así se verá que todas las cosas nacen de la misma forma, es decir, de sus contrarias, cuando tienen contrarias. Por ejemplo; lo bello es lo contrario de lo feo; lo justo de lo injusto; y lo mismo sucede en una infinidad de cosas. Veamos, entonces, si es totalmente necesario que las cosas que tienen sus contrarias solo nazcan de estas contrarias; como del mismo modo si cuando una cosa se hace más grande, es totalmente necesario que antes haya sido más pequeña, para adquirir después esta magnitud.

»—Indudablemente.

»—Y cuando se hace más pequeña, si es necesario que haya sido antes más grande, para disminuir después.

»—Seguramente.

»—Asimismo, lo más fuerte viene de lo más débil; lo más ligero de lo más lento.

»—Es una verdad manifiesta.

»—Y, continuó Sócrates, cuando una cosa se hace más mala, ¿no está claro que era mejor, y cuando se hace más justa, no está claro que era más injusta?

»—Sin dificultad, Sócrates.

»—Así, entonces, Cebes, todas las cosas vienen de sus contrarias; es una cosa demostrada.

»—Suficientemente, Sócrates.

»—Pero entre estas dos contrarias, ¿no hay siempre un cierto medio, una doble operación, que lleva de este a aquel y de aquel a este? Entre una cosa más grande y una cosa más pequeña, el medio es el crecimiento y la disminución; al uno llamamos crecer y al otro disminuir.

»—En efecto.

»—Lo mismo sucede con lo que se llama mezclarse, separarse, calentarse, enfriarse y todas las demás cosas. Y aunque sucede algunas veces, que no tenemos términos para expresar toda esta clase de cambios, vemos, no obstante, por experiencia, que es siempre de necesidad absoluta que las cosas nazcan las unas de las otras, y que pasen de lo uno a lo otro por un medio.

»—Es indudable.

»—¡Y qué! —repuso Sócrates—: ¿la vida no tiene del mismo modo su contraria, como la vigilia tiene el sueño?

»—Indudablemente —dijo Cebes.

»—¿Cuál es esta contraria?

»—La muerte.

»—Estas dos cosas, si son contrarias, ¿no nacen la una de la otra, y no hay entre ellas dos generaciones o una operación intermedia que hace posible el paso de una a otra?

»—¿Cómo no?

»—Yo —dijo Sócrates—, te explicaré la combinación de las dos contrarias de que acabo de hablar, y el paso recíproco de la una a la otra; tú me explicarás la otra combinación. Digo, entonces, con motivo del sueño y de la vigilia, que del sueño nace la vigilia y de la vigilia el sueño; que el paso de la vigilia al sueño es el adormecimiento, y el paso del sueño a la vigilia es el acto de despertar. ¿No queda esto muy claro?

»—Sí, muy claro.

»—Dinos a tu vez la combinación de la vida y de la muerte. ¿No dices que la muerte es lo contrario de la vida?

»—Sí.

»—¿Y que la una nace de la otra?

»—Sí.

»—¿Qué nace entonces de la vida?

»—La muerte.

»—¿Qué nace de la muerte?

»—Es necesario confesar que es la vida.

»—De lo que muere —replicó Sócrates—, nace por ende todo lo que vive y tiene vida.

»—Así me parece.

»—Y por ende —repuso Sócrates—, nuestras almas están en los infiernos después de la muerte.

»—Eso parece.

»—Pero de los medios en que se realizan estas dos contrarias, ¿uno de ellos no es la muerte sensible? ¿No sabemos lo que es morir?

»—Seguramente.

»—¿Cómo nos arreglaremos entonces? ¿Reconoceremos igualmente a la muerte la virtud de producir su contraria, o diremos que por este lado la naturaleza es coja? ¿No es toda necesidad que el morir tenga su contrario?

»—Es necesario.

»—¿Y cuál es este contrario?

»—Revivir.

»—Revivir, si hay un regreso de la muerte a la vida —repuso Sócrates—, consiste en verificar este regreso. Por ende, estamos de acuerdo en que los vivos no nacen menos de los muertos, que los muertos de los vivos; prueba incontestable de que las almas de los muertos existen en alguna parte de donde vuelven a la vida.

»—Me parece —dijo Cebes—, que lo que dices es una consecuencia necesaria de los principios en que hemos convenido.

»—Me parece, Cebes, que no sin razón nos hemos puesto de acuerdo sobre este punto. Examínalo por ti mismo. Si todas estas contrarias no se engendrasen recíprocamente, girando, por decirlo así, en un círculo; y si no hubiese más que una producción directa de lo uno por lo otro, sin ningún regreso de este último al primer contrario que le ha producido, ya entiendes que en este caso todas las cosas tendrían la misma figura, aparecerían de una misma forma, y toda producción cesaría.

»—¿Qué dices, Sócrates?

»—No es difícil de comprender lo que digo. Si no hubiese más que el sueño, y no tuviese lugar el acto de despertar producido por él, ya ves que entonces todas las cosas nos representarían verdaderamente la fábula de Endimión, y no se diferenciaría en ningún punto, porque pasaría lo que a Endimión; estarían sumidas en el sueño. Si todo estuviese mezclado sin que esta mezcla produjese nunca separación alguna, bien pronto se verificaría lo que enseñaba Anaxágoras: "todas las cosas estarían juntas". Asimismo, mi apreciado Cebes, si todo lo que ha recibido la vida, llegase a morir, y estando muerto, permaneciere en el mismo estado, o lo que es igual, no reviviese; ¿no resultaría necesariamente que todas las cosas concluirían al fin, y que no habría nada que viviese? Porque si de las cosas muertas no nacen las cosas vivas, y si las cosas vivas llegan a morir, ¿no es totalmente inevitable que todas las cosas sean al fin absorbidas por la muerte?

»—Inevitablemente, Sócrates —dijo Cebes—; y cuanto acabas de decir me parece incontestable.

»—Del mismo modo me parece a mí, Cebes, que nada se puede objetar a estas verdades, y que no nos hemos engañado cuando las hemos admitido; porque es indudable, que hay un regreso a la vida; que los vivos nacen de los muertos; que las almas de los muertos existen; que las almas buenas libran bien, y que las almas malas libran mal.

»Cebes, interrumpiendo a Sócrates, le dijo:

»—Lo que dices es un resultado necesario de otro principio que te he escuchado muchas veces sentar como cierto, a saber: que nuestra ciencia no es más que una reminiscencia. Si este principio es cierto, es de toda necesidad que hayamos aprendido en otro tiempo las cosas de que nos acordamos en este; y esto es imposible, si nuestra alma no existe antes de aparecer bajo esta forma humana. Esta es una nueva prueba de que nuestra alma es inmortal.

»Simmias, interrumpiendo a Cebes, le dijo:

»—¿Cómo se puede demostrar este principio? Recuérdamelo, porque en este momento no caigo en ello.

»—Hay una demostración muy preciosa —dijo Cebes—, y es que todos los hombres, si se les interroga bien, todo lo encuentran sin salir de sí mismos, cosa que no podría suceder, si en sí mismos no tuvieran las luces de la recta razón. En prueba de ello, no hay más que ponerles delante figuras de geometría u otras cosas de la misma naturaleza, y se ve patentemente esta verdad.

»—Si no te das por convencido con esta experiencia, Simmias —replicó Sócrates—, mira si por este otro camino asientes a nuestro parecer. ¿Tienes dificultad en creer que aprender no es más que acordarse?

»—No mucha —dijo Simmias—; pero lo que precisamente quiero es llegar al fondo de ese recuerdo de que hablamos; y aunque gracias a lo que ha dicho Cebes, hago alguna memoria y comienzo a creer, no me impide esto el escuchar con gusto las pruebas que tú quieres darnos.

»—Helas aquí —replicó Sócrates—. Estamos conformes todos en que, para acordarse, es necesario haber sabido antes la cosa de que uno se acuerda.

»—Seguramente.

»—¿Estamos de acuerdo igualmente en que cuando la ciencia se produce de cierto modo es una reminiscencia? Al decir de cierto modo, quiero dar a entender, por ejemplo, como cuando un hombre, viendo u oyendo alguna cosa, o percibiéndola por cualquiera otro de sus sentidos, no conoce solo esta cosa percibida, sino, que al mismo tiempo piensa en otra, que no depende de la misma forma de conocer sino de otra. ¿No diremos con razón que este hombre recuerda la cosa que le ha venido al espíritu?

»—¿Qué dices?

»—Digo, por ejemplo, que uno es el conocimiento del hombre y otro el conocimiento de una lira.

»—Seguramente.

»—Pues bien —continuó Sócrates—: ¿no sabes lo que sucede a los amantes, cuando ven una lira, un traje o cualquiera otra cosa, de que el objeto de su amor tiene costumbre de servirse? Al reconocer esta lira, viene a su pensamiento la imagen de aquel a quien ha pertenecido. He aquí lo que se llama reminiscencia; frecuentemente al ver a Simmias, recordamos a Cebes. Podría citarte un millón de ejemplos.

»—Hasta el infinito —dijo Simmias.

»—He aquí lo que es la reminiscencia; sobre todo, cuando se llega a recordar cosas, que se habían olvidado por el trascurso del tiempo, o por haberlas perdido de vista.

»—Es muy cierto —dijo Simmias.

»—Pero —replicó Sócrates—, al ver un caballo o una lira pintados, ¿no puede recordarse a un hombre? Y al ver el retrato de Simmias, ¿no puede recordarse a Cebes?

»—¿Quién lo duda?

»—Con más razón, si se ve el retrato de Simmias, se recordará a Simmias mismo.

»—Sin dificultad.

»—¿No queda claro, entonces, que la reminiscencia la despiertan lo mismo las cosas semejantes, que las desemejantes?

»—Así es en efecto.

»—Y cuando se recuerda alguna cosa a causa de la semejanza, ¿no sucede necesariamente que el espíritu ve inmediatamente si falta o no al retrato alguna cosa para la perfecta semejanza con el original de que se acuerda?

»—No puede menos de ser así —dijo Simmias.

»—Fíjate bien, para ver si piensas como yo. ¿No hay una cosa a la que llamamos igualdad? No hablo de la igualdad entre un árbol y otro árbol, entre una piedra y otra piedra, y entre otras muchas cosas semejantes. Hablo de una igualdad que está fuera de todos estos objetos. ¿Pensamos que esta igualdad es en sí misma algo o que no es nada?

»—Decimos ciertamente que es algo. Sí, ¡Zeus!

»—¿Pero conocemos esta igualdad?

»—Indudablemente.

»—¿De dónde hemos sacado esta ciencia, este conocimiento? ¿No es de las cosas de que acabamos de hablar; es decir, que viendo árboles iguales, piedras iguales y otras muchas cosas de esta naturaleza, nos hemos formado la idea de esta igualdad, que no es ni estos árboles, ni estas piedras, sino que es una cosa enteramente diferente? ¿No te parece diferente? Atiende a esto: las piedras, los árboles que muchas veces son los mismos, ¿no nos parecen por comparación tan pronto iguales como desiguales?

»—Seguramente.

»—Las cosas iguales parecen algunas veces desiguales; pero la igualdad considerada en sí, ¿te parece desigualdad?

»—Nunca, Sócrates.

»—¿La igualdad y lo que es igual no son, por ende, una misma cosa?

»—No, ciertamente.

»—No obstante; de estas cosas iguales, que son diferentes de la igualdad, has sacado la idea de la igualdad.

»—Es verdad, Sócrates —dijo Simmias.

»—Y esto se entiende, ya sea esta igualdad semejante ya desemejante respecto de los objetos que han motivado la idea.

»—Seguramente.

»—Por otra parte; cuando al ver una cosa, tú imaginas otra, sea semejante o desemejante, tiene lugar necesariamente una reminiscencia.

»—Sin dificultad.

»—Pero —repuso Sócrates—, dime: ¿cuando vemos árboles que son iguales u otras cosas iguales, las encontramos iguales como la igualdad misma, de que tenemos idea, o falta mucho para que sean iguales como esta igualdad?

»—Falta mucho.

»—¿Estamos de acuerdo, entonces, en que cuando alguno, viendo una cosa, piensa que esta cosa, como la que yo estoy viendo ahora delante de mí, puede ser igual a otra, pero que la falta mucho para ello, porque es inferior respecto de ella, será preciso, digo, que aquel, que tiene este pensamiento, haya visto y conocido antes esta cosa a la que dice que la otra se parece, pero imperfectamente?

»—Es de necesidad absoluta.

»—¿No nos sucede lo mismo respecto de las cosas iguales, cuando queremos compararlas con la igualdad?

»—Seguramente, Sócrates.

»—Por ende, es de toda necesidad que hayamos visto esta igualdad antes del momento en que, al ver por primera vez cosas iguales, hemos creído que todas tienden a ser iguales como la igualdad misma, y que no pueden conseguirlo.

»—Es cierto.

»—Del mismo modo estamos de acuerdo en que hemos sacado este pensamiento (ni podía salir de otra parte) de alguno de nuestros sentidos, por haber visto o tocado, o, en fin, por haber ejercitado cualquiera otro de nuestros sentidos, porque lo mismo digo de todos.

»—Lo mismo puede decirse, Sócrates, tratándose de lo que ahora tratamos.

»—Es necesario, por ende, que de los sentidos mismos saquemos este pensamiento: que todas las cosas iguales que caen bajo nuestros sentidos, tienden a esta igualdad inteligible, y que se quedan por debajo de ella. ¿No es así?

»—Sí, indudablemente, Sócrates.

»—Porque antes que hayamos comenzado a ver, oír, y hacer uso de todos los demás sentidos, es necesario que hayamos tenido conocimiento de esta igualdad inteligible, para comparar con ella las cosas sensibles iguales; y para ver que ellas tienden todas a ser semejantes a esta igualdad, pero que son inferiores a la misma.

»—Es una consecuencia necesaria de lo que se ha dicho, Sócrates.

»—Pero, ¿no es cierto que, desde el instante en que hemos nacido, hemos visto, hemos oído, y hemos hecho uso de todos los demás sentidos?

»—Muy cierto.

»—Es necesario, entonces, que antes de este tiempo hayamos tenido conocimiento de la igualdad.

»—Indudablemente.

»—Por ende, es totalmente necesario, que lo hayamos tenido antes de nuestro nacimiento.

»—Así me parece.

»—Si lo hemos tenido antes de nuestro nacimiento, nosotros sabemos antes de nacer; y después hemos conocido no solo lo que es igual, lo que es más grande, lo que es más pequeño, sino del mismo modo todas las cosas de esta naturaleza; porque lo que decimos aquí de la igualdad, lo mismo puede decirse de la belleza, de la bondad, de la justicia, de la santidad; en una palabra, de todas las demás cosas, cuya existencia admitimos en nuestras conversaciones y en nuestras preguntas y respuestas. De forma que es de necesidad absoluta que hayamos tenido conocimientos antes de nacer.

»—Es cierto.

»—Y si después de haber tenido estos conocimientos, nunca los olvidáramos, no solo naceríamos con ellos, sino que los conservaríamos durante toda nuestra vida; porque saber, ¿es otra cosa que conservar la ciencia, que se ha recibido, y no perderla?, y olvidar, ¿no es perder la ciencia que se tenía antes?

»—Sin duda, Sócrates.

»—Y si después de haber tenido estos conocimientos antes de nacer, y haberlos perdido después de haber nacido, llegamos inmediatamente a recobrar esta ciencia anterior, sirviéndonos del ministerio de nuestros sentidos, que es lo que llamamos aprender; ¿no es esto recobrar la ciencia que teníamos, y no tendremos razón para llamar a esto reminiscencia?

»—Con muchísima razón, Sócrates.

»—Estamos, entonces, conformes en que es muy posible, que aquel que ha sentido una cosa, es decir, que la ha visto, escuchado o, en fin, percibido por alguno de sus sentidos, piense, con ocasión de estas sensaciones, en una cosa que ha olvidado, y que tenga alguna relación con la percibida, ya se le parezca o ya no se le parezca. De forma que tiene que suceder una de dos cosas: o que nazcamos con estos conocimientos y los conservemos toda la vida; o que los que aprenden, no hagan, según nosotros, otra cosa que recordar, y que la ciencia no sea más que una reminiscencia.

»—Así es, Sócrates.

»—¿Qué escoges tú, Simmias? ¿Nacemos con conocimientos, o nos acordamos después de haber olvidado lo que sabíamos?

»—En verdad, Sócrates, no sé al presente qué escoger.

»—Pero, ¿qué pensarías y qué escogerías en este caso? Un hombre que sabe una cosa, ¿puede dar razón de lo que sabe?

»—Puede, indudablemente, Sócrates.

»—¿Y te parece que todos los hombres pueden dar razón de las cosas de que acabamos de hablar?

»—Yo querría que fuese así —dijo Simmias—; pero me temo mucho que mañana no encontremos un hombre capaz de dar razón de ellas.

»—¿Te parece, Simmias, que todos los hombres tienen esta ciencia?

»—Seguramente no.

»—¿Ellos no hacen entonces más que recordar las cosas que han sabido en otro tiempo?

»—Así es.

»—¿Pero en qué tiempo han adquirido nuestras almas esta ciencia? Porque no ha sido después de nacer.

»—Ciertamente no.

»—¿Ha sido antes de este tiempo?

»—Indudablemente.

»—Por ende, Simmias, nuestras almas existían antes de este tiempo, antes de aparecer bajo esta forma humana; y mientras estaban así, sin cuerpos, sabían.

»—A menos que digamos, Sócrates, que hemos adquirido los conocimientos en el acto de nacer; porque esta es la única época que nos queda.

»—Sea así, mi apreciado Simmias —replicó Sócrates—; pero ¿en qué otro tiempo los hemos perdido? Porque hoy no los tenemos según acabamos de decir. ¿Los hemos perdido al mismo tiempo que los hemos adquirido?, ¿o puedes tú señalar otro tiempo?

»—No, Sócrates; no me había apercibido de que nada significa lo que he dicho.

»—Es necesario, entonces, hacer constar, Simmias, que si todas estas cosas, que tenemos continuamente en la boca, quiero decir, lo bello, lo justo y todas las esencias de este género, existen verdaderamente, y que si referimos todas las percepciones de nuestros sentidos a estas nociones primitivas como a su tipo, que encontramos desde luego en nosotros mismos, digo, que es totalmente indispensable, que así como todas estas nociones primitivas existen, nuestra alma haya existido igualmente antes que naciésemos; y si estas nociones no existieran, todos nuestros discursos son inútiles. ¿No es esto incontestable? ¿No es igualmente necesario que si estas cosas existen, hayan del mismo modo existido nuestras almas antes de nuestro nacimiento; y que si aquellas no existen, tampoco debieron existir estas?

»—Esto, Sócrates, me parece igualmente necesario e incontestable; y de todo este discurso resulta, que antes de nuestro nacimiento nuestra alma existía, así como estas esencias, de que acabas de hablarme; porque yo no encuentro nada más evidente que la existencia de todas estas cosas: lo bello, lo bueno, lo justo; y tú me lo has demostrado suficientemente.

»—¿Y Cebes? —dijo Sócrates—: porque es necesario que Cebes esté persuadido de ello.

»—Yo pienso —dijo Simmias—, que Cebes considera tus pruebas muy suficientes, aunque es el más rebelde de todos los hombres para darse por convencido. No obstante, supongo que lo está de que nuestra alma existe antes de nuestro nacimiento; pero que exista después de la muerte, es lo que a mí mismo no me parece bastante demostrado; porque esa opinión del pueblo, de que Cebes te hablaba antes, queda aún en pie y en toda su fuerza; la de que, después de muerto el hombre, su alma se disipa y cesa de existir. En efecto, ¿qué puede impedir que el alma nazca, que exista en alguna parte, que exista antes de venir a animar el cuerpo, y que, cuando salga de este, concluya con él y cese de existir?

»—Dices muy bien, Simmias —dijo Cebes—; me parece que Sócrates no ha probado más que la mitad de lo que era preciso que probara; porque ha demostrado muy bien que nuestra alma existía antes de nuestro nacimiento; mas para completar su demostración, debía probar igualmente que, después de nuestra muerte, nuestra alma existe lo mismo que existió antes de esta vida.

»—Ya os he demostrado, Simmias y Cebes —repuso Sócrates—; y convendrán en ello, si unen esta última prueba a la que ya han admitido; esto es, que los vivos nacen de los muertos. Porque si es cierto que nuestra alma existe antes del nacimiento, y si es de toda necesidad que, al venir a la vida, salga, por decirlo así, del seno de la muerte, ¿cómo no ha de ser igualmente necesario que exista después de la muerte, dado que debe volver a la vida? Así, entonces, lo que ahora me piden ha sido ya demostrado. No obstante, me parece que ambos desean profundizar más esta cuestión, y que temen, como los niños, que, cuando el alma sale del cuerpo, la arrastren los vientos, sobre todo cuando se muere en tiempo de borrascas.

»Entonces Cebes se echó a reír y dijo:

»—Supón que lo tememos; o más bien, que sin temerlo, está aquí entre nosotros un niño que lo teme, a quien es necesario convencer de que no debe temer la muerte como a un vano fantasma.

»—Para esto —replicó Sócrates—, es necesario emplear todos los días encantamientos, hasta que se haya curado de semejante aprensión.

»—Pero, Sócrates, ¿dónde encontraremos un buen encantador, dado que tú vas a abandonarnos?

»—La Grecia es grande, Cebes —dijo Sócrates—; y en ella encontraran muchas personas muy entendidas. Por otra parte, tienen muchos pueblos extranjeros, y es necesario recorrerlos todos e interrogarlos, para encontrar este encantador, sin escatimar gasto, ni trabajo; porque en ninguna cosa pueden emplear más útilmente su fortuna. Del mismo modo, es necesario que lo busquen entre ustedes, porque quizá no encuentren otros más capaces que ustedes mismos para estos encantamientos.

»—Haremos lo que dices, Sócrates; pero si no te molesta, volvamos a tomar el hilo de nuestra conversación.

»—Con gusto, Cebes, ¿y por qué no?

»—Perfectamente, Sócrates —dijo Cebes.

»—Lo primero que debemos preguntarnos a nosotros mismos es —dijo Sócrates—, cuáles son las cosas que por su naturaleza pueden disolverse; respecto de que otras deberemos temer que tenga lugar esta disolución; y en cuáles no es posible este accidente. Inmediatamente, es necesario examinar a cuál de estas naturalezas pertenece nuestra alma; y teniendo esto en cuenta, temer o esperar por ella.

»—Es muy cierto.

»—¿No les parece que son las cosas compuestas, o que por su naturaleza deben serlo, las que deben disolverse en los elementos que han formado su composición; y que si hay seres, que no son compuestos, ellos son los únicos respecto de los que no puede tener lugar este accidente?

»—Me parece muy cierto lo que dices —contestó Cebes.

»—Las cosas que son siempre las mismas y de la misma forma, ¿no tienen trazas de no ser compuestas? Las que cambian siempre y que nunca son las mismas, ¿no tienen trazas de ser necesariamente compuestas?

»—Creo lo mismo, Sócrates.

»—Dirijámonos desde luego a esas cosas de que hablamos antes, y cuya verdadera existencia hemos admitido siempre en nuestras preguntas y respuestas. Estas cosas, ¿son siempre las mismas o mudan alguna vez? La igualdad, la belleza, la bondad y todas las existencias esenciales, ¿experimentan a veces algún cambio, por pequeño que sea, o cada una de ellas, siendo pura y simple, subsiste siempre la misma en sí, sin experimentar nunca la menor alteración, ni la menor mudanza?

»—Es necesariamente preciso que ellas subsistan siempre las mismas sin mudar nunca.

»—Y todas las demás cosas —repuso Sócrates—, hombres, caballos, trajes, muebles y tantas otras de la misma naturaleza, ¿quedan siempre las mismas, o son enteramente opuestas a las primeras, en cuanto no subsisten siempre en el mismo estado, ni en relación a sí mismas, ni en relación a los demás?

»—No subsisten nunca las mismas —dijo Cebes.

»—Ahora bien; estas cosas tú las puedes ver, tocar, percibir por cualquier sentido: mientras que las primeras, que son siempre las mismas, no pueden ser comprendidas sino por el pensamiento, porque son inmateriales y no se las ve nunca.

»—Todo eso es cierto —dijo Cebes.

»—¿Quieres, continuó Sócrates, que reconozcamos dos clases de cosas?

»—Con mucho gusto —dijo Cebes.

»—¿Las unas visibles y las otras inmateriales? ¿Estas, siempre las mismas; aquellas, en un continuo cambio?

»—Me parece bien —dijo Cebes.

»—Veamos, pues. ¿No somos nosotros un compuesto de cuerpo y alma? ¿Hay otra cosa en nosotros?

»—No, indudablemente; no hay más.

»—¿A cuál de estas dos especies diremos, que nuestro cuerpo se conforma o se parece?

»—Todos convendrán en que a la especie visible.

»—Y nuestra alma, mi apreciado Cebes, ¿es visible o invisible?

»—Visible no es; por lo menos, a los hombres.

»—Pero cuando hablamos de cosas visibles o invisibles, hablamos en relación a los hombres, sin tener en cuenta ninguna otra naturaleza.

»—Sí, en relación a la naturaleza humana.

»—¿Qué diremos, entonces, del alma? ¿Puede ser vista o no puede serlo?

»—No puede serlo.

»—Luego es inmaterial.

»—Sí.

»—Por ende, nuestra alma es más conforme que el cuerpo con la naturaleza invisible; y el cuerpo más conforme con la naturaleza visible.

»—Es totalmente necesario.

»—¿No decíamos que, cuando el alma se sirve del cuerpo para considerar algún objeto, ya por la vista, ya por el oído, ya por cualquier otro sentido (porque la única función del cuerpo es atender a los objetos mediante los sentidos), se ve entonces atraída por el cuerpo hacia cosas, que no son nunca las mismas; se extravía, se turba, vacila y tiene vértigos, como si estuviera ebria; todo por haberse ligado a cosas de esta naturaleza?

»—Sí.

»—Mientras que, cuando ella examina las cosas por sí misma, sin recurrir al cuerpo, se dirige a lo que es puro, eterno, inmortal, inmutable; y como es de la misma naturaleza, se une y estrecha con ello cuanto puede y da de sí su propia naturaleza. Entonces cesan sus extravíos, se mantiene siempre la misma, porque está unida a lo que no cambia nunca, y participa de su naturaleza; y este estado del alma es lo que se llama sabiduría.

»—Has hablado perfectamente, Sócrates; y dices una gran verdad.

»—¿A cuál de estas dos especies de seres, te parece que el alma es más semejante, y con cuál está más conforme, teniendo en cuenta los principios que dejamos sentados y todo lo que acabamos de decir?

»—Me parece, Sócrates, que no hay hombre, por tenaz y estúpido que sea, que estrechado por tu método, no convenga en que el alma se parece más y es más conforme con lo que se mantiene siempre lo mismo, que no con lo que está en continuo cambio.

»—¿Y el cuerpo?

»—Se parece más a lo que cambia.

»—Sigamos aún otro camino. Cuando el alma y el cuerpo están juntos, la naturaleza ordena que el uno obedezca y sea esclavo; y que el otro tenga el imperio y el mando. ¿Cuál de los dos te parece semejante a lo que es divino, y cuál a lo que es mortal? ¿No adviertes que lo que es divino es lo único capaz de mandar y de ser dueño; y que lo que es mortal es natural que obedezca y sea esclavo?

»—Seguramente.

»—¿A cuál de los dos se parece nuestra alma?

»—Es evidente, Sócrates, que nuestra alma se parece a lo que es divino, y nuestro cuerpo a lo que es mortal.

»—Mira, entonces, mi apreciado Cebes, si de todo lo que acabamos de decir no se sigue necesariamente, que nuestra alma es muy semejante a lo que es divino, inmortal, inteligible, simple, indisoluble, siempre lo mismo, y siempre semejante a sí mismo; y que nuestro cuerpo se parece perfectamente a lo que es humano, mortal, sensible, compuesto, disoluble, siempre mudable, y nunca semejante a sí mismo. ¿Podremos alegar algunas razones que destruyan estas consecuencias, y que hagan ver que esto no es cierto?

»—No, indudablemente, Sócrates.

»—Siendo esto así, ¿no conviene al cuerpo la disolución, y al alma el permanecer siempre indisoluble o en un estado poco diferente?

»—Es cierto.

»—Pero observa, que después que el hombre muere, su parte visible, el cuerpo, que queda expuesto a nuestras miradas, que llamamos cadáver, y que por su condición puede disolverse y disiparse, no sufre por lo pronto ninguno de estos accidentes, sino que subsiste entero bastante tiempo, y se conserva mucho más, si el muerto era de bellas formas y estaba en la flor de sus años; porque los cuerpos que se recogen y embalsaman, como en Egipto, duran enteros un número indecible de años; y en aquellos mismos que se corrompen, hay siempre partes, como los huesos, los nervios y otros miembros de la misma condición, que parecen, por decirlo así, inmortales. ¿No es esto cierto?

»—Muy cierto.

»—Y el alma, este ser invisible que marcha a un paraje semejante a ella, paraje excelente, puro, invisible, esto es, a los infiernos, cerca de un Dios lleno de bondad y de sabiduría, y a cuyo sitio espero que mi alma volará dentro de un momento, si Dios lo permite; ¡qué!, ¿un alma semejante y de tal naturaleza se habrá de disipar y anonadar, apenas abandone el cuerpo, como lo creen la mayor parte de los hombres? Para nada, mis queridos Simmias y Cebes; y he aquí lo que verdaderamente sucede. Si el alma se retira pura, sin conservar nada del cuerpo, como sucede con la que, durante la vida, no ha tenido voluntariamente con él ningún comercio, sino que contrariamente, le ha huido, estando siempre recogida en sí misma y meditando siempre, es decir, filosofando en regla, y aprendiendo efectivamente a morir; porque, ¿no es esto prepararse para la muerte?...

»—De hecho.

»—Si el alma, digo, se retira en este estado, se une a un ser semejante a ella, divino, inmortal, lleno de sabiduría, cerca del cual goza de la felicidad, viéndose así libre de sus errores, de su ignorancia, de sus temores, de sus amores tiránicos y de todos los demás males afectos a la naturaleza humana; y puede decirse de ella como de los iniciados, que pasa verdaderamente con los dioses toda la eternidad. ¿No es esto lo que debemos decir, Cebes?

»—Sí, ¡Zeus!

»—Pero si se retira del cuerpo manchada, impura, como la que ha estado siempre mezclada con él, ocupada en servirle, poseída de su amor, embriagada en él hasta el punto de creer que no hay otra realidad que la corporal, lo que se puede ver, tocar, beber y comer, o lo que sirve a los placeres del amor; mientras que aborrecía, temía y huía habitualmente de todo lo que es oscuro e invisible para los ojos, de todo lo que es inteligible, y cuyo sentido solo la filosofía muestra; ¿crees tú que un alma, que se encuentra, en tal estado, pueda salir del cuerpo pura y libre?

»—No; eso no puede ser.

»—Contrariamente, sale afeada con las manchas del cuerpo, que se han hecho como naturales en ella por el comercio continuo y la unión demasiado estrecha que con él ha tenido, por haber estado siempre unida con él y haberse ocupado solo de él.

»—Estas manchas, mi apreciado Cebes, son una cubierta tosca, pesada, terrestre y visible; y el alma, abrumada con este peso, se ve arrastrada hacia este mundo visible por el temor que tiene del mundo invisible, del infierno; y anda, como suele decirse, errante por los cementerios alrededor de las tumbas, donde se han visto fantasmas tenebrosos, como son los espectros de estas almas, que no han abandonado el cuerpo del todo purificadas, sino reteniendo algo de esta materia visible, que las hace aún a ellas mismas visibles.

»—Es muy probable que así sea, Sócrates.

»—Sí, indudablemente, Cebes; y es probable del mismo modo que no sean las almas de los buenos, sino las de los malos, las que se ven obligadas a andar errantes por esos sitios, donde llevan el castigo de su primera vida, que ha sido mala; y donde continúan vagando hasta que, llevadas del amor que tienen a esa masa corporal que les sigue siempre, se ingieren de nuevo en un cuerpo y se sumen probablemente en esas mismas costumbres, que constituían la ocupación de su primera vida.

»—¿Qué dices, Sócrates?

»—Digo, por ejemplo, Cebes, que los que han hecho de su vientre su Dios y que han amado la intemperancia, sin ningún pudor, sin ninguna cautela, entran probablemente en cuerpos de asnos o de otros animales semejantes; ¿no lo piensas tú del mismo modo?

»—Seguramente.

»—Y las almas, que solo han amado la injusticia, la tiranía y las rapiñas, van a animar cuerpos de lobos, de gavilanes, de halcones. Almas de tales condiciones, ¿pueden ir a otra parte?

»—No, indudablemente.

»—Lo mismo sucede a las demás; siempre van asociadas a cuerpos análogos a sus gustos.

»—Evidentemente.

»—¿Cómo puede dejar de ser así? Y los más dichosos, cuyas almas van a un lugar más agradable, ¿no son aquellos que siempre han ejercitado esta virtud social y civil que se llama templanza y justicia, a la que se han amoldado solo por el hábito y mediante el ejercicio, sin el auxilio de la filosofía y de la reflexión?

»—¿Cómo pueden ser los más dichosos?

»—Porque es probable que sus almas entren en cuerpos de animales pacíficos y dulces, como las abejas, las avispas, las hormigas; o que vuelvan a ocupar cuerpos humanos, para formar hombres de bien.

»—Es probable.

»—Pero en referente a aproximarse a la naturaleza de los dioses, para nada es esto permitido a aquellos que no han filosofado durante toda su vida, y cuyas almas no han salido del cuerpo en toda su pureza. Esto está reservado al verdadero filósofo. He aquí por qué, mi apreciado Simmias y mi apreciado Cebes, los verdaderos filósofos renuncian a todos los deseos del cuerpo; se contienen y no se entregan a sus pasiones; no temen ni la ruina de su casa, ni la pobreza, como la multitud que está apegada a las riquezas; ni teme la ignominia ni el oprobio, como los que aman las dignidades y los honores.

»—No debería obrarse de otra forma —repuso Cebes.

»—No, indudablemente, continuó Sócrates; así, todos aquellos que tienen interés por su alma y que no viven para halagar al cuerpo, rompen con todas las costumbres, y no siguen el mismo camino que los demás, que no saben a dónde van; sino que persuadidos de que no debe hacerse nada que sea contrario a la filosofía, a la libertad y a la purificación que ella procura, se dejan conducir por ella y la siguen a todas partes a donde quiera conducirles.

»—¿Cómo, Sócrates?

»—Voy a explicarlo. Los filósofos, al ver que su alma está verdaderamente ligada y pegada al cuerpo, y forzada a considerar los objetos a través del cuerpo, como a través de una prisión oscura, y no por sí misma, conocen perfectamente que la fuerza de este lazo corporal consiste en las pasiones, que hacen que el alma misma encadenada contribuya a apretar la ligadura. Conocen del mismo modo que la filosofía, al apoderarse del alma en tal estado, la consuela dulcemente e intenta desligarla, haciéndola ver que los ojos del cuerpo sufren numerosas ilusiones, lo mismo que los oídos y que todos los demás sentidos; le advierte que no debe hacer de ellos otro uso que aquel a que obliga la necesidad, y le aconseja que se encierre y se recoja en sí misma; que no crea en otro testimonio que en el suyo propio, después de haber examinado dentro de sí misma lo que cada cosa es en su esencia; debiendo estar bien persuadida de que cuanto examine a través de otra cosa, como muda con el intermedio mismo, no tiene nada de verdadero. Ahora bien; lo que ella examina por los sentidos es sensible y visible; y lo que ve por sí misma es invisible e inteligible. El alma del verdadero filósofo, persuadida de que no debe oponerse a su libertad, renuncia, en cuanto le es posible, a los placeres, a los deseos, a las tristezas, a los temores, porque sabe que, después de los grandes placeres, de los grandes temores, de las extremas tristezas y de los extremos deseos, no solo se experimentan los males sensibles, que todo el mundo conoce, como las enfermedades o la pérdida de bienes, sino el más grande y el íntimo de todos los males, tanto más grande, cuanto que no se deja sentir.

»—¿En qué consiste ese mal, Sócrates?

»—En que obligada el alma a regocijarse o afligirse por cualquier objeto, está persuadida de que lo que le causa este placer o esta tristeza es muy verdadero y muy real, cuando no lo es en forma alguna. Tal es el efecto de todas las cosas visibles; ¿no es así?

»—Es cierto, Sócrates.

»—¿No es principalmente cuando se experimenta esta clase de afecciones cuando el alma está particularmente atada y ligada al cuerpo?

»—¿Por qué es eso?

»—Porque cada placer y cada tristeza están armados de un clavo, por decirlo así, con el que sujetan el alma al cuerpo; y la hacen tan material, que cree que no hay otros objetos reales que los que el cuerpo le dice. Resultado de esto es que, como tiene las mismas opiniones que el cuerpo, se ve necesariamente forzada a tener las mismas costumbres y los mismos hábitos, lo cual le impide llegar nunca pura al otro mundo; contrariamente, al salir de esta vida, llena de las manchas de ese cuerpo que acaba de abandonar, entra muy pronto en otro cuerpo, donde echa raíces, como si hubiera sido allí sembrada; y de esta forma se ve privada de todo comercio con la esencia pura, simple y divina.

»—Es muy cierto, Sócrates —dijo Cebes.

»—Por esta razón, los verdaderos filósofos trabajan para adquirir la fortaleza y la templanza, y no por las razones que se imagina el vulgo. ¿Piensas tú como este?

»—Para nada.

»—Haces bien; y es lo que conviene a un verdadero filósofo; porque el alma no creerá nunca que la filosofía quiera desligarla, para que, viéndose libre, se abandone a los placeres, a las tristezas, y se deje encadenar por ellas para comenzar siempre de nuevo como la tela de Penélope. Contrariamente, manteniendo todas las pasiones en una perfecta tranquilidad y tomando siempre la razón por guía, sin abandonarla nunca, el alma del filósofo contempla incesantemente lo verdadero, lo divino, lo inmutable, que está por encima de la opinión; y nutrida con esta verdad pura, estará persuadida de que debe vivir siempre lo mismo, mientras permanezca adherida al cuerpo; y que después de la muerte, unida de nuevo a lo que es de la misma naturaleza que ella, se verá libre de todos los males que afligen a la naturaleza humana. Siguiendo estos principios, mis queridos Simmias y Cebes, y después de una vida semejante, ¿temerá el alma que en el momento en que abandone el cuerpo, los vientos la lleven y la disipen, y que, enteramente anonadada, no existirá en ninguna parte?

»Después que Sócrates hubo hablado de esta forma, todos quedaron en gran silencio, y parecía que aquel estaba como meditando en lo que acababa de decir. Nosotros permanecimos callados, y solo Simmias y Cebes hablaban por lo bajo. Percibiéndolo Sócrates, les dijo:

»—¿De qué hablan? ¿Les parece que falta algo a mis pruebas? Porque me parece que ellas dan lugar a muchas dudas y objeciones, si uno se toma el trabajo de examinarlas en detalle. Si hablan de otra cosa, nada tengo que decirles; pero por poco que duden sobre lo que hablamos, no tengan dificultad en decir lo que les parezca, y en manifestar francamente si cabe una demostración mejor; y en este caso asócienme a sus indagaciones, si es que creen llegar conmigo más fácilmente al término que nos hemos propuesto.

»—Te diré la verdad, Sócrates —dijo Simmias—; hace mucho tiempo que tenemos dudas Cebes y yo, y nos hemos dado de codo para comprometernos a proponértelas, porque tenemos vivo deseo de ver cómo las resuelves. Pero ambos hemos temido ser importunos, proponiéndote cuestiones desagradables en la situación en que te encuentras.

»—¡Ah!, mi apreciado Simmias —replicó Sócrates, sonriendo dulcemente—; ¿con qué trabajo convencería yo a los demás hombres de que no tengo por una desgracia la situación en que me encuentro, cuando de ustedes mismos no pudo conseguirlo, pues que me creen en este momento en peor posición que antes? Me suponen, al parecer, muy inferior a los cisnes, por lo que respecta al presentimiento y a la adivinación. Los cisnes, cuando presienten que van a morir, cantan aquel día aún mejor que lo han hecho nunca, a causa de la alegría que tienen al ir a unirse con el dios al que ellos sirven. Pero el temor que los hombres tienen a la muerte, hace que calumnien a los cisnes, diciendo que lloran su muerte y que cantan de tristeza. No reflexionan que no hay pájaro que cante cuando tiene hambre o frío o cuando sufre de otra forma, ni aun el ruiseñor, la golondrina y la abubilla, cuyo canto se dice que es efecto del dolor. Pero estos pájaros no cantan de forma alguna de tristeza, y menos los cisnes, a mi juicio; porque perteneciendo a Apolo, son divinos, y como prevén los bienes de que se goza en la otra vida, cantan y se regocijan en aquel día más que lo han hecho nunca. Y yo mismo pienso que sirvo a Apolo lo mismo que ellos; que como ellos estoy consagrado a este dios; que no he recibido menos que ellos de nuestro común dueño el arte de la adivinación, y que no me siento contrariado al salir de esta vida. Así entonces, en este concepto, pueden hablarme cuanto quieran, e interrogarme por todo el tiempo que tengan a bien permitirlo los Once.

»—Muy bien, Sócrates —repuso Simmias—; te propondré mis dudas, y Cebes te hará sus objeciones. Pienso, como tú, que en estas materias es imposible, o por lo menos muy difícil, saber toda la verdad en esta vida; y estoy convencido de que no examinar detenidamente lo que se dice, y cansarse antes de haber hecho todos los esfuerzos posibles para conseguirlo, es una acción digna de un hombre perezoso y cobarde; porque, una de dos cosas: o aprender de los demás la verdad o encontrarla por sí mismo; y si una y otra cosa son imposibles, es necesario escoger entre todos los razonamientos humanos el mejor y más fuerte, y embarcándose en él como en una barquilla, atravesar de este modo las tempestades de esta vida, a menos que sea posible encontrar, para hacer este viaje, algún buque más grande, esto es, algún razonamiento incontestable que nos ponga fuera de peligro. No tendré reparo en hacerte preguntas, dado que lo permites; y no me expondré al remordimiento que yo podría tener algún día, por no haberte dicho en este momento lo que pienso. Cuando examino con Cebes lo que nos has dicho, Sócrates, confieso que tus pruebas no me parecen suficientes.

»—Quizá tienes razón, mi apreciado Simmias; pero, ¿por qué no te parecen suficientes?

»—Porque podría decirse lo mismo de la armonía de una lira, de la lira misma y de sus cuerdas; esto es, que la armonía de una lira es algo invisible, inmaterial, bello, divino; y la lira y las cuerdas son cuerpos, materia, cosas compuestas, terrestres y de naturaleza mortal. Después de hecha pedazos la lira o rotas las cuerdas, podría alguno sostener, con razonamientos iguales a los tuyos, que es necesario que esta armonía subsista necesariamente y no perezca; porque es imposible que la lira subsista una vez rotas las cuerdas; que las cuerdas, que son cosas mortales, subsistan después de rota la lira; y que la armonía, que es de la misma naturaleza que el ser inmortal y divino, perezca antes que lo que es mortal y terrestre. Es totalmente necesario, añadiría, que la armonía exista en alguna parte, y que el cuerpo de la lira y las cuerdas se corrompan y perezcan enteramente antes que la armonía reciba el menor daño. Y tú mismo, Sócrates, te habrás hecho cargo indudablemente, de que la idea que nos formamos generalmente del alma es algo semejante a lo que voy a decirte. Como nuestro cuerpo está compuesto y es mantenido en equilibrio por lo caliente, lo frío, lo seco y lo húmedo, nuestra alma no es más que la armonía que resulta de la mezcla de estas cualidades, cuando están debidamente combinadas. Si nuestra alma no es otra cosa que una especie de armonía, es evidente que cuando nuestro cuerpo está demasiado laxo o demasiado tenso a causa de las enfermedades o de otros males, nuestra alma, divina y todo, perecerá necesariamente como las demás armonías, que son consecuencia del sonido o efecto de los instrumentos; mientras que los restos de cada cuerpo duran aún largo tiempo; duran hasta que se queman o se corrompen. Mira, Sócrates, lo que podremos responder a estas razones, si alguno pretende que nuestra alma, no siendo más que una mezcla de las cualidades del cuerpo, es la primera que perece, cuando llega eso a lo que llamamos la muerte.

»Entonces Sócrates, echando una mirada a cada uno de nosotros, como tenía de costumbre, y sonriéndose, dijo:

»—Simmias tiene razón. Si alguno de ustedes tiene más facilidad que yo para responder a sus objeciones, puede hacerlo; porque me parece que Simmias ha esforzado de veras sus razonamientos. Pero antes de responderle querría que Cebes nos objetara, a fin de que, en tanto que él habla, tengamos tiempo para pensar lo que debemos contestar; y así del mismo modo, después de escuchar a ambos, cederemos, si sus razones son buenas; y en caso contrario, sostendremos nuestros principios hasta donde podamos. Dinos, entonces, Cebes; ¿qué es lo que te impide asentir a lo que yo he dicho?

»—Voy a decirlo —dijo Cebes—. Se me figura que la cuestión se halla en el mismo punto en que estaba antes, y que quedan en pie por tanto nuestras anteriores objeciones. Que nuestra alma existe antes de venir a animar el cuerpo, lo hallo admirablemente probado; y si no te ofendes, diré que plenamente demostrado; pero que ella exista después de la muerte, no lo está en forma alguna. No obstante, no acepto por completo la objeción de Simmias, según el cual nuestra alma no es más fuerte ni más duradera que nuestro cuerpo; porque, a mi parecer, el alma es infinitamente superior a todo lo corporal. ¿En qué consiste entonces tu duda, se me dirá? Si ves que muerto el hombre, su parte más débil, que es el cuerpo, subsiste, ¿no te parece totalmente necesario que lo que es más duradero dure más largo tiempo? Mira, Sócrates, yo te lo suplico, si respondo bien a esta objeción, porque para hacerme entender, necesito valerme de una comparación, como Simmias. La objeción que se me propone es, a mi parecer, como si, después de la muerte de un viejo tejedor, se dijese que este hombre no ha muerto, sino que existe en alguna parte, y la prueba es que aquí está el traje que llevaba y que él mismo se había hecho; traje que subsiste entero y completo, y que no ha perecido. Pues bien, si alguno rehusara reconocer como suficiente esta prueba, se le podría preguntar: ¿cuál es más durable, el hombre o el traje que gasta y del que se sirve? Necesariamente habría que responder que el hombre, y solo con esto se creería haber demostrado que, dado que lo que el hombre tiene de menos durable no ha perecido, con más razón subsiste el hombre mismo. Pero no hay nada de eso, en mi punto de vista, mi apreciado Simmias; y ve ahora, te lo suplico, lo que yo respondo a esto. No hay nadie que no conozca a primer golpe de vista que hacer esta objeción es decir un irrisorio; porque este tejedor murió antes del último traje, pero después de los muchos que había gastado y consumido durante su vida; y no hay derecho para decir que el hombre es una cosa más débil y menos durable que el traje. Esta comparación puede aplicarse al alma y al cuerpo, y decirse con gran exactitud, desde mi punto de vista, que el alma es un ser muy durable, y que el cuerpo es un ser más débil y que dura menos. Y el que conteste de este modo podrá añadir que cada alma usa muchos cuerpos, sobre todo si vive muchos años; porque si el cuerpo está mudando y perdiendo continuamente mientras el hombre vive, y el alma, por ende, renueva sin cesar su vestido perecible, resulta necesario que cuando llega el momento de la muerte vista su último traje, y este será el único que sobreviva al alma; mientras que cuando esta muere, el cuerpo muestra inmediatamente la debilidad de su naturaleza, porque se corrompe y perece muy pronto. Así, entonces, no hay que tener tanta fe en tu demostración, que vayamos a tener confianza de que después de la muerte existirá aún el alma. Porque si alguno extendiese el razonamiento todavía más que tú, y se le concediese, no solo que el alma existe en el tiempo que precede a nuestro nacimiento, sino del mismo modo que no hay inconveniente en que las almas de algunos existan después de la muerte y renazcan muchas veces para morir de nuevo; siendo el alma bastante fuerte para usar muchos cuerpos, uno después de otro, como usa el hombre muchos vestidos; concediéndole todo esto, digo, no por eso se negaba que el alma se gasta al cabo de tantos nacimientos, y que al fin acaba por perecer de hecho en alguna de estas muertes. Y si se añadiese que nadie puede saber cuál de estas muertes alcanzará al alma, porque es imposible a los hombres presentirlo; entonces todo hombre, que no teme la muerte y la espera con confianza, es un insensato, salvo que pueda demostrar que el alma es enteramente inmortal e imperecedera. De otra forma, es totalmente necesario que el que va a morir tema por su alma, y tema que ella va a perecer en la próxima separación del cuerpo.

»Cuando escuchamos estas objeciones, no dejaron de incomodarnos, como hubimos de confesarlo; porque, después de estar convencidos por los razonamientos anteriores, venían tales argumentos a turbarnos y arrojarnos en la desconfianza, no solo por lo que se había dicho, sino del mismo modo por lo que se nos podía decir en lo sucesivo; porque en todo caso íbamos a parar en creer, o que no éramos capaces de formar juicio sobre estas materias, o que estas materias no podrían producir otra cosa que la incertidumbre.

EQUÉCRATES.- Fedón, los dioses te perdonen, porque yo al oírte me digo a mí mismo: ¿qué podremos creer en lo sucesivo, dado que las razones de Sócrates, que me parecían tan persuasivas, se hacen dudosas? En efecto; la objeción que hace Simmias al decir que nuestra alma no es más que una armonía, me sorprende maravillosamente, y siempre me ha sorprendido; porque me ha hecho recordar que yo mismo tuve esta misma idea en otro tiempo. Así, entonces, yo estoy como de nuevo en esta cuestión, y necesito muy de veras nuevas pruebas para convencerme de que nuestra alma no muere con el cuerpo. Por lo mismo, Fedón, dinos, ¡Zeus!, de qué forma Sócrates continuó la disputa; si pareció tan enfadado como ustedes, o si sostuvo su opinión con templanza; y, en fin, si les satisfizo enteramente o no. Cuéntanos, te lo suplico, todos estos pormenores sin olvidar nada.

FEDÓN.- Te aseguro, Equécrates, que si siempre he admirado a Sócrates, en esta ocasión le admiré más que nunca, porque el que estuviera pronto a satisfacer esto, no puede extrañarse en un hombre como él; pero lo que me pareció admirable fue, en primer lugar, la dulzura, la bondad, las muestras de aprobación con que escuchó las objeciones de estos jóvenes; e inmediatamente, la sagacidad con que se apercibió de la impresión que ellas habían hecho en nosotros; y, en fin, la habilidad con que nos curó, y cómo atrayéndonos como a vencidos fugitivos, nos hizo volver la espalda, y nos obligó a entrar en discusión.

EQUÉCRATES.- ¿Cómo?

FEDÓN.- Voy a decírtelo. Estaba yo sentado a su derecha, cerca de su cama, en un asiento bajo, y él estaba en otro más alto que el mío; pasando su mano por mi cabeza, y cogiendo el cabello que caía sobre mis espaldas, y con el cual tenía la costumbre de jugar, me dijo:

»—Fedón, mañana te harás cortar estos hermosos cabellos; ¿no es cierto?

»—Regularmente, Sócrates, le respondí.

»—Para nada, si me crees.

»—¿Cómo?

»—Hoy es, me dijo, cuando debo cortar yo mis cabellos y tú los tuyos, si es cierto que nuestro razonamiento ha muerto y que no podemos resucitarle; y si estuviera yo en tu lugar y me viese vencido, juraría, al modo de los de Argos, no dejar crecer mis cabellos hasta que no hubiese conseguido a mi vez la victoria sobre las objeciones de Simmias y de Cebes.

»Yo le dije:

»—¿Has olvidado el proverbio de que el mismo Heracles no basta contra dos?

»—¡Ah! —dijo—, ¿por qué no apelas a mí, como tu Iolas, ahora que todavía es de día?

»—Del mismo modo yo apelo a ti, no como Heracles a su Iolas, sino como Iolas apela a su Heracles.

»—No importa —replicó—; es igual. Pero ante todo estemos en guardia, para no incurrir en una gran falta.

»—¿Qué falta? —le dije.

»—En la de ser misólogos, que los hay, como hay misántropos; porque el mayor de todos los males es aborrecer la razón, y esta misología tiene el mismo origen que la misantropía. ¿De dónde procede si no la misantropía? De que, después de haberse fiado de un hombre, sin ningún previo examen, y de haberle creído siempre sincero, honrado y fiel, se encuentra uno al fin con que es falso y malvado; y al cabo de muchas pruebas semejantes a esta, viéndose engañado por sus mejores y más íntimos amigos, y cansado de ser la víctima, concluye por aborrecer todos los hombres igualmente, y llega a persuadirse de que no hay uno solo sincero. ¿No has notado que la misantropía se forma de esta forma y así por grados?

»—Seguramente —le dije.

»—¿No es esto una vergüenza? ¿No es evidente que semejante hombre se mete a tratar con los demás sin tener conocimiento de las cosas humanas? Porque si hubiera tenido la menor experiencia, habría visto las cosas como son en sí, y reconocido que los buenos y los malos son muy raros, lo mismo los unos que los otros, y que los que ocupan un término medio son numerosos.

»—¿Qué dices, Sócrates?

»—Digo, Fedón, que con los buenos y los malos sucede lo que con los muy grandes o muy pequeños. ¿No ves que es raro encontrar un hombre muy grande o un hombre muy pequeño? Así sucede con los perros y con todas las demás cosas; con lo que es rápido y con lo que es lento; con lo que es bello y lo que es feo; con lo que es blanco y lo que es negro. ¿No notas que en todas estas cosas los dos extremos son raros, y que el medio es muy frecuente y muy común?

»—Lo advierto muy bien, Sócrates.

»—Si se propusiese un combate de maldad, serían muy pocos los que pudieran aspirar al primer premio.

»—Es probable.

»—Seguramente —replicó—; pero no es en este concepto en el que los razonamientos se parecen a los hombres, sino que por seguirte me he dejado ir un poco fuera del asunto. La única semejanza que hay, es que cuando se admite un razonamiento como verdadero, sin saber el arte de razonar, sucede que más tarde parece falso, séalo o no lo sea, y diferente de él mismo; y cuando uno ha contraído el hábito de disputar sosteniendo el pro y el contra, se cree al fin hombre muy hábil, y se imagina ser el único que ha comprendido que ni en las cosas ni en los razonamientos hay nada de verdadero ni de seguro; que todo está en un flujo y reflujo continuo, como el Euripe; y que nada permanece ni un solo momento en el mismo estado.

»—Es la pura verdad.

»—Cuando hay un razonamiento verdadero, sólido, susceptible de ser comprendido, ¿no sería una desgracia deplorable, Fedón, que por haberse dejado llevar de esos razonamientos, en que todo aparece tan pronto verdadero como falso, en lugar de acusarse a sí mismo y de acusar a su propia incapacidad, vaya uno a hacer recaer la falta sobre la razón, y pasarse la vida aborreciendo y calumniando la razón misma, privándose así de la verdad y de la ciencia?

»—Sí, eso sería deplorable, ¡Zeus! —dije yo.

»—Estemos, entonces, en guardia —replicó él—, para que esta desgracia no nos suceda; y no nos preocupemos con la idea de que no hay nada sano en el razonamiento. Persuadámonos más bien de que somos nosotros mismos los autores de este mal, y hagamos decididamente todos los esfuerzos posibles para corregirnos. Ustedes están obligados a ello, tanto más cuanto que les resta mucho tiempo de vida; y yo del mismo modo me considero obligado a lo mismo, porque voy a morir. Temo mucho que al ocuparme hoy de esta materia, lejos de conducirme como verdadero filósofo, voy a convertirme en disputador terco, a la forma de todos esos ignorantes, que, cuando disputan, no se cuidan en forma alguna de enseñar la verdad, sino que su único objeto es arrastrar a su opinión personal a todos los que les escuchan. La única diferencia, que hay entre ellos y yo, es que yo no intento solo persuadir con lo que diga a los que están aquí presentes, si bien me complaceré en ello si lo consigo, sino que mi principal objeto es el convencerme a mí mismo. Porque he aquí, mi apreciado amigo, cómo razono yo, y verás que este razonamiento me interesa mucho: si lo que yo diga, resulta verdadero, es bueno creerlo; y si después de la muerte no hay nada, habré sacado de todas maneras la ventaja de no haber incomodado a los demás con mis lamentos, en el poco tiempo que me queda de vida. Mas no permaneceré mucho en esta ignorancia, que consideraría como un mal; sino que bien pronto va a desvanecerse. Fortificado con estas reflexiones, mi apreciado Simmias y mi apreciado Cebes, voy a entrar en la discusión; y si me creen, que sea menos por respeto a la autoridad de Sócrates que por respeto a la verdad. Si lo que les digo es cierto, admítanlo; si no lo es, combátanlo con todas sus fuerzas; teniendo mucho cuidado no sea que yo me engañe a mí mismo, que les engañe del mismo modo a ustedes por exceso de buena voluntad, abandonándoles como la abeja, que deja su aguijón en la llaga.

»—Comencemos, pues —siguió diciendo—; pero antes han de ver, se los suplico, si me acuerdo bien de sus objeciones. Me parece que Simmias teme que el alma, aunque más divina y más excelente que el cuerpo, perezca antes que él, como según ha dicho sucede con la armonía; y Cebes ha concedido, si no me engaño, que el alma es más durable que el cuerpo, pero que no se puede asegurar que después que ella ha usado muchos cuerpos, no perezca al abandonar el último, y que esta no sea una verdadera muerte del alma; porque, con respecto al cuerpo, este no cesa ni un solo momento de perecer. ¿No son estos los dos puntos que tenemos que examinar, Simmias y Cebes?

»Convinieron ambos en ello.

»—¿Rechazan —continuó él—, totalmente todo lo que les he dicho antes, o admiten una parte?

»Ellos dijeron que no lo rechazaban todo.

»—Pero —añadió Sócrates—, ¿qué piensan de lo que les he dicho de que aprender no es más que recordar; y por ende, que es necesario que nuestra alma haya existido en alguna parte antes de haberse unido al cuerpo?

»—Yo —dijo Cebes—, he reconocido desde luego la evidencia de lo que dices, y no conozco principio que me parezca más verdadero.

»—Lo mismo digo yo —dijo Simmias—; y me sorprendería mucho si llegara a cambiar de opinión en este punto.

»—Tienes que cambiar de parecer, mi apreciado Tebano, si persistes en la opinión de que la armonía es algo compuesto, y que nuestra alma no es más que una armonía, que resulta del acuerdo de las cualidades del cuerpo; porque probablemente no te creerías a ti mismo si dijeras que la armonía existe antes de las cosas de que se compone. ¡Lo dirías?

»—No, indudablemente, Sócrates —dijo Simmias.

»—¿No notas, no obstante —replicó Sócrates—, que es esto lo que dices cuando sostienes que el alma existe antes de venir a animar el cuerpo, y que no obstante se compone de cosas que no existen aún? Porque el alma no es como la armonía con la que la comparas, sino que es evidente que la lira, las cuerdas, los sonidos discordantes existen antes de la armonía, la cual resulta de todas estas cosas, e inmediatamente perece con ellas. Esta última propuesta tuya, ¿conviene con la primera?

»—Para nada —dijo Simmias.

»—No obstante —replicó Sócrates—; si en algún discurso debe haber acuerdo, es en aquel en que se trata de la armonía.

»—Tienes razón, Sócrates.

»—Pues en este caso no hay acuerdo —dijo Sócrates—; y así mira cuál de estas dos opiniones quieres; o el conocimiento es una reminiscencia, o el alma es una armonía.

»—Escojo la primera —dijo Simmias—; porque he admitido la segunda sin demostración, contentándome con esa aparente verosimilitud que basta al vulgo. Pero estoy persuadido de que todos los razonamientos que no se apoyan sino sobre la probabilidad, están henchidos de vanidad; y que si se mira bien, ellos extravían y engañan lo mismo en geometría que en cualquiera otra ciencia. Mas la doctrina de que la ciencia es una reminiscencia, está fundada en un principio sólido; en el principio de que, según comentamos, nuestra alma, antes de venir a animar nuestro cuerpo, existe como la esencia misma; la esencia, es decir, lo que existe verdaderamente. He aquí por qué, convencido de que debo darme por satisfecho con esta prueba, no debo ya escucharme a mí mismo, ni tampoco dar oídos a los que digan que el alma es una armonía.

»—Ahora bien, Simmias —dijo Sócrates—; ¿te parece que es propio de la armonía o de cualquier otra cosa compuesta el ser diferente de las cosas mismas de que se compone?

»—Para nada.

»—¿Ni el padecer o hacer otra cosa que lo que hacen o padecen los elementos que la componen?

»—Conforme —dijo Simmias.

»—¿No es natural que a la armonía precedan las cosas que la componen y no que la sigan?

»—Así es.

»—¿No son incompatibles con la armonía los sonidos, los movimientos y toda cosa contraria a los elementos de que ella se compone?

»—Seguramente —dijo Simmias.

»—¿Pero no consiste toda armonía en la consonancia?

»—No te comprendo bien —dijo Simmias.

»—Pregunto si, según que sus elementos están más o menos de acuerdo, no resulta más o menos la armonía.

»—Seguramente.

»—¿Y puede decirse del alma que una es más o menos alma que otra?

»—No, indudablemente.

»—Veamos, entonces, ¡Zeus! ¿No se dice que esta alma, que tiene inteligencia y virtud, es buena; y que aquella otra, que tiene locura y maldad, es mala? ¿No se dice esto con razón?

»—Sí, indudablemente.

»—Y los que sostienen que el alma es una armonía, ¿qué dirán que son estas cualidades del alma, este vicio y esta virtud? ¿Dirán que la una es una armonía y la otra una disonancia? ¿Que el alma virtuosa, siendo armónica por naturaleza, tiene además en sí misma otra armonía? ¿Y que la otra, siendo una disonancia, no produce armonía?

»—Yo no puedo decírtelo —dijo Simmias—; parece, no obstante, que los partidarios de esta opinión dirían algo semejante.

»—Pero estamos de acuerdo —dijo Sócrates—, en que un alma no es más o menos alma que otra; es decir, que hemos sentado que ella no tiene más o menos armonía que otra armonía. ¿No es así?

»—Lo confieso —dijo Simmias.

»—Y que no siendo más o menos armonía, no existe más o menos acuerdo entre sus elementos. ¿No es así?

»—Sí, indudablemente.

»—Y no estando más o menos de acuerdo con sus elementos, ¿puede tener más armonía o menos armonía? ¿O es necesario que la tenga igual?

»—Igual.

»—Por ende, dado que un alma no puede ser más o menos alma que otra, ¿no puede estar en más o en menos acuerdo que otra?

»—Es cierto.

»—Se sigue de aquí necesariamente, que un alma no puede tener ni más armonía ni más disonancia que otra.

»—Convengo en ello.

»—Por ende, ¿un alma puede tener más virtud o más vicio que otra, si es cierto que el vicio es una disonancia y la virtud una armonía?

»—Para nada.

»—O más bien; ¿la razón exige que se diga que el vicio no puede encontrarse en ninguna alma, si el alma es una armonía, porque la armonía, si es perfecta armonía, no puede consentir la disonancia?

»—Sin dificultad.

»—Luego el alma, si es alma perfecta, no puede ser capaz de vicio.

»—¿Cómo podría serlo conforme a los principios en que hemos convenido?

»—Según estos mismos principios, las almas de todos los animales son igualmente buenas, si todas son igualmente almas.

»—Así me parece, Sócrates.

»—¿Y consideras que esto sea incontestable, y como una consecuencia necesaria, si es cierta la hipótesis de que el alma es una armonía?

»—No, indudablemente, Sócrates.

»—Pero, dime, Simmias; entre todas las cosas que componen el hombre, ¿encuentras que mande otra que el alma, sobre todo, cuando es sabia?

»—No; solo ella manda.

»—¿Y manda aflojando la rienda a las pasiones del cuerpo, o resistiéndolas? Por ejemplo, cuando el cuerpo tiene sed, ¿no le impide el alma beber? O cuando tiene hambre, ¿no le impide comer, y lo mismo en mil cosas semejantes, en que vemos claramente que el alma combate las pasiones del cuerpo? ¿No es así?

»—Indudablemente.

»—¿Pero no hemos convenido antes en que el alma, siendo una armonía, no puede tener otro tono que el producido por la tensión, aflojamiento, vibración o cualquiera otra modificación de los elementos que la componen, y que debe necesariamente obedecerles sin dominarlos nunca?

»—Hemos convenido en eso, indudablemente —dijo Simmias—. ¿Por qué no?

»—Pero —repuso Sócrates—, ¿no vemos prácticamente que el alma hace todo lo contrario; que gobierna y conduce las cosas mismas de que se la supone compuesta; que las resiste durante casi toda la vida, reprendiendo a unas más duramente mediante el dolor, como en la gimnasia y en la medicina; tratando a otras con más dulzura, contentándose con reprender o amenazar al deseo, a la cólera, al temor, como cosas de distinta naturaleza que ella? Esto es lo que Homero ha expresado muy bien, cuando dice en la Odisea que Ulises, dándose golpes de pecho, dijo con aspereza a su corazón: sufre esto, corazón mío, que cosas más claras has soportado. ¿Crees tú que Homero hubiera dicho esto si hubiera creído que el alma es una armonía que debe ser gobernada por las pasiones del cuerpo? ¿No piensas que más bien ha creído que el alma debe guiarlas y amaestrarlas, y que es de una naturaleza más divina que una armonía?

»—Sí, ¡Zeus!, yo lo creo —dijo Simmias.

»—Por ende, mi apreciado Simmias —replicó Sócrates—, no podemos en modo alguno decir que el alma es una especie de armonía; porque no estaríamos al parecer de acuerdo ni con Homero, este poeta divino, ni con nosotros mismos.

»—Simmias convino en ello.

»—Me parece —repuso Sócrates—, que hemos suavizado muy bien esta armonía tebana; pero en referente a Cebes ¿de qué medio me valdré yo para apaciguar a este Cadino? ¿De qué razonamiento me valdré para conseguirlo?

»—Estoy seguro de que lo hallarás —dijo Cebes—. En cuanto al argumento de que acabas de servirte contra la armonía, me ha llamado la atención más de lo que yo creía; porque mientras Simmias te proponía sus dudas, tenía por imposible que ninguno las rebatiera; y me he quedado completamente sorprendido al ver que no ha podido sostener ni siquiera tu primer ataque. Después de esto, está claro que no me sorprenderé si a Cadmo alcanza la misma suerte.

»—Mi apreciado Cebes —replicó Sócrates—; no me alabes demasiado, no sea que la envidia trastorne lo que tengo que decir; pero esto depende de Dios. Ahora nosotros, cerrando más las filas, como dice Homero, pongamos tu objeción a prueba. Lo que deseas averiguar se reduce a lo siguiente: quieres que se demuestre que el alma es inmortal e imperecedera, a fin de que un filósofo, que va a morir y muere con valor y con la esperanza de ser infinitamente más dichoso en el otro mundo, que si hubiera muerto después de haber vivido de distinta forma, no tenga una confianza insensata. Porque el que el alma sea algo vigoroso y divino y el que haya existido antes de nuestro nacimiento no prueba nada, dices tú, en favor de su inmortalidad, y todo lo que se puede inferir es que puede durar por mucho tiempo, y que existía ya antes que nosotros en alguna parte y por siglos casi infinitos; que durante este tiempo ha podido conocer y hacer muchas cosas, sin que debido a esto fuera inmortal; que, contrariamente, el momento de su primera venida al cuerpo ha sido quizá el principio de su ruina, y como una enfermedad que se prolonga entre las debilidades y angustias de esta vida, y concluye por lo que llamamos la muerte. Añades que importa poco que el alma venga una sola vez a animar el cuerpo o que venga muchas, y que esto no hace variar los justos motivos de temor; porque, a menos que uno esté loco, el hombre debe temer siempre la muerte, en tanto que no sepa con certeza y pueda demostrar que el alma es inmortal. He aquí, a mi parecer, todo lo que dices, Cebes; y yo lo repito muy a menudo, para que nada se nos escape, y para que puedas todavía añadir o quitar lo que gustes.

»—Por ahora —dijo Cebes—, nada tengo que modificar, porque has dicho lo mismo que yo manifesté.

»Sócrates, después de haber permanecido silencioso por algún tiempo, y como recogido en sí mismo, le dijo a Cebes:

»—En verdad, no es muy poco lo que pides, porque para explicarlo es necesario examinar a fondo la cuestión del nacimiento y de la muerte. Si lo deseas, te diré lo que me ha sucedido a mí mismo sobre esta materia; y si lo que voy a decir te parece útil, te servirás de ello en apoyo de tus convicciones.

»—Lo deseo con todo mi corazón —dijo Cebes.

»—Escúchame, pues. Cuando yo era joven, sentía un vivo deseo de aprender esa ciencia que se llama la física; porque me parecía una cosa sublime saber las causas de todos los fenómenos, de todas las cosas; lo que las hace nacer, lo que las hace morir, lo que las hace existir; y no hubo sacrificio que omitiera para examinar, en primer lugar, si es de lo caliente o de lo frío, como algunos pretenden, que nacen los seres animados después de haber sufrido una especie de corrupción; si es la sangre la que crea el pensamiento, o el aire, o el fuego, o ninguna de estas cosas; o si solo el cerebro es la causa de nuestras sensaciones de la vista, del oído, del olfato; si de estos sentidos resultan la memoria y la imaginación; y si de la memoria y de la imaginación sosegadas nace, en fin, la ciencia. Quería conocer después las causas de la corrupción de todas estas cosas. Mi curiosidad buscaba los cielos y hasta los abismos de la tierra, para saber qué es lo que produce todos los fenómenos; y al fin me encontré todo lo incapaz que se puede ser para hacer estas indagaciones. Voy a darte una prueba patente de ello. Y es que este precioso estudio me ha dejado tan a oscuras en las mismas cosas que yo sabía antes con la mayor evidencia, según a mí y a otros nos parecía, que he olvidado todo lo que sabía sobre muchas materias; por ejemplo, en la siguiente: ¿cuál es la causa de que el hombre crezca? Pensaba yo que estaba muy claro para todo el mundo que el hombre no crece sino porque come y bebe; dado que a través del alimento, uniéndose la carne a la carne, los huesos a los huesos, y todos los demás elementos a sus elementos semejantes, lo que al principio no es más que un pequeño volumen aumenta y crece, y de esta forma un hombre de pequeño se hace muy grande. He aquí lo que yo pensaba. ¿No te parece que tenía razón?

»—Seguramente —dijo Cebes.

»—Escucha lo que sigue. Creía yo saber por qué un hombre era más grande que otro hombre, llevándose de diferencia toda la cabeza; y por qué un caballo era más grande que otro caballo; y otras cosas más claras, como, por ejemplo, que diez eran más que ocho por haberse añadido dos, y que dos codos eran más grandes que un codo por excederle en una mitad.

»—¿Y qué piensas ahora? —dijo Cebes.

»—¡Zeus! Estoy tan distante de creer que conozco las causas de algunas de estas cosas, que ni aun presumo saber si cuando a uno se le añade otro uno, es este uno, al que se añadió el otro, el que se hace dos; o si es el añadido y el que se añade juntos los que constituyen dos en virtud de esta adición del uno al otro. Porque lo que me sorprende es que, mientras estaban separados, cada uno de ellos era uno y no eran dos, y que después que se han juntado, se han hecho dos, porque se ha puesto el uno al par del otro. Yo no veo tampoco cómo es que cuando se divide una cosa, esta división hace que esta cosa, que era una antes de dividirse, se haga dos desde el momento de la separación; porque aquí aparece una causa enteramente contraria a la que hizo que uno y uno fuesen dos. Antes este uno y el otro uno se hacen dos, porque se juntan el uno con el otro; y ahora esta cosa, que es una, se hace dos, porque se la divide y se la separa. Más aún; no creo saber, por qué el uno es uno; y, en fin, tampoco sé, al menos por razones físicas, cómo una cosa, por pequeña que sea, nace, perece o existe; así que resolví adoptar otro método, ya que este para nada me satisfacía.

»Habiendo escuchado leer en un libro, que según se decía, era de Anaxágoras, que la inteligencia es la norma y la causa de todos los seres, me vi arrastrado por esta idea; y me pareció una cosa admirable que la inteligencia fuese la causa de todo; porque creía que, habiendo dispuesto la inteligencia todas las cosas, precisamente estarían arregladas lo mejor posible. Si alguno, entonces, quiere saber la causa de cada cosa, el por qué nace y por qué perece, no tiene más que indagar la mejor forma en que puede ella existir; y me pareció que era una consecuencia de este principio que lo único que el hombre debe averiguar es cuál es lo mejor y lo más perfecto; porque desde el momento en que lo haya averiguado, conocerá necesariamente cuál es lo más malo, dado que no hay más que una ciencia para lo uno y para lo otro.

»Desde este punto de vista, tenía el gran placer de encontrarme con un maestro como Anaxágoras, que me explicaría, según mis deseos, la causa de todas las cosas; y que, después de haberme dicho, por ejemplo, si la tierra es plana o redonda, me explicaría la causa y la necesidad de lo que ella es; y me diría qué es lo mejor en el caso, y por qué esto es lo mejor. Asimismo, si creía que la tierra está en el centro del mundo, esperaba que me enseñaría por qué es lo mejor que la tierra ocupe el centro, y después de haber escuchado de él todas estas explicaciones, estaba dispuesto por mi parte a no ir nunca en busca de ninguna otra clase de causas. Del mismo modo, me proponía interrogarle de igual forma acerca del sol, de la luna y de los demás astros, para conocer la razón de sus revoluciones, de sus movimientos y de todo lo que les sucede; y para saber cómo es lo mejor posible lo que cada uno de ellos hace, porque no podía imaginarme que, después de haber dicho que la inteligencia los había ordenado y arreglado, pudiese decirme que fuera otra la causa de su orden y disposición que la de no ser posible cosa mejor; y me lisonjeaba de que, después de designarme esta causa en general y en particular, me haría conocer en qué consiste el bien de cada cosa en particular y el bien de todas en general. Por nada hubiera cambiado en aquel momento mis esperanzas.

»Tomé, entonces, con el más vivo interés estos libros, y me puse a leerlos lo más pronto posible, para saber luego lo bueno y lo malo de todas las cosas; pero no tardé en perder toda esperanza, porque tan pronto como hube adelantado un poco en mi lectura, me encontré con que mi hombre no hacía intervenir para nada la inteligencia, que no daba ninguna razón del orden de las cosas, y que en cambio sustituía la inteligencia por el aire, el éter, el agua y otras cosas igualmente absurdas. Me pareció como si dijera: Sócrates hace mediante la inteligencia todo lo que hace; y que inmediatamente, queriendo dar razón de cada cosa que yo hago, dijera que hoy, por ejemplo, estoy sentado en mi cama, porque mi cuerpo se compone de huesos y de nervios; que siendo los huesos duros y sólidos, están separados por junturas, y que los nervios, pudiendo retirarse o encogerse, unen los huesos con la carne y con la piel, que encierra y abraza a los unos y a los otros; que estando los huesos libres en sus articulaciones, los nervios, que pueden extenderse y encogerse, hacen que me sea posible recoger las piernas como veis, y que esta es la causa de estar yo sentado aquí y de esta forma. O del mismo modo, es igual que si, para explicar la causa de la conversación que tengo con ustedes, les dijese que lo era la voz, el aire, el oído y otras cosas semejantes; y no les dijese ni una sola palabra de la verdadera causa, que es la de haber creído los atenienses que lo mejor para ellos era condenarme a muerte, y que, por la misma razón, he creído yo que era igualmente lo mejor para mí estar sentado en esta cama y esperar tranquilamente la pena que me han impuesto. Porque les juro por el cielo, que estos nervios y estos huesos míos hace mucho tiempo que estarían en Megara o en Beocia, si hubiera creído que era lo mejor para ellos, y no hubiera estado persuadido de que era mucho mejor y más justo permanecer aquí para sufrir el suplicio a que mi patria me ha condenado, que no escapar y huir. Dar, por ende, razones semejantes me parecía muy ridículo.

»Que se diga que si yo no tuviera huesos ni nervios, ni otras cosas semejantes, no podría hacer lo que juzgase conveniente; pero decir que estos huesos y estos nervios son la causa de lo que yo hago, y no la elección de lo que es mejor, para la que me sirvo de la inteligencia, es el mayor irrisorio, porque equivale a no conocer esta diferencia: que una es la causa y otra la cosa, sin la que la causa no sería nunca causa; y por ende la cosa y no la causa es la que el pueblo, que camina siempre a tientas y como en tinieblas, toma por verdadera causa, y a la que sin razón da este nombre. He aquí por qué unos consideran rodeada la tierra por un torbellino, y la suponen fija en el centro del mundo; otros la conciben como una ancha artesa, que tiene por base el aire; pero no se cuidan de investigar el poder que la ha colocado del modo necesario para que fuera lo mejor posible; no creen en la existencia de ningún poder divino, sino que se imaginan haber encontrado un Atlas más fuerte, más inmortal y más capaz de sostener todas las cosas; y a este bien, que es el único capaz de ligar y abrazarlo todo, lo tienen por una vana idea.

»Yo con el mayor gusto me habría hecho discípulo de cualquiera que me hubiera enseñado esta causa; pero al ver que no podía alcanzar a conocerla, ni por mí mismo, ni a través de los demás, ¿quieres, Cebes, que te diga la segunda tentativa que hice para encontrarla?

»—Lo quiero con todo mi corazón —dijo Cebes.

»—Cansado de examinar todas los cosas, creí que debía estar prevenido para que no me sucediese lo que a los que miran un eclipse de sol; que pierden la vista si no toman la precaución de observar en el agua o en cualquier otro medio la imagen de este astro. Algo de esto pasó en mi espíritu; y temí perder los ojos del alma, si miraba los objetos con los ojos del cuerpo, y si me servía de mis sentidos para tocarlos y conocerlos. Me convencí de que debía recurrir a la razón, y buscar en ella la verdad de todas las cosas. Quizá la imagen de que me sirvo para explicarme, no es enteramente exacta; porque yo mismo no estoy conforme en que el que mira las cosas en la razón, las mire más aún a través de otra cosa, que el que las ve en sus fenómenos; pero sea de esto lo que quiera, este es el camino que adopté; y desde entonces, tomando por fundamento lo que me parece lo mejor, tengo por verdadero todo lo que está en este caso, trátese de las cosas o de las causas: y lo que no está conforme con esto, lo desecho como falso. Pero voy a explicarme con más claridad, porque me parece que no me entiendes aún.

»—No, ¡Zeus!, Sócrates —dijo Cebes—; no te comprendo lo suficiente.

»—No obstante —replicó Sócrates—, nada digo de nuevo; digo lo que he manifestado en mil ocasiones, y lo que acabo de repetir en la discusión precedente. Para explicarte el método de que me he servido en la indagación de las causas, vuelvo desde luego a lo que tantas veces he expuesto; por ello voy a comenzar tomándolo por fundamento. Digo, entonces, que hay algo que es bueno, que es bello, que es grande por sí mismo. Si me concedes este principio, espero demostrarte por este medio que el alma es inmortal.

»—Te lo concedo —dijo Cebes—, y trabajo te costará llevar a cabo tan pronto tu demostración.

»—Ten en cuenta lo que voy a decirte, y mira si estás de acuerdo conmigo. Me parece que si hay alguna cosa bella, además de lo bello en sí, no puede ser bella sino porque participa de lo que es bello en sí; y lo mismo digo de todas las demás cosas. ¿Concedes esta causa?

»—Sí, la concedo.

»—Entonces ya no comprendo ni puedo comprender esas otras causas tan pomposas de que se nos habla. Y así, si alguno llega a decirme que lo que constituye la belleza de una cosa es la vivacidad de los colores, o la proporción de sus partes u otras cosas semejantes, abandono todas estas razones que solo sirven para turbarme, y respondo, como por instinto y sin artificio, y quizá con demasiada sencillez, que nada hace bella a la cosa más que la presencia o la comunicación con la belleza primitiva, cualquiera que sea la forma como esta comunicación se verifique; porque no pasan de aquí mis convicciones. Yo solo aseguro que todas las cosas bellas lo son a causa de la presencia en ellas de lo bello en sí. Mientras me atenga a este principio no creo engañarme; y estoy persuadido de que puedo responder con toda seguridad que las cosas bellas son bellas a causa de la presencia de lo bello. ¿No te parece a ti lo mismo?

»—Perfectamente.

»—En la misma forma, las cosas grandes, ¿no son grandes a causa de la magnitud, y las pequeñas a causa de la pequeñez?

»—Sí.

»—Si uno pretendiese que un hombre es más grande que otro, llevándole la cabeza, y que este es pequeño en la misma proporción, ¿no serías de su opinión? Pero sostendrías que lo que quieres decir es que todas las cosas que son más grandes que otras, no lo son sino a causa de la magnitud; que es la magnitud misma la que las hace grandes; y en la misma forma, que las cosas pequeñas no son más pequeñas sino a causa de la pequeñez, siendo la pequeñez la que hace que sean pequeñas. Y me imagino que, al sostener esta opinión, temerías una objeción embarazosa que te podían hacer. Porque si dijeses que un hombre es más grande o más pequeño que otro con exceso de la cabeza, te podrían responder, por lo pronto, que el mismo objeto constituía la magnitud del más grande, y la pequeñez del más pequeño; y que a la altura de la cabeza, que es pequeña en sí misma, es a lo que el más grande debería su magnitud; y sería en verdad maravilloso que un hombre fuese grande a causa de una cosa pequeña. ¿No tendrías este temor?

»—Indudablemente —replicó Cebes sonriéndose.

»—¿No temerías por la misma razón decir que diez son más que ocho porque exceden en dos? ¿No dirías más bien que esto es a causa de la cantidad? Y lo mismo tratándose de dos codos, ¿no dirías que son más grandes que uno a causa de la magnitud, más bien que a causa del codo más? Porque aquí hay el mismo motivo para temer la objeción.

»—Tienes razón.

»—Pero, ¿no tendrías dificultad en decir que si se añade uno a uno, la adición es la causa de que uno y otro sean dos, o que si se divide uno en dos, la causa es la división? ¿No afirmarías más bien que no conoces otra causa de cada fenómeno que su participación en la esencia propia de la clase a que cada uno pertenezca; y que, por ende, tú no sabes más razón para que uno y uno sean dos que sea otra la causa del múltiple dos que su participación en la dualidad, de que participa necesariamente todo lo que se hace dos, como todo lo que se hace uno participa de la unidad? ¿No abandonarías las adiciones, las divisiones y todas las sutilezas de este género, dejando a los más sabios sentar sobre semejantes bases sus razonamientos, mientras que tú, retenido, como suele decirse, por temor a tu sombra o más bien a tu ignorancia, te atendrías al sólido principio que nosotros hemos establecido? Y si se impugnara este principio, ¿le dejarías sin defensa antes de haber examinado todas las consecuencias que de él se derivan para ver si entre ellas hay o no acuerdo? Y si te vieses obligado a dar razón de esto, ¿no lo harías suponiendo otro principio más elevado hasta que hubieses encontrado algo seguro que te dejara satisfecho? ¿Y evitarías no tergiversar todo como ciertos disputadores, y confundir el primer principio con los que de él se derivan, para llegar a la verdad de las cosas? Es cierto que quizá a estos disputadores les importa poco la verdad, y que al mezclar de esta forma todas las cosas mediante su profundo saber, se contentan con darse gusto a sí mismos; pero tú, si eres cierto filósofo, harás lo que yo te he dicho.

»—Tienes razón —dijeron al mismo tiempo Simmias y Cebes.

Equécrates.- ¡Zeus! Hicieron bien en decir esto, Fedón; porque me ha parecido que Sócrates se explicaba con una claridad admirable, aun para los menos entendidos.

Fedón.- Así pareció a todos los que se hallaban allí presentes.

Equécrates.- Y a nosotros, que no estábamos allí, nos parece lo mismo, vista la relación que nos haces. Pero ¿qué sucedió después?

Fedón.- Me parece, si mal no recuerdo, que después de haberle concedido que toda idea existe en sí, y que las cosas que participan de esta idea toman de ella su denominación, continuó de esta forma:

»—Si este principio es cierto, cuando dices que Simmias es más grande que Sócrates y más pequeño que Fedón, ¿no dices que en Simmias se encuentran al mismo tiempo la magnitud y la pequeñez?

»—Si —dijo Cebes.

»—Habrás de convenir en que si tú dices que Simmias es más grande que Sócrates; esta propuesta no es cierta en sí misma, porque no es cierto que Simmias sea más grande porque es Simmias, sino que es más grande porque accidentalmente tiene la magnitud. Tampoco es cierto que sea más grande que Sócrates, porque Sócrates es Sócrates, sino porque Sócrates participa de la pequeñez en comparación con la magnitud de Simmias.

»—Así es.

»—Simmias, de igual forma, no es más pequeño que Fedón, porque Fedón es Fedón, sino porque Fedón es grande cuando se le compara con Simmias, que es pequeño.

»—Así es.

»—Simmias es llamado a la vez grande y pequeño, porque está entre los dos; es más grande que el uno a causa de la superioridad de su magnitud, y es inferior, a causa de su pequeñez, a la magnitud del otro —dijo echándose a reír al mismo tiempo—: Me parece que me he detenido demasiado en estas explicaciones; pero al fin, lo que he dicho es exacto.

»Cebes convino en ello.

»—He insistido en esta doctrina, porque deseo hacer más atractivo mi punto de vista. Y me parece que no solo la magnitud no puede nunca ser al mismo tiempo grande y pequeña, sino del mismo modo que la magnitud, que está en nosotros, no admite la pequeñez, ni puede ser excedida; porque una de dos cosas: o la magnitud huye y se retira al aproximarse su contraria, que es la pequeñez; o cesa de existir y perece; pero si alguna vez ella subsiste y recibe en sí la pequeñez, no podrá debido a esto ser otra cosa que lo que ella era, como yo por ejemplo, que después de haber recibido la poca estatura, me quedo tal como soy y además bajo. La magnitud no puede ser pequeña al mismo tiempo que es grande; y de igual modo la pequeñez, que está en nosotros, no toma nunca el puesto de la magnitud; en una palabra, ninguna cosa contraria, en tanto que lo es, puede hacerse o ser su contraria, sino que cuando la otra llega, o se retira, o perece.

»Cebes convino en ello; pero uno de los que estaban presentes, (no recuerdo quién era), dirigiéndose a Sócrates, le dijo:

»—¡Ah, por los dioses!, ¿no has admitido ya lo contrario de lo que dices? Porque, ¿no hemos convenido en que lo más grande nace de lo más pequeño y lo más pequeño de lo más grande; en una palabra, que las contrarias nacen siempre de sus contrarias? Y ahora me parece haberte escuchado que nunca puede suceder esto.

»Sócrates, inclinando un tanto su cabeza hacia adelante, como para oír mejor, le dijo:

»—Muy bien; tienes razón al recordarnos los principios que hemos establecido; pero no ves la diferencia que hay entre lo que hemos sentado antes y lo que decimos ahora. Dijimos que una cosa nace siempre de su contraria, y ahora decimos que lo contrario no se convierte nunca en lo contrario a sí mismo, ni en nosotros, ni en la naturaleza. Entonces hablábamos de las cosas que tienen sus contrarias, cada una de las cuales podíamos designar con su nombre; y aquí hablamos de las esencias mismas, cuya presencia en las cosas da a estas sus nombres, y de estas últimas es de las que decimos que no pueden nunca nacer la una de la otra. —Y al mismo tiempo, mirando a Cebes, le dijo—: la objeción que se acaba de proponer, ¿ha causado en ti alguna turbación?

»—No, Sócrates; no soy tan débil, aunque hay cosas capaces de turbarme.

»—Estamos, entonces, unánime y totalmente conformes —replicó Sócrates, en que nunca un contrario puede convertirse en lo contrario a sí mismo.

»—Es cierto —dijo Cebes.

»—Vamos a ver si convienes en esto: ¿hay algo que puedas llamar frío y algo que puedas llamar caliente?

»—Seguramente.

»—¿Como la nieve y el fuego?

»—No, ¡Zeus!

»—¿Lo caliente es entonces diferente del fuego, y lo frío diferente de la nieve?

»—Sin dificultad.

»—Convendrás, yo creo, en que cuando la nieve ha recibido calor, como decíamos antes, ya no será lo que era, sino que desde el momento que se le aplique el calor, le cederá el puesto o desaparecerá enteramente.

»—Indudablemente.

»—Lo mismo sucede con el fuego, tan pronto como lo supere el frío; así se retirará o perecerá, porque apenas se le haya aplicado el frío, no podrá ser ya lo que era, y no será fuego y frío a la vez.

»—Muy bien —dijo Cebes.

»—Es, entonces, tal la naturaleza de algunas de estas cosas, que no solo la misma idea conserva siempre el mismo nombre, sino que este nombre sirve igualmente para otras cosas que no son lo que ella es en sí misma, pero que tienen su misma forma mientras existen. Algunos ejemplos aclararán lo que quiero decir. Lo impar debe tener siempre el mismo nombre. ¿No es así?

»—Sí, indudablemente.

»—Ahora bien, dime: ¿es esta la única cosa que tiene este nombre, o hay alguna otra cosa que no sea lo impar y que, no obstante, sea preciso designar con este nombre, por ser de tal naturaleza, que no puede existir sin lo impar? Como, por ejemplo, el número tres y muchos otros; pero fijémonos en el tres. ¿No te parece que el número tres debe ser llamado siempre con su nombre, y al mismo tiempo con el nombre de impar, aunque lo impar no es igual que el número tres? No obstante, tal es la naturaleza del tres, del cinco y de la mitad de los números, que aunque cada uno de ellos no sea lo que es lo impar, es, no obstante, siempre impar. Lo mismo sucede con la otra mitad de los números, como dos, cuatro; aunque no son lo que es lo par, cada uno de ellos, no obstante, siempre es par. ¿No estás conforme?

»—¿Y cómo no?

»—Fíjate en lo que voy a decir. Me parece que no solo estas contrarias que se excluyen, sino del mismo modo todas las demás cosas, que sin ser contrarias entre sí, tienen, no obstante, siempre sus contrarias, no pueden dejarse penetrar por la esencia, que es contraria a la que ellas tienen, sino que tan pronto como esta esencia aparece, ellas se retiran o perecen. El tres, por ejemplo, ¿no perecerá antes que hacerse en ningún caso número par, permaneciendo tres?

»—Seguramente —dijo Cebes.

»—No obstante —dijo Sócrates—, el dos no es contrario al tres.

»—No, indudablemente.

»—Luego las contrarias no son las únicas cosas que no consienten sus contrarias, sino que hay todavía otras cosas del mismo modo incompatibles.

»—Es cierto.

»—¿Quieres que las determinemos en cuanto nos sea posible?

»—Sí.

»—¿No serán aquellas, ¡oh Cebes! que obligan a la cosa en que se encuentran, cualquiera que sea, no solo a retener la idea que es en ellas esencial, sino del mismo modo a rechazar otra idea contraria a esta?

»—¿Qué dices?

»—Lo que decíamos antes. Todo aquello en que se encuentra la idea de tres, debe necesariamente, no solo permanecer tres, sino permanecer del mismo modo impar.

»—¿Quién lo duda?

»—Por ende, es imposible que en una cosa tal como esta penetre la idea contraria a la que constituye su esencia.

»—Es imposible.

»—Ahora bien, lo que constituye su esencia, ¿no es el impar?

»—Sí.

»—Y la idea contraria a lo impar, ¿no es la idea de lo par?

»—Sí.

»—Luego la idea de lo par no se encuentra nunca en el tres.

»—No, indudablemente.

»—El tres, por ende, no consiente lo par.

»—No lo consiente.

»—Porque el tres es impar.

»—Seguramente.

»—He aquí lo que queríamos sentar como base; que hay ciertas cosas, que, no siendo contrarias a otras, las excluyen, lo mismo que si fuesen contrarias, como el tres que aunque no es contrario al número par, no lo consiente, lo desecha; como el dos, que lleva siempre consigo algo contrario al número impar; como el fuego, el frío y muchas otras. Mira ahora, si admitirías tú la siguiente definición: no solo lo contrario no consiente su contrario, sino que todo lo que lleva consigo un contrario, al comunicarse con otra cosa, no consiente nada que sea contrario al contrario que lleva en sí.

»Piénsalo bien, porque no se pierde el tiempo en repetirlo muchas veces. El cinco no será nunca compatible con la idea de par; como el diez, que es dos veces aquel, no lo será nunca con la idea de impar; y este dos, aunque su contrario no sea la idea de lo impar, no admitirá, no obstante, la idea de lo impar, como no consentirán nunca idea de lo entero las tres cuartas partes, la tercera parte, ni las demás fracciones; si es cosa que me has entendido y estás de acuerdo conmigo en este punto.

»Ahora bien; voy a reasumir mis primeras preguntas: y tú, al responderme, me contestarás, no en forma idéntica a ellas, sino en forma diferente, según el ejemplo que voy a ponerte; porque además de la forma de responder que hemos usado, que es segura, hay otra que no lo es menos; dado que si me preguntases qué es lo que produce el calor en los cuerpos, yo no te daría la respuesta, segura sí, pero necia, de que es el calor; sino que, de lo que acabamos de decir, deduciría una respuesta más acertada, y te diría: es el fuego; y si me preguntas qué es lo que hace que el cuerpo esté enfermo, te respondería que no es la enfermedad, sino la fiebre. Si me preguntas qué es lo que constituye lo impar, no te responderé la imparidad, sino la unidad; y así de las demás cosas. Mira si entiendes suficientemente lo que quiero decirte.

»—Te comprendo perfectamente.

»—Respóndeme, pues —continuó Sócrates—. ¿Qué es lo que hace que el cuerpo esté vivo?

»—Es el alma.

»—¿Sucede así constantemente?

»—¿Cómo no ha de suceder? —dijo Cebes.

»—¿El alma lleva, por ende, consigo la vida a donde quiera que ella va?

»—Es cierto.

»—¿Hay algo contrario a la vida, o no hay nada?

»—Sí, hay alguna cosa.

»—¿Qué cosa?

»—La muerte.

»—El alma, por ende, no consentirá nunca lo que es contrario a lo que lleva siempre consigo. Esto es deducible rigurosamente de nuestros principios.

»—La consecuencia es indeclinable —dijo Cebes.

»—Pero, ¿cómo llamamos a lo que no consiente nunca la idea de lo par?

»—Lo impar.

»—¿Cómo llamamos a lo que no consiente nunca la justicia, y a lo que no consiente nunca el orden?

»—La injusticia y el desorden.

»—Sea así: y a lo que no consiente nunca la muerte, ¿cómo lo llamamos?

»—Lo inmortal.

»—El alma, ¿no consiente la muerte?

»—No.

»—El alma es, por ende, inmortal.

»—Inmortal.

»—¿Diremos que esto está demostrado, o falta algo a la demostración?

»—Está suficientemente demostrado, Sócrates.

»—Pero, Cebes, si fuese una necesidad que lo impar fuese imperecedero, ¿el tres no lo sería igualmente?

»—¿Quién lo duda?

»—Si lo que no tiene calor fuese necesariamente imperecedero, siempre que alguno aproximase el fuego a la nieve, ¿la nieve no subsistiría sana y salva? Porque ella no perecería; y por mucho que se la expusiese al fuego, no recibiría nunca el calor.

»—Muy cierto.

»—De igual forma, si lo que no es susceptible de frío fuese necesariamente imperecedero, por mucho que se echara sobre el fuego algo frío, nunca el fuego se extinguiría, nunca perecería; contrariamente, quedaría con toda su fuerza.

»—Es de necesidad absoluta.

»—Precisamente tiene que decirse lo mismo de lo que es inmortal. Si lo que es inmortal no puede perecer nunca, por mucho que la muerte se aproxime al alma, es totalmente imposible que el alma muera; porque, según acabamos de ver, el alma no recibirá nunca en sí la muerte, nunca morirá; así como el tres, y lo mismo cualquiera otro número impar, no puede nunca ser par; como el fuego no puede ser nunca frío, ni el calor del fuego convertirse en frío. Alguno me dirá quizá: en que lo impar no puede convertirse en par por el advenimiento de lo par, estamos conformes; ¿pero qué impide para que, si lo impar llega a perecer, lo par ocupe su lugar? A esta objeción yo no podría responder que lo impar no perece, si lo impar no es imperecedero. Pero si le hubiéramos declarado imperecedero, sostendríamos con razón que siempre que se presentase lo par, el tres y lo impar se retirarían, pero para nada perecerían; y lo mismo diríamos del fuego, de lo caliente y de otras cosas semejantes. ¿No es así?

»—Seguramente —dijo Cebes.

»—Por ende, viniendo a la inmortalidad, que es de lo que tratamos al presente, si estamos de acuerdo en que todo lo que es inmortal es imperecedero, el alma necesariamente es, no solo inmortal, sino totalmente imperecedera. Si no estamos de acuerdo en esto, es necesario buscar otras pruebas.

»—No es necesario —dijo Cebes—; porque, ¿a qué podríamos llamar imperecedero, si lo que es inmortal y eterno estuviese sujeto a perecer?

»—No hay nadie —replicó Sócrates—, que no convenga en que ni Dios, ni la esencia y la idea de la vida, ni cosa alguna inmortal pueden perecer.

»—¡Zeus! Todos los hombres reconocerán esta verdad —dijo Cebes—; y pienso que mejor aún convendrán en ello los dioses.

»—Si es cierto que todo lo que es inmortal es imperecedero, el alma que es inmortal, ¿no está eximida de perecer?

»—Es necesario.

»—Así, entonces, cuando la muerte sorprende al hombre, lo que hay en él de mortal muere, y lo que hay de inmortal se retira, sano e incorruptible, cediendo su puesto a la muerte.

»—Es evidente.

»—Por ende, si hay algo inmortal e imperecedero, mi apreciado Cebes, el alma debe serlo; y por ende, nuestras almas existirán en otro mundo.

»—Nada tengo que oponer a eso, Sócrates —dijo Cebes—; y no puedo menos de rendirme a tus razones; pero si Simmias o algún otro tienen alguna cosa que objetar, harán muy bien en no callar; porque ¿qué momento ni qué ocasión mejores pueden encontrar para conversar y para ilustrarse sobre estas materias?

»—Yo —dijo Simmias—, nada tengo que oponer a lo que ha manifestado Sócrates, si bien confieso que la magnitud del objeto y la debilidad natural al hombre me inclinan, a pesar mío, a una especie de desconfianza.

»—No solo lo que manifiestas, Simmias —dijo Sócrates—, está muy bien dicho, sino que por seguros que nos parezcan nuestros primeros principios, es necesario volver de nuevo a ellos para examinarlos con más cuidado. Cuando los hayas comprendido suficientemente, conocerás sin dificultad la fuerza de mis razones, tanto como es posible al hombre; y cuando te convenzas, no buscarás otras pruebas.

»—Muy bien —dijo Cebes.

»—Amigos míos, una cosa digna de tenerse en cuenta es, que si el alma es inmortal, hay necesidad de cuidarla, no solo durante la vida, sino del mismo modo para el tiempo que viene después de la muerte; porque si bien lo reflexionan, es muy grave el abandonarla. Si la muerte fuese la disolución de toda existencia, sería una gran cosa para los malos verse después de su muerte, libres de su cuerpo, de su alma, y de sus vicios; pero, supuesta la inmortalidad del alma, ella no tiene otro medio de librarse de sus males, ni puede procurarse la salud de otro modo, que haciéndose muy buena y muy sabia. Porque al salir de este mundo solo lleva consigo sus costumbres y sus hábitos, que son, según se dice, la causa de su felicidad o de su desgracia desde el primer momento de su llegada. Se dice, que después de la muerte de alguno, el genio, que le ha conducido durante la vida, lleva el alma a cierto lugar, donde se reúnen todos los muertos para ser juzgados, a fin de que vayan desde allí a los infiernos con el guía, que es el encargado de conducirles de un punto a otro; y después que han recibido allí los bienes o los males, a que se han hecho acreedores, y han permanecido en aquella estancia todo el tiempo que les fue designado, otro conductor los vuelve a la vida presente después de muchas revoluciones de siglos. Este camino no es lo que Telefo dice en Esquiles: un camino sencillo conduce a los infiernos. No es ni único ni sencillo; si lo fuese, no habría necesidad de guía, porque nadie puede extraviarse cuando el camino es único; tiene, contrariamente, muchas revueltas y muchas travesías, como lo infiero de lo que se practica en nuestros sacrificios y en nuestras ceremonias religiosas. El alma, dotada de templanza y sabiduría, sigue a su guía voluntariamente, porque sabe la suerte que le espera; pero la que está clavada a su cuerpo por sus pasiones, como dije antes, y permanece largo tiempo ligada a este mundo visible, solo después de haber resistido y sufrido mucho, es cuando el genio que le ha sido destinado consigue arrancarla como por fuerza y a pesar suyo. Cuando llega de esta forma al punto donde se reúnen todas las almas, si es impura, si se ha manchado con algún asesinato o cualquiera otro crimen atroz, acciones muy propias de su índole, todas las demás almas huyen de ella, y le tienen horror; no encuentra ni quien la acompañe, ni quien la guíe; y anda errante y completamente abandonada, hasta que la necesidad la arrastra a la mansión que merece. Pero la que ha pasado su vida en la templanza y en la pureza, tiene los dioses mismos por compañeros y por guías, y va a habitar el lugar que le está preparado, porque hay lugares diversos y maravillosos en la tierra, lo cual, según he aprendido de alguien, no es como se figuran los que acostumbran a describirlo.

»Entonces Simmias dijo:

»—¿Qué dices, Sócrates? He escuchado contar muchas cosas de esa tierra, pero no las que te han enseñado a ti. Te escucharé gustoso de aquí en adelante.

»—Para referirte la historia de esto, mi apreciado Simmias, no creo haya necesidad del arte de Glauco. Mas probarte su verdad es más difícil, y no sé si todo el arte de Glauco bastaría al efecto. Semejante empresa no solo está quizá por encima de mis fuerzas, sino que aun cuando no lo estuviese, el poco tiempo que me queda de vida, no permite que entablemos tan larga discusión. Todo lo que yo puedo hacer es darte una idea general de esta tierra y de los lugares diferentes que encierra, tales como yo me los figuro.

»—Eso nos bastará —dijo Simmias.

»—En primer lugar —continuó Sócrates—, estoy persuadido de que si la tierra está en medio del cielo y es de forma esférica, no tiene necesidad ni del aire ni de ninguno otro apoyo, para no caer; sino que el cielo mismo, que la rodea por todas partes, y su propio equilibrio, bastan para que se sostenga, porque todo lo que está en equilibrio, en medio de una cosa que le oprime igualmente por todos puntos, no puede inclinarse a ningún lado, y por ende subsiste fija e inmóvil. Esta es mi persuasión.

»—Con razón —dijo Simmias.

»—Por otra parte, estoy convencido de que la tierra es muy grande, y que nosotros solo habitamos la parte que se extiende desde el Faso hasta las columnas de Heracles, derramados a orillas de la mar como hormigas o como ranas alrededor de una laguna. Hay otros pueblos, a mi parecer, que habitan regiones que nos son desconocidas, porque en la superficie de la tierra se encuentran por todas partes cavernas de todas formas y dimensiones, llenas siempre de un aire grueso, de espesos vapores y de aguas que afluyen allí de todas partes. Pero la tierra misma está en lo alto, en ese cielo puro, en que se encuentran los astros, y al que la mayor parte de los que hablan de esto llaman Éter, del cual es un mero sedimento lo que afluye a las cavidades que habitamos. Sumidos en estas cavidades creemos, indudablemente, que habitamos lo más elevado de la tierra, que es poco más o menos lo mismo que si uno, teniendo su habitación en las profundidades del océano, se imaginase que habitaba por encima del mar; y viendo a través del agua el sol y los demás astros, tomase el mar por el cielo; y que no habiendo, a causa de su peso y de su debilidad, subido nunca arriba, ni sacado en toda su vida la cabeza fuera del agua, ignorase cuánto más puro y hermoso es este lugar que el que él habita, no habiéndolo visto, ni tampoco encontrado persona que pudiera enseñárselo. He aquí justamente la situación en que nos hallamos. Confinados en algunas cavidades de la tierra, creemos habitar en lo alto; tomamos el aire por el cielo, y creemos que es el verdadero cielo, en el que todos los astros verifican sus revoluciones. La causa de nuestro error es que nuestro peso y nuestra debilidad nos impiden elevarnos por encima del aire, porque si alguno se fuera a lo alto y pudiese elevarse con alas, apenas estuviese su cabeza fuera de nuestro espeso aire vería lo que pasa en aquella dichosa estancia; de la misma forma que los peces, si se elevaran por encima de la superficie de los mares, verían lo que pasa en el aire, que nosotros respiramos; y si fuese de una naturaleza capaz de larga meditación, conocería que este era el verdadero cielo, la verdadera luz, la verdadera tierra. Porque esta tierra que pisamos, estas piedras y todos estos lugares que habitamos, están enteramente carcomidos y corrompidos, como lo que está bajo las aguas del mar, carcomido del mismo modo por la acritud de las sales. Así es que en el mar nada nace perfecto, ni tiene ningún valor; no hay allí más que cavernas, arena y cieno; y si alguna tierra se encuentra, es solo fango, sin que sea posible comparar nada de lo que allí existe con lo que aquí vemos. Pero lo que se encuentra en la otra mansión está muy por encima de lo que vemos en esta; y para daros a conocer la belleza de esta tierra pura, que está en el centro del cielo, les referiré, si quieren, una preciosa fábula, que bien merece que la escuchen.

»—La escucharemos con muchísimo placer, Sócrates —dijo Simmias.

»—En primer lugar, mi apreciado Simmias, se dice que mirando esta tierra desde un punto elevado, parece como uno de nuestros balones de cuero, cubierto con doce bandas de diferentes colores, de los que no son sino una muestra los que usan los pintores; porque los colores de esta tierra son infinitamente más brillantes y más puros. Uno es de color de púrpura, maravilloso; otro de color de oro; este de un blanco más brillante que la nieve y el yeso; y así de todos los demás colores, que son de una calidad y de una belleza, a que en forma alguna se aproximan los que aquí vemos. Las cavidades mismas de esta tierra, llenas de agua y aire, muestran cierta variedad y son distintas entre sí; de forma que el aspecto de la tierra presenta una infinidad de matices maravillosos admirablemente diversificados. En esta otra tierra tan acabada, todo es de una perfección que guarda proporción con ella, los árboles, las flores, los frutos; las montañas y las piedras son tan tersas y de una limpieza y de un brillo tales, que no hay nada que se les parezca. Nuestras esmeraldas, nuestros jaspes, nuestras ágatas, que tanto estimamos aquí, no son más que pequeños pedacitos de ella. No hay una sola piedra en esta dichosa tierra que no sea infinitamente más bella que las nuestras; y la causa de esto es que todas estas piedras preciosas son puras, no están roídas ni mordidas como las nuestras por la acritud de las sales y por la corrupción de los sedimentos que de allí descienden a nuestra tierra inferior, donde se acumulan e infestan no solo las piedras y la tierra, sino del mismo modo las plantas y los animales. Además de todas estas bellezas, esta dichosa tierra es rica en oro, plata y otros metales, que, derramados en abundancia por todas partes, despiden por uno y otro lado una brillantez que encanta la vista; de forma que el aspecto de esta tierra es un espectáculo de bien-aventurados. Está habitada por toda clase de animales y por hombres derramados unos por el campo y otros alrededor del aire, como esta-mos nosotros alrededor del mar. Los hay que habitan en islas, que el aire forma cerca del continente; porque el aire es allí lo que son aquí el agua y el mar para nuestro uso; y lo que para nosotros es el aire para ellos es el éter. Sus estaciones son tan templadas, que viven más que nosotros y están siempre libres de enfermedades; y en razón de la vista, el oído, el olfato y de todos los demás sentidos, y hasta en razón de la inteligencia misma, están tan por encima de nosotros, como lo están el aire respecto del agua y el éter respecto del aire. Allí tienen bosques sagrados y templos que habitan verdaderamente los dioses, los cuales dan señales de su presencia por los oráculos, las profecías, las inspira-ciones y por todos los demás signos, que acusan la comunicación con ellos. Allí ven del mismo modo el sol y la luna tales como son; y en lo demás su felicidad guarda proporción con todo esto.

»He aquí lo que es esta tierra con todo lo que la rodea. En torno suyo, en sus cavidades, hay muchos lugares; unos más profundos y más abiertos que el país que nosotros habitamos; otros más profun-dos y menos abiertos; y los hay que tienen menos profundidad y más extensión. Todos estos lugares están taladrados por bajo en muchos puntos, y comunican entre sí por conductos, a través de los cuales corren como fuentes una cantidad inmensa de agua, ríos subterráneos inagotables, manantiales de aguas frías y calientes, ríos de fuego y otros de cieno, unos más líquidos, otros más cenagosos, como los torrentes de fuego y de cieno que en Sicilia preceden a la lava. Estos sitios se llenan de una u otra materia, según la dirección que toman las co-rrientes, a medida que se derraman. Todos estos surtidores se mueven bajando y subiendo como un balancín suspendido en el interior de la tierra. He aquí cómo se verifica este movimiento. Entre las aberturas de la tierra hay una que es la más grande, que la atraviesa por entero. Homero habla de ella cuando dice: muy lejos, en el abismo más profundo que existe en las entrañas de la tierra. Homero y la mayor parte de los poetas llaman a este lugar el Tártaro. Allí es donde todos los ríos reúnen sus aguas, y de allí es de donde inmediatamente salen. Cada uno de ellos participa de la naturaleza del terreno sobre el cual corre. Si estos ríos vuelven a correr en sentido contrario es porque el líquido no encuentra allí fondo, se agita suspendido en el vacío y hierve de arriba abajo. El aire y el viento, que los rodean, hacen lo mismo; los siguen cuando suben y cuando bajan, y a la forma que se ve entrar y salir el aire incesantemente en los animales cuando respiran, en la misma forma el aire que se mezcla con estas aguas entra y sale con ellas, y produce vientos terribles y furiosos. Cuando estas aguas caen con violencia en el abismo inferior, de que les he hablado, forman corrientes, que se arrojan, a través de la tierra, en los lechos de los ríos que encuentran y que llenan como se llena una bomba. Cuando estas aguas salen de aquí y vienen a los sitios que nosotros habitamos, los llenan de la misma forma; y derramándose por todas partes sobre la superficie de la tierra, alimentan nuestros mares, nuestros ríos, nuestros estanques y nuestras fuentes. Inmediatamente desaparecen, y sumiéndose en la tierra, los unos con grandes rodeos y los otros no con tantos, desaguan en el Tártaro. Unos salen y entran de nuevo en el Tártaro por el mismo lado, y otros por el opuesto a su salida; los hay que corren en círculo, y que después de haber dado vuelta a la tierra una y muchas veces, como las serpientes que se repliegan sobre sí mismas, bajándose lo más que pueden, marchan hasta la mitad del abismo, pero sin pasar de aquí, porque la otra mitad es más alta que su nivel. Estas aguas forman muchas corrientes y muy grandes, pero hay cuatro principales, la mayor de las cuales es la que corre más exteriormente y alrededor, y que se llama Océano. El que está enfrente de este es el Aqueronte, que corre en sentido opuesto a través de lugares desiertos, y que sumiéndose en la tierra, se arroja en la laguna Aquerusia, donde concurren la mayor parte de las almas de los muertos, que después de haber permanecido allí el tiempo que se les ha señalado, a unas más, a otras menos, son enviadas otra vez a este mundo para animar nuevos cuerpos. Entre el Aqueronte y el Océano corre un tercer río, que no lejos de su origen va a precipitarse en un extenso lugar lleno de fuego, y allí forma un lago más grande que nuestro mar, donde hierve el agua mezclada con el cieno; y saliendo de aquí negra y cenagosa, recorre la tierra y desemboca a la extremidad de la laguna Aquerusia sin mezclarse con sus aguas, y después de haber dado muchas vueltas bajo la tierra, se arroja en la parte más baja del Tártaro. Este río se llama Puriflegeton, del que se ven salir arroyos de llamas por muchas hendiduras de la tierra. A la parte opuesta, el cuarto río cae primeramente en un lugar horrible y salvaje, que es, según se dice, de un color azulado. Se llama este lugar Estigio, y laguna Estigia la que forma el río al caer. Después de haber tomado en las aguas de esta laguna virtudes horribles, se sume en la tierra, donde da muchas vueltas y dirigiendo su curso hacia el Puriflegeton, le encuentra al fin en la laguna Aquerusia por la extremidad opuesta. Este río no mezcla sus aguas con las de los otros; pero después de haber dado su vuelta por la tierra, se arroja como los demás en el Tártaro por el punto opuesto al Puriflegeton. A este cuarto río llaman los poetas Cocito.

»Dispuestas así todas las cosas por la naturaleza, cuando los muertos llegan al lugar a que les ha conducido su guía, se les somete a un juicio, para saber si su vida en este mundo ha sido santa y justa o no. Los que no han sido ni enteramente criminales ni totalmente inocentes, son enviados al Aqueronte, y desde allí son conducidos en barcas a la laguna Aquerusia, donde habitan sufriendo castigos proporcionados a sus faltas, hasta que, libres de ellos, reciben la recompensa debida a sus buenas acciones. Los que se consideran incurables a causa de lo grande de sus faltas y que han cometido muchos y numerosos sacrilegios, asesinatos inicuos y contra ley u otros crímenes semejantes, el fatal destino, haciendo justicia, los precipita en el Tártaro, de donde no saldrán nunca. Pero los que solo han cometido faltas que pueden expiarse, aunque sean muy grandes, como haber cometido violencias contra su padre o su madre, o haber quitado la vida a alguno en el furor de la cólera, aunque hayan hecho por ello penitencia durante toda su vida, son sin remedio precipitados del mismo modo en el Tártaro; pero, trascurrido un año, las olas los arrojan y echan los homicidas al Cocito, y los parricidas al Puriflegeton, que los arrastra hasta la laguna Aquerusia. Allí dan grandes gritos, y llaman a los que fueron asesinados y a todos aquellos contra quienes cometieron violencias, y los conjuran para que les dejen pasar la laguna, y ruegan se les reciba allí. Si los ofendidos ceden y se compadecen, aquellos pasan y se ven libres de todos los males; y si no ceden, son de nuevo precipitados en el Tártaro, que los vuelve a arrojar a los otros ríos hasta que hayan conseguido el perdón de los ofendidos, porque tal ha sido la sentencia dictada por los jueces. Pero los que han justificado haber pasado su vida en la santidad, dejan estos lugares terrestres como una prisión y son recibidos en lo alto, en esa tierra pura, donde habitan. Y lo mismo sucede con los que han sido purificados por la filosofía, los cuales viven por toda la eternidad sin cuerpo, y son recibidos en estancias aún más admirables. No es fácil que les haga una descripción de esta felicidad, ni el poco tiempo que me resta me lo permite. Pero lo que acabo de decirles basta, mi apreciado Simmias, para hacerles ver que debemos trabajar toda nuestra vida en adquirir la virtud y la sabiduría, porque el precio es magnífico y la esperanza grande.

»Sostener que todas estas cosas son como yo las he descrito, ningún hombre de buen sentido puede hacerlo; pero lo que he dicho del estado de las almas y de sus estancias, es como se lo he anunciado o de una forma parecida; creo que, en el supuesto de ser el alma inmortal, puede asegurarse sin inconveniente; y la cosa bien merece correr el riesgo de creer en ella. Es un azar precioso al que debemos entregarnos, y con el que debe uno encantarse a sí mismo. He aquí por qué me he detenido tanto en mi discurso. Todo hombre, que durante su vida ha renunciado a los placeres y a los bienes del cuerpo y los ha mirado como extraños y maléficos, que solo se ha entregado a los placeres que da la ciencia, y ha puesto en su alma, no adornos extraños, sino adornos que le son propios, como la templanza, la justicia, la fortaleza, la libertad, la verdad; semejante hombre debe esperar tranquilamente la hora de su partida para los infiernos, estando siempre dispuesto para este viaje cuando quiera que el destino le llame. Respecto a ustedes, Simmias y Cebes y los demás aquí presentes, harán este viaje cuando les llegue su turno. Con respecto a mí, la suerte me llama hoy, como diría un poeta trágico; y ya es tiempo de que me vaya al baño, porque me parece que es mejor no beber el veneno hasta después de haberme bañado, y ahorraré así a las mujeres el trabajo de lavar mi cadáver.

»Cuando Sócrates hubo terminado de hablar, Critón, tomando la palabra, le dijo:

»—Bueno, Sócrates; pero ¿no tienes nada que recomendarnos ni a mí ni a estos otros sobre tus hijos o sobre cualquier otro negocio en que podamos prestarte algún servicio?

»—Nada más, Critón, que lo que les he recomendado siempre, que es el tener cuidado de ustedes mismos, y así harán un servicio a mí, a mi familia y a ustedes mismos, aunque no me prometan nada en este momento; mientras que si les abandonan, si no quieren seguir el camino de que acabamos de hablar, todas las promesas, todas las protestas que puedan hacerme hoy, todo esto de nada serviría.

»—Haremos los mayores esfuerzos —dijo Critón—, para conducirnos de esa forma; pero, ¿cómo te enterraremos?

»—Como gusten —dijo Sócrates—; si es cosa que pueden cogerme y si no escapo a sus manos. —Y sonriéndose y mirándonos al mismo tiempo, dijo—: no puedo convencer a Critón de que yo soy el Sócrates que conversa con ustedes y que arregla todas las partes de su discurso; se imagina siempre que soy el que va a ver morir luego, y en este concepto pregunta cómo me ha de enterrar. Y todo ese largo discurso que acabo de darles para probar que desde que haya bebido la cicuta no permaneceré ya con ustedes, sino que les abandonaré e iré a gozar de la felicidad de los bienaventurados; todo esto me parece que lo he dicho en vano para Critón, como si solo hubiera hablado para consolarles y para mi consuelo. Les suplico que sean mis fiadores cerca de Critón, pero de contrario modo a como él lo fue de mí cerca de los jueces, porque allí dijo por mí que no me fugaría. Y ahora quiero que ustedes respondan, se los suplico, de que en el momento que muera, me iré; a fin de que el pobre Critón soporte con más tranquilidad mi muerte, y que al ver quemar mi cuerpo o darle tierra no se desespere, como si yo sufriese grandes males, y no diga en mis funerales: que expone a Sócrates, que lleva a Sócrates, que entierra a Sócrates; porque es necesario que sepas, mi apreciado Critón —le dijo—, que hablar impropiamente no es solo cometer una falta en lo que se dice, sino causar un mal a las almas. Es necesario tener más valor, y decir que es mi cuerpo el que tú entierras; y entiérrale como te acomode, y de la forma que creas ser más conforme con las leyes.

»Al concluir estas palabras se levantó y pasó a una habitación inmediata para bañarse. Critón le siguió, y Sócrates nos suplicó que le aguardásemos. Le aguardamos, entonces, rodando mientras tanto nuestra conversación ya sobre lo que nos había dicho, haciendo sobre ello reflexiones, ya sobre la triste situación en que íbamos a quedar, considerándonos como hijos que iban a verse privados de su padre, y condenados a pasar el resto de nuestros días en completa orfandad.

»Después que salió del baño le llevaron allí sus hijos; porque tenía tres, dos muy jóvenes y otro que era ya bastante grande, y con ellos entraron las mujeres de su familia. Habló con todos un rato en presencia de Critón, y les dio sus órdenes; inmediatamente hizo que se retirasen las mujeres y los niños, y vino a donde nosotros estábamos. Ya se aproximaba la puesta del sol, porque había permanecido largo rato en el cuarto del baño. En cuanto entró se sentó en su cama, sin tener tiempo para decirnos nada, porque el servidor de los Once entró casi en aquel momento y aproximándose a él, dijo:

»—Sócrates, no tengo que dirigirte la misma represión que a los demás que han estado en tu caso. Desde que vengo a advertirles, por orden de los magistrados, que es necesario beber el veneno, se alborotan contra mí y me maldicen; pero respecto a ti, desde que estás aquí, siempre me has parecido el más firme, el más dulce y el mejor de cuantos han entrado en esta prisión; y estoy muy seguro de que en este momento no estás enfadado conmigo, y que solo lo estarás con los que son la causa de tu desgracia, y a quienes tú conoces bien. Ahora,

Sócrates, sabes lo que vengo a anunciarte; recibe mi saludo, y trata de soportar con resignación lo que es inevitable.

»Dicho esto, volvió la espalda, y se retiró derramando lágrimas. Sócrates, mirándole, le dijo:

»—Y del mismo modo yo te saludo, amigo mío, y haré lo que me dices. Vean —nos dijo al mismo tiempo—, qué honradez la de este hombre; durante el tiempo que he permanecido aquí me ha venido a ver muchas veces; se conducía como el mejor de los hombres; y en este momento, ¡qué de veras me llora! Pero, adelante, Critón; obedezcámosle de buena voluntad, y que me traiga el veneno si está machacado; y si no lo está, que él mismo lo machaque.

»—Pienso, Sócrates —dijo Critón—, que el sol alumbra todavía las montañas, y que no se ha puesto; y me consta, que otros muchos no han bebido el veneno sino mucho después de haber recibido la orden; que han comido y bebido a su gusto y aun algunos gozado de los placeres del amor; así que no debes apurarte, porque aún tienes tiempo.

»—Los que hacen lo que tú dices, Critón —dijo Sócrates—, tienen sus razones; creen que eso más ganan, pero yo las tengo del mismo modo para no hacerlo, porque la única cosa que creo ganar, bebiendo la cicuta un poco más tarde, es hacerme ridículo a mis propios ojos, manifestándome tan ansioso de vida, que intente ahorrar la muerte, cuando esta es totalmente inevitable. Así, entonces, mi apreciado Critón, haz lo que te he dicho, y no me atormentes más.

»Entonces Critón hizo una seña al esclavo que tenía allí cerca. El esclavo salió, y poco después volvió con el que debía suministrar el veneno, que llevaba ya disuelto en una copa. Sócrates viéndolo entrar, le dijo: muy bien, amigo mío; es necesario que me digas lo que tengo que hacer; porque tú eres el que debes enseñármelo.

»—Nada más —le dijo este hombre—, que ponerte a pasear después de haber bebido la cicuta, hasta que sientas que se debilitan tus piernas, y entonces te acuestas en tu cama.

»Al mismo tiempo le alargó la copa. Sócrates la tomó, con la mayor tranquilidad, sin ninguna emoción, sin mudar de color ni de semblante; y mirando a este hombre con ojo firme y seguro, como acostumbraba, le dijo:

»—¿Está permitido hacer una libación con un poco de este brebaje?

»—Sócrates —le dijo este hombre—, solo disolvemos lo que precisamente se ha de beber.

»—Ya lo comprendo —dijo Sócrates—; pero por lo menos está permitido porque es muy justo dirigir oraciones a los dioses, para que bendigan nuestro viaje, y que lo hagan dichoso; esto es lo que les pido, y ¡ojalá escuchen mis votos!

»Después de haber dicho esto, llevó la copa a los labios, y bebió con una tranquilidad y una dulzura maravillosas.

»Hasta entonces nosotros tuvimos fuerza para aguantar las lágrimas, pero al verlo beber y después que hubo bebido, ya no fuimos dueños de nosotros mismos. Yo sé decir, que mis lágrimas corrieron en abundancia, y a pesar de todos mis esfuerzos no tuve más remedio que cubrirme con mi capa para llorar con libertad por mí mismo, porque no era la desgracia de Sócrates la que yo lloraba, sino la mía propia pensando en el amigo que iba a perder. Critón, antes que yo, no pudiendo aguantar sus lágrimas, había salido; y Apolodoro, que ya antes no había cesado de llorar, prorrumpió en gritos y en sollozos, que partían el alma de cuantos estaban presentes, menos la de Sócrates.

»—¿Qué hacen —dijo—, amigos míos? ¿No fue el temor de estas debilidades inconvenientes lo que motivó el haber alejado de aquí a las mujeres? Porque he escuchado decir siempre que es necesario morir oyendo buenas palabras. Manteneos, entonces, tranquilos, y dad pruebas de más firmeza.

»Estas palabras nos llenaron de confusión, y retuvimos nuestras lágrimas.

»Sócrates, que estaba paseándose, dijo que sentía desfallecer sus piernas, y se acostó de espalda, como el hombre le había ordenado. Al mismo tiempo este mismo hombre, que le había dado el veneno, se aproximó, y después de haberle examinado un momento los pies y las piernas, le apretó con fuerza un pie, y le preguntó si lo sentía, y Sócrates dijo que no. Le estrechó inmediatamente las piernas y, llevando sus manos más arriba, nos hizo ver que el cuerpo se helaba y se endurecía, y tocándole él mismo, nos dijo que en el momento que el frío llegase al corazón, Sócrates dejaría de existir. Ya el bajo vientre estaba helado, y entonces descubriéndose, porque estaba cubierto, dijo, y estas fueron sus últimas palabras:

»—Critón, debemos un gallo a Esculapio; no te olvides de pagar esta deuda.

»—Así lo haré —dijo Critón—; pero mira si tienes aún alguna advertencia que hacernos.

»No dijo nada, y un momento después hizo un movimiento. El hombre aquel entonces lo descubrió por entero y vimos que tenía su mirada fija. Critón, viendo esto, le cerró la boca y los ojos.

»He aquí, Equécrates, cuál fue el fin de nuestro amigo, del hombre, podemos decirlo, que ha sido el mejor de cuantos hemos conocido en nuestro tiempo; y por otra parte, el más sabio, el más justo de todos los hombres.

EL BANQUETE O DEL AMOR

INTERLOCUTORES
APOLODORO
EL AMIGO DE APOLODORO
SÓCRATES
AGATÓN
FEDRO
PAUSANIAS
ERIXÍMACO
ARISTÓFANES
ALCIBÍADES

APOLODORO.- Me siento preparado para contarles lo que bien me han pedido, porque hace poco, cuando regresaba a la ciudad, desde mi casa de Falero, me vio un conocido y desde lejos me llamó:

»—¡Hombre de Falero, Apolodoro! ¿Puedes esperarme un poco? —Y así lo hice—. Apolodoro, te estaba buscando. Quería preguntarte lo que pasó en la casa de Agatón el día en que cenaron allí Sócrates, Alcibíades y algunos otros. Se dice que toda la conversación versó sobre el Amor. Algo de ello he sabido por un hombre al que Fénix, el hijo de Filipo, refirió parte de los discursos, pero este hombre no pudo darme detalles de la conversación; solo me dijo que tú estabas bien enterado de todo. Cuéntame, pues; después de todo es deber tuyo dar a conocer lo que ha dicho tu amigo, pero dime antes si estuviste presente en aquella conversación.

»—Me parece muy natural —le respondí—, que ese hombre no te haya dicho nada preciso, porque estás hablando de esta conversación como de una cosa acaecida hace poco y como si yo hubiera podido estar presente.

»—En efecto, así lo creía —dijo.

»—¿Cómo —le dije—, no sabes, Glauco, que hace ya unos años que Agatón no ha puesto los pies en Atenas? De mí puedo decirte que no hace todavía tres que frecuento a Sócrates y que me dedico a estudiar diariamente sus palabras y todas sus acciones. Antes de este tiempo iba errante de un sitio a otro y creyendo llevar una vida razonable, era el más desgraciado de los hombres. Me imaginaba, como tú ahora, que lo último de que uno tenía que ocuparse era de la filosofía.

»—Vamos, déjate de burlas y dime cuándo fue esa conversación.

»—Tú y yo éramos muy jóvenes; fue en el tiempo en que Agatón alcanzó el premio con su primera tragedia y al día siguiente del que, en honor de su victoria, celebraron el sacrificio a los dioses rodeado de sus coristas.

»—Hablas de algo ya lejano, me parece; pero ¿de quién tienes todo lo que sabes? ¿Del mismo Sócrates?

»—¡No, Zeus! —le contesté—, de un tal Aristodemos de Kydaethenes, un hombrecito que siempre va descalzo. Ese estuvo presente, y si no estoy equivocado era entonces uno de los más acérrimos admiradores de Sócrates. Algunas veces he interrogado a Sócrates acerca de algunas cosas que había escuchado a este Aristodemos y lo que ambos me dijeron fue siempre lo mismo.

»—¿Por qué tardas tanto en referirme la conversación? ¿En qué podríamos emplear mejor el camino que nos queda hasta Atenas?

»Consentí y durante todo el trayecto fuimos hablando de esto. Por lo cual, como te he dicho hace un momento, estoy bastante bien preparado y cuando quieran pueden oír mi narración. Debo decirles que además de lo provechoso que es hablar u oír hablar de filosofía, no hay nada en el mundo en lo que con más gusto tome parte; en cambio me muero de fastidio cuando les oigo a ustedes, los que tienen dinero, hablar de sus intereses. Su ceguera y la de sus amigos yo deploro y, porque no hacen nada bueno y creen hacer maravillas. Quizá ustedes me tengan mucha lástima y me parece que tienen razón, pero yo no creo que se les deba compadecer, sino que se les compadece ya.

El Amigo de Apolodoro.- Has de ser el mismo siempre Apolodoro: siempre hablando mal de ti mismo y de los demás y persuadido de que todos los hombres, exceptuando a Sócrates, son unos miserables. No sé por qué no te apodan el Furioso; pero bien sé que hay algo de esto en tus discursos. Te irritas contigo mismo y con toda la humanidad, exceptuando a Sócrates.

APOLODORO.- ¿Te parece que es necesario estar furioso o privado de razón para hablar así de mí y de todos ustedes?

EL AMIGO DE APOLODORO.- No es este el momento a propósito para disputar. Ríndete sin más tardar a mi petición y repíteme los discursos que se pronunciaron en casa de Agatón.

APOLODORO.- Voy a complacerte; pero mejor será que tomemos la cosa desde el principio, como Aristodemos me la contó:

»—Encontré a Sócrates —me dijo—, que salía del baño y contra su costumbre llevaba sandalias. Le pregunté adónde iba tan elegante.

»—Voy a cenar en casa de Agatón, me contestó. Rehusé asistir a la fiesta que dio ayer por temor al gentío, pero me comprometí a ir hoy; por esto me ves tan arreglado. Me he puesto tan elegante para ir a casa de un guapo mozo. Y a ti, Aristodemos, ¿no te entran ganas de venir a cenar del mismo modo, aunque no estés invitado?

»—Como quieras —le respondí.

»—Pues ven conmigo y formemos el proverbio haciendo ver que un hombre honrado puede ir a cenar a casa de otro hombre honrado sin que se lo hayan rogado. De buena gana acusaría a Homero no solo de no haber modificado este proverbio, sino de haberse burlado de él, cuando después de habernos mostrado a Agamenón como un gran guerrero y a Menelao como un combatiente de poco empuje, le hace ir al festín de Agamenón sin estar invitado, es decir, un inferior a la mesa de un superior que está por encima de él.

»—Temo —dije a Sócrates—, no ser como quisieras que fuese sino más bien, según Homero, el hombre adecuado que se presenta en el comedor del sabio sin estar invitado. Pero ya que eres tú quien me lleva, a ti te incumbe defenderme, porque no confesaré que voy sin invitación; diré que eres tú quien me has convidado.

»—Somos dos —dijo Sócrates—, y uno u otro encontrará lo que habrá que decir. Vamos, pues.

»Charlando amistosamente nos dirigimos a la morada de Agatón, pero durante el trayecto, Sócrates, que se había puesto pensativo, fue quedándose atrás. Me detuve para esperarle, pero me dijo que siguiera adelante. Al llegar a casa de Agatón, encontré la puerta abierta y hasta me ocurrió una aventura bastante cómica. Un esclavo de Agatón me condujo sin demora a la sala donde los comensales se habían sentado ya a la mesa esperando que se les sirviera. Apenas me vio Agatón, exclamó:

»—Bienvenido seas, ¡oh Aristodemos!, si vienes a cenar. Si es para otra cosa hablaremos de ella otro día. Te busqué ayer para rogarte que fueras uno de los nuestros, pero no pude encontrarte. ¿Por qué no has traído a Sócrates?

»Al oírle me vuelvo y veo que Sócrates no me ha seguido.

»—He venido con él, que es quien me ha invitado —le dije.

»—Has hecho bien —repuso Agatón—, pero ¿dónde está?

»—Me seguía y no concibo lo que puede haber sido de él.

»—Niño —dijo Agatón—, ve a buscar a Sócrates y tráenoslo. Y tú, Aristodemos, colócate al lado de Erixímaco. Niño, que le laven los pies para que pueda ocupar su sitio.

»Entretanto, anunció otro esclavo que había encontrado a Sócrates parado sobre el umbral de una casa inmediata, pero que por más que le llamaba para que viniera no quería hacerle caso.

»—¡Que cosa tan extraña! —dijo Agatón—. Vuelve y no te separes de él mientras no venga.

»—No, no —dije—, déjenle. Muy a menudo le ocurre detenerse donde se encuentra. Si no me equivoco, muy pronto le verán entrar. No le digan nada, déjenle.

»—Si opinas así, sea como dices —replicó Agatón—. ¡Niños, sírvannos! Traigan lo que quieran, como si no tuviesen aquí quien pueda darles órdenes, porque es una molestia que nunca me he tomado. Mírennos a mis amigos y a mí como si fuéramos sus convidados. Hagan lo mejor que sepan y háganse honor a ustedes mismos.

»Comenzamos a cenar y Sócrates no venía. A cada instante quería Agatón que se le fuera a buscar, pero yo lo impedía siempre. Por fin se presentó Sócrates después de habernos hecho esperar algún tiempo, como solía, y cuando ya habíamos medio cenado. Agatón, que estaba sentado solo en un triclinio, en un extremo de la mesa, le rogó se pusiera a su lado.

»—Ven, Sócrates —dijo—; quiero estar lo más cerca posible de ti para procurar tener mi parte de los sabios pensamientos que has encontrado cerca de aquí, porque tengo la certeza de que has encontrado lo que buscabas; si no, estarías todavía en el mismo sitio.

»Cuando Sócrates hubo ocupado su puesto, dijo:

»—¡Ojalá pluguiera a los dioses que la sabiduría, Agatón, fuera una cosa que pudiera verterse de una inteligencia a otra cuando dos hombres están en contacto, como el agua pasa de una copa llena a otra vacía a través de una tira de lana! Si el pensamiento fuera de esta naturaleza, sería yo el que tendría que llamarse dichoso por estar cerca de ti, porque me parece que me llenaría de la buena y abundante sabiduría que posees; la mía es algo mediocre y equívoca, por decirlo así, un sueño. La tuya, al contrario, una magnífica sabiduría y rica de las esperanzas más bellas, como lo atestiguan el brillo con que luce desde tu juventud y el aplauso que más de treinta mil griegos acaban de tributarle.

»—Eres un burlón —contestó Agatón—; ya vamos a examinar qué sabiduría es mejor; si la tuya o la mía, y Dionisio será nuestro juez. Pero ahora no pienses más que en cenar.

»Sócrates se sentó —siguió contándome Aristodemos—, y cuando él y los otros convidados terminaron de cenar, se hicieron las libaciones y cantó un himno en honor del dios y después de todas las otras ceremonias religiosas ordinarias, se habló de beber. Pausanias tomó entonces la palabra:

»—Veamos —dijo—, cómo beberemos para que no nos siente mal. Debo confesar que todavía noto los efectos de la comilona de ayer y que tengo necesidad de respirar un poco, como pienso le debe de suceder a la mayor parte de ustedes, porque ayer fueron de los nuestros. Tengamos, entonces, cuidado de beber moderadamente.

»—Pausanias —dijo Aristófanes—, no sabes con qué agrado escucho tu consejo para que seamos temperantes, porque soy uno de los que menos moderados estuvieron ayer.

»—¡Cómo me gustan cuando están de tan excelente humor! —dijo Erixímaco, hijo de Acumenos. Pero todavía queda por hacer una advertencia: ¿se encuentra Agatón en disposición de beber?

»—No estoy muy fuerte —dijo este—, pero todavía puedo beber algo.

»—Para nosotros es un hallazgo —replicó Erixímaco—, y al decir nosotros me refiero a Aristodemos, Fedro y a mí, que opinen así los buenos bebedores porque nosotros a su lado somos malos bebedores. Exceptúo a Sócrates que bebe lo que quiere y poco le importa el partido que se tome. Así, y dado que no vengo animado a hacer demasiados honores a los vinos, no se me podrá tildar de inoportuno si les digo algunas verdades acerca de la embriaguez. Mi experiencia de médico me ha hecho ver perfectamente que el exceso de vino es funesto para el hombre. Yo, por mi parte, lo evitaré cuando pueda y nunca lo aconsejaré a los demás, sobre todo, cuando tengan la cabeza pesada de una orgía de la víspera.

»—Sabes —le dijo Fedro de Myrrhinos, interrumpiéndole—, que siempre me presto a tu opinión, principalmente cuando hablas de medicina, pero hoy tienes que reconocer que todo el mundo está muy razonable.

»No hubo más que una voz; de común acuerdo se decidió que no habría excesos y que se bebería lo que cada uno comprendiese poder beber.

»—Dado que así se ha convenido —dijo Erixímaco—, y no se obligará a nadie a beber más que lo que le apetece, propongo que empecemos por despedir a la tocadora de flauta. Si quiere tocar lejos de aquí para distraerse, que toque, o si prefiere para las mujeres en el interior. Nosotros, si quieren hacerme caso, entablaremos una conversación y si les parece bien hasta les propondré el tema.

»Todos aplaudieron, incitándole a entrar en materia. Erixímaco continuó:

»—Empezaré por este verso de la Melanippe de Eurípides: "este discurso no es mío", sino de Fedro. Porque Fedro me dice todos los días con una especie de indignación: "¿no es una cosa extraña, Erixímaco, que entre tantos poetas que han compuesto himnos y cánticos en honor de la mayoría de los dioses, no haya habido ni siquiera uno que haya hecho el elogio del Amor que es un dios tan grande?

»Mira a los hábiles sofistas, que todos los días componen sendos discursos en prosa en loor de Heracles y otros semidioses, y para no citar más que un nombre me referiré al famoso Prodikos, y no es algo que pueda sorprenderles. Hasta he visto un libro titulado: *Elogio de la sal,* en el que su sabio autor exagera las maravillosas cualidades de la sal y los grandes servicios que presta al hombre.

»En pocas palabras: no hallarás casi nada que no haya tenido ya su panegírico. ¿Cómo, entonces, puede explicarse que en este ardor de alabar tantas cosas, nadie hasta hoy haya emprendido la tarea de celebrar dignamente al Amor y que haya olvidado a un dios tan grande?".

»—Yo —continuó Erixímaco—, comparto la indignación de Fedro; quiero pagar, entonces, mi tributo al Amor y ganarme su benevolencia. Me parece al mismo tiempo que a una compañía como la nuestra no le estaría de más honrar a este dios. Si les parece no busquemos más tema para nuestra conversación. Cada uno improvisará lo mejor que pueda un discurso en elogio del amor. Se dará la vuelta de izquierda a derecha. Fedro, por su categoría, será el primero que hable, y yo después, por ser el autor de la propuesta que les hago.

»—Nadie se opondrá a tu voto, Erixímaco —dijo Sócrates—; yo, desde luego, no, y eso que hago profesión de no saber más cosa que del Amor; ni tampoco Agatón, ni Pausanias, ni Aristófanes seguramente, que por entero está consagrado a Afrodita y Dionisio. E igualmente puedo responder del resto de la compañía, aunque, si he de decir la verdad, la partida no es igual para nosotros que estamos sentados los últimos. En todo caso, si los que nos preceden cumplen con su deber y agotan la materia, estaremos en paz dándoles nuestra aprobación. Que bajo felices auspicios comience, entonces, Fedro a hacer el elogio del Amor.

»La propuesta de Sócrates fue adoptada por unanimidad. No deben esperar de mí que les repita palabra por palabra los discursos que se pronunciaron. Aristodemos, de quien tengo todas estas noticias, no me los pudo repetir perfectamente, y yo mismo me olvidaré de alguna cosa de lo que me refirió, pero les repetiré lo esencial. He aquí, entonces, según él, cuál fue el discurso de Fedro:

Discurso de Fedro

«El Amor es un dios muy grande, bien digno de ser honrado entre los dioses y entre los hombres por mil razones, pero principalmente por su antigüedad, porque no hay dios tan antiguo como él. Y la prueba es que no tiene padre ni madre. Ningún poeta ni prosista ha podido atribuírselos. Según Hesíodo, al principio existió el Caos; "después la Tierra de amplio seno, base eterna e inquebrantable de todas las cosas, y el Amor". Hesíodo, por consecuencia, hace que la Tierra y el Amor sucedan al caos. Parménides habla así de su origen: "El amor es el primer dios que él concibió".

»Akusilaos tiene la misma opinión de Hesíodo. Así entonces, de un común acuerdo, es el Amor el más antiguo de los dioses y de todos ellos el que más beneficios concede a los hombres. Porque no conozco ventaja mayor para un joven que tener un amante virtuoso y para un amante que amar un objeto virtuoso. Abolengo, honores, riquezas, nada puede inspirar al hombre como el Amor lo que es necesario para llevar una vida honorable: quiero decir la vergüenza de lo malo y la emulación del bien. Sin estas dos cosas es imposible que un particular o un Estado hagan nunca nada gracioso ni bello. Hasta me atrevo a decir que si un hombre que ama cometiera una mala acción o recibiera un ultraje sin rechazarlo, no habría padre ni pariente ante quienes este hombre tuviera más vergüenza de presentarse que ante aquel a quien ama. Y vemos que lo mismo sucede al que es amado, porque nunca estará tan abochornado como cuando su amante le sorprende en cualquier falta. De forma que si por cualquier obra de encantamiento un Estado o un ejército pudiera estar compuesto solamente de amantes y de amados, no existiría otro pueblo que profesara tanto horror al vicio ni estimara tanto la emulación a la virtud. Hombres así unidos, aunque fueran en corto número, podrían vencer a los demás hombres. Porque si hay alguien de quien un amante no quisiera ser visto arrojando al suelo sus armas o abandonando sus filas, es el que ama; preferiría morir mil veces antes que abandonar en el peligro a su bienamado y dejarle sin auxilio, porque no hay hombre tan cobarde a quien el Amor no infunda el mayor valor y no lo convierta en un héroe. Lo que decía Homero de los dioses que inspiran audacia a ciertos guerreros puede decirse con más justicia del Amor que de ninguno de los dioses. Únicamente los amantes son los que saben morir el uno por el otro. Y no solamente los hombres sino del mismo modo las mujeres han dado su vida por salvar a los que amaban. Grecia ha visto el admirado ejemplo de Alceste, hija de Pelias; solo ella se prestó a morir por su esposo, a pesar de tener este padre y madre; su amor sobrepujó tanto al cariño y a la amistad de aquellos que comparados con ella parecieron ser unos extraños para su hijo, y su parentesco no más que nominal. Y aunque en el mundo se hayan llevado a cabo nobilísimos actos, solo hay muy pocos que hayan logrado rescatar de los infiernos a los que a estos descendieron; pero la acción de Alceste pareció tan bella a los hombres y a los dioses, que estos, prendados de su valor, la volvieron a la vida. Verdad es que un amor noble y generoso se hace estimar hasta de los mismos dioses.

»No trataron así a Orfeo, hijo de Oiagros, al que enviaron a los infiernos sin concederle lo que pedía. En vez de devolverle su esposa, a la que iba a buscar, no le enseñaron más que su fantasma, porque, como músico que era, le faltó valor, y en vez de imitar a Alceste y morir por la que amaba, se ingenió para descender en vida a los infiernos. Debido a esto, indignados los dioses, le castigaron por su cobardía, haciéndole perecer a mano de las mujeres. En cambio, honraron a Aquiles, hijo de Tetis, y le recompensaron enviándole a las islas Afortunadas, porque habiéndole predicho su madre que si mataba a Héctor moriría inmediatamente después, y que si no le combatía, volvería al hogar paterno, donde moriría después de edad muy avanzada, no vaciló, no obstante, ni un instante en defender a su amante Patroclo y en vengarle con desprecio de su propia vida, y quiso no solo morir por un amigo, sino hasta morir sobre el cuerpo de aquel amado. Debido a esto los dioses le tributaron más honores que a hombre alguno en su admiración ante aquel testimonio de abnegación por aquel de quien era amado. Esquilo se burla de nosotros cuando nos dice que Aquiles era el amante de Patroclo, él que no solo era más bello que Patroclo, sino que todos los otros héroes. Era todavía imberbe y mucho más joven, como dice Homero. Y verdaderamente, si los dioses aprueban lo que se hace por el que se ama, estiman, admiran y recompensan de muy diferente forma lo que se hace por aquel de quien se es amado. En efecto, el que ama es algo más divino que el que es amado, porque está poseído de un dios. Debido a esto ha sido Aquiles todavía mejor tratado que Alceste después de su muerte en la isla de los bienaventurados. Concluyo diciendo que, de todos los dioses, el Amor es el más antiguo, el más augusto y el más apto para hacer virtuoso y feliz al hombre durante su vida y después de su muerte».

Así terminó Fedro su discurso. Aristodemos omitió los de otros que había olvidado y habló de Pausanias, que dijo así:

DISCURSO DE PAUSANIAS

«No apruebo, Fedro, la simple propuesta que se ha hecho de elogiar al ardor. Esto estaría bien si solo hubiese un amor, pero como no es así, porque hay varios, habría sido mejor decir ante todo cuál es el que tenemos que elogiar, que es lo que voy a ensayar hacer.

»Empezaré diciendo qué Amor es el que merece ser elogiado, y después lo alabaré lo más dignamente que pueda. Es sabido que sin el Amor no habría una Afrodita; si esta fuera solamente una no habría más que un Amor, pero dado que hay dos Afroditas, tiene que haber del mismo modo dos Amores. ¿Quién duda de que haya dos Afroditas? La una, la mayor, hija del Cielo y que no tiene madre, es la que nosotros denominamos Afrodita celestial; la otra más joven es hija de Zeus y de Dione y la llamamos Afrodita popular. Es deducible que de los dos Amores que son los ministros de estas dos Afroditas, hay que llamar a uno el celestial y al otro el popular. Todos los dioses, indudablemente, son dignos de ser venerados, pero distingamos bien las funciones de estos dos amores.

»Toda acción por sí misma no es bella ni fea: lo que hacemos actualmente, comer, beber, discurrir, nada de esto es bello por sí mismo, pero puede serlo por la forma como se haga: bello si se hace según las de la justicia y la honorabilidad, y feo si se hace contra estas reglas. Lo mismo sucede al amar. Todo amor en general no es ni bello ni digno de encomio, sino únicamente el que nos incita a amar honradamente.

»El Amor de la Afrodita popular es popular del mismo modo y no inspira más que bajezas; el Amor que reina entre los malos, que aman sin selección lo mismo a las mujeres que a los jóvenes, al cuerpo más que al alma, mientras más insensato se es, se es tanto más solicitado por los malos, que solo aspiran al goce sensual, y con tal de conseguirlo poco les importan los medios con que lo logran. De aquí procede el que hagan cuanto se les ocurre, lo mismo lo bueno que lo contrario, porque su Amor es el de la Afrodita más joven, que nació del varón y de la hembra. Pero como la Afrodita celestial no nació de la hembra, sino solo del varón, el Amor que la acompaña no busca más que a los niños. Ligado a una diosa de más edad y que por tanto no tiene los fogosos sentidos de la juventud, aquellos a quienes inspira no aman más que al sexo masculino en efecto más fuerte y más inteligente.

»He aquí las características por las cuales se podrá reconocer a los verdaderos servidores de este Amor: no se sienten atraídos por una gran juventud, sino por jóvenes cuya inteligencia comienza a desenvolverse, es decir, a los cuales les apunta el bozo. Porque su objeto no es, a mi parecer, aprovecharse de la imprudencia de un joven amigo y seducirle para dejarle después, y riéndose de su victoria correr tras cualquier otro; se unen con el pensamiento de no separarse más y pasar toda la vida con el que aman.

»Sería verdaderamente deseable que existiera una ley que prohibiera amar a mancebos demasiado jóvenes para evitar emplear su tiempo en una cosa tan incierta, porque ¿quién sabe en lo que se convertirá un día esa juventud?, porque con los niños el porvenir es dudoso, se ignora cómo se volverán el cuerpo y el espíritu y si sus inclinaciones los encaminarán hacia el vicio o la virtud. Los sabios y prudentes se imponen una ley tan justa, pero sería preciso hacerla observar rigurosamente a los amantes populares de que hablamos y prohibirles estas clases de contratos como se les impide en la medida de lo posible amar a las mujeres de condición doble, dado que no tienen derecho a amarlas.

»Esos son los que han deshonrado al amor, hasta el extremo de que algunos han dicho que es vergonzoso conceder favores a los amantes. Su amor intempestivo e injusto a una exagerada juventud es el único que ha dado lugar a una opinión semejante, dado que nada de lo que se hace inspirándose en los sentimientos de sabiduría y honradez puede ser censurado justamente.

»Las leyes que reglan el amor en los otros países son fáciles de comprender por su sencillez y precisión. En la ciudad de Atenas y en las de Lacedemonia son complicadas y dificultosas y la costumbre está sujeta a explicación. En la Élida, por ejemplo, y en Beocia, donde la gente se muestra poco hábil en el arte de la palabra, se dice sencillamente que es bueno conceder sus favores a quien nos ama; nadie, joven ni anciano, lo encuentra mal. Es necesario creer que en estos países se ha autorizado así el amor para allanar dificultades y que no haya necesidad de recurrir a artificios del lenguaje de los que sus habitantes no son capaces.

»En la Jonia y en todos los países sometidos al dominio de los bárbaros está declarada esta costumbre como vergonzosa e igualmente se han proscrito la filosofía y la gimnasia. Y es porque los tiranos indudablemente no quieren que entre sus súbditos surjan individuos de gran valor, ni amistades ni uniones vigorosas, que son las que forma el Amor. Los tiranos de Atenas hicieron la experiencia de ellos en otros tiempos. La pasión de Aristogitón y la fidelidad de Harmodios derribaron su poderío.

»Es, entonces, visible que en los Estados donde se considera vergonzoso conceder sus favores a quien nos ama, procede esa severidad de la iniquidad de los que la han establecido, de la tiranía de los gobernantes y de la cobardía de los gobernados, pero en los países donde simplemente se dice que está bien conceder sus favores a quien nos ama, esta indulgencia es una prueba de grosería. Todo esto está más sabiamente ordenado entre nosotros.

»Pero, como ya lo he dicho, es más difícil de comprender: por una parte se dice que es preferible amar a los ojos de todo el mundo que amar en secreto y que se debe amar con preferencia a los hombres más generosos y virtuosos, aunque sean menos hermosos que los otros. Es ciertamente sorprendente cómo se interesan todos por los éxitos afortunados de un hombre amado: se le anima, lo que no se haría si no se creyera que es lícito amar; ganarse el afecto del amado se considera bello y el no lograrlo como humillante.

»La costumbre permite al amante el empleo de medios maravillosos para conseguir su objetivo y no hay ni uno solo de estos medios que no fuera capaz de perderle en la estima de los buenos si se sirviera de ellos para otros fines que no sean el hacerse amar.

»Porque si un hombre en el afán de enriquecerse o conseguir un empleo o una influencia de naturaleza análoga se atreviera a tener con alguno la menor complacencia de las que un amante concede al que ama, si recurriera a las súplicas, si uniera a estas las lágrimas, jurara, se acostara delante de su puerta y descendiera a mil bajezas de las que un esclavo se avergonzara, no habría ni amigo ni enemigo que no le impidiera envilecerse hasta ese extremo. Los unos le echarían en cara su forma de conducirse, propia de un adulador y un esclavo; los otros se avergonzarían y tratarían de corregirlo. Y todo esto, no obstante, no solo no está mal en un hombre que ama, sino que, al contrario, le sienta maravillosamente; no solamente se soportan las bajezas sin ver en ellas nada deshonroso, sino se le aprecia como a un hombre que cumple bien su deber; y lo más extraño todavía es que los amantes son los únicos perjuros a los que no castigan los dioses, porque se dice que en el amor no obligan los juramentos, ya que es cierto que en nuestras costumbres los hombres y los dioses permiten todo a los amantes.

»No hay, entonces, nadie que acerca de esto no esté persuadido de que en esta ciudad es muy loable amar y ser amigo del amado. Y desde otro punto de vista, si se concediera con qué cuidado coloca un padre cerca de sus hijos a un preceptor que vele por ellos y que el deber principal de este preceptor es impedir que hablen con los que los aman; que sus mismos camaradas se burlan de ellos si los ven mantener un comercio semejante y que los ancianos no se oponen a estas burlas y no riñen a sus autores; al ver esto que es costumbre en nuestra ciudad, ¿no se creería que vivimos en una país donde la gente se avergüenza de formar semejantes amistades íntimas?

»He aquí cómo hay que explicar esta contradicción: el amor, como dije antes, no es bello ni feo por sí mismo. Es bello si se ama obedeciendo a las leyes de la honorabilidad, y feo si se ama faltando a ellas; porque no es honrado conceder sus favores a un hombre vicioso y por malos motivos, y es honorable rendirse por buenas causas al amor de un hombre que practica la virtud. Llamo hombre vicioso al amante popular que ama al cuerpo con preferencia al alma, porque su amor no podrá ser duradero, pues que ama una cosa que no dura.

»Cuando la flor de la belleza que él ama se marchite, le verán desaparecer sin acordarse de sus palabras ni de ninguna de sus promesas. Pero el amante de un alma bella permanece fiel toda la vida porque ama lo que es duradero.

»Debido a esto quiere la costumbre que antes de obligarnos examinemos bien; que nos entreguemos a unos y huyamos de otros; la costumbre anima a unirse a aquellos y a evitar a estos, porque discierne y juzga de qué especie es el que ama lo mismo que el que es amado.

»Es deducible de esto que debe dar vergüenza entregarse muy pronto, porque se exige la prueba del tiempo que hace se conozcan mejor todas las cosas. Del mismo modo es vergonzoso ceder a un hombre rico y poderoso, sea que se sucumba por temor o por debilidad o por dejarse deslumbrar por el dinero o por la esperanza de conseguir empleos, porque aparte de las razones de esta índole no puede engendrar nunca una amistad generosa, se basan además sobre fundamentos poco sólidos y poco durables. Queda un solo motivo con el cual, según nuestras costumbres, se puede favorecer honorablemente a un amante, porque lo mismo que el servir voluntariamente un amante al objeto de su amor nos es considerado como adulación y no se le reprocha, hay del mismo modo una especie de servidumbre voluntaria que nunca puede ser criticada, y es aquella a que uno se obliga por la virtud.

»Nosotros estimamos que si un hombre se une a otro en la esperanza de perfeccionarse, gracias a él, en una ciencia o en la virtud, esta servidumbre voluntaria no tiene nada de vergonzosa y no puede ser calificada de adulación. Es necesario que se mire al amor como a la filosofía y a la virtud y que sus leyes tiendan al mismo fin que la de estas, si se quiere que sea honorable favorecer al que nos ama; porque si el amante y el amado se aman mutuamente en estas condiciones, a saber, que el primero, agradecido a los favores del que ama, esté dispuesto a prestarle cuantos servicios le permita rendirle la equidad, y que por su parte el amado tenga con él todas las complacencias convenientes en reconocimiento del empeño de su amante en tomarle sabio y virtuoso: si el amante es ciertamente capaz de infundir ciencia y virtud al que ama, y el amado tiene un verdadero deseo de adquirir instrucción y ciencia, si todas estas condiciones se reúnen, únicamente entonces será decoroso conceder sus favores a quien nos ama.

»Ningún otro motivo puede ser permitido para amar, pero en este caso no será vergonzoso el verse engañado; en todos los demás sí, sea un engañado o no. Porque si en la esperanza de la ganancia se abandona uno a un amante al que se le creía rico y luego se reconoce que es pobre y que no puede cumplir la palabra que dio, la vergüenza no es menor, porque se ha hecho ver que ante la perspectiva de un provecho se puede hacer todo por todo el mundo, lo que dista mucho de ser bello.

»Al contrario: si después de haber favorecido a un amante creyéndole honorable y en la esperanza de volverse mejor a través de su amistad se descubre que este amante no es honorable ni posee virtud, es hermoso verse engañado de tal forma, porque el engaño ha hecho ver el fondo de su corazón; se ha probado que por la virtud, y en la esperanza de llegar a un grado mayor de perfección, se era capaz de emprender todo, y nada más glorioso que esto.

»Es hermoso, entonces, amar por la virtud; este Amor es el de Afrodita celestial, y es celestial por sí mismo, beneficioso para los particulares y los Estados y digno de ser objeto de sus principales estudios, dado que obliga al amante y al amado a velar por ellos mismos a fin de esforzarse en ser mutuamente virtuosos. Todos los otros amores pertenecen a la Afrodita popular. Aquí tienes, Fedro, todo lo que en honor tuyo puedo improvisar acerca del Amor.

Calló Pausanias y a Aristófanes le llegó el turno de hablar, como le dijo Aristodemos, pero no pudo por atacarle un hipo debido a haberse excedido en la comida o a cualquier otra causa. En su apuro, se dirigió al médico Erixímaco, a cuyo lado estaba sentado, y le dijo:

»—Es necesario, Erixímaco, que me libres de este hipo o que hables por mí hasta que se me haya pasado.

»—Haré lo uno y lo otro —contestó Erixímaco—, porque hablaré en tu lugar y tú en el mío cuando cese tu hipo. Si quieres que tu incomodidad pase muy pronto, retén algún tiempo la respiración mientras hablo, y si no haz gárgaras con un poco de agua. Si el hipo es demasiado violento, busca algo con que hacerte cosquillas en la nariz, estornudarás, y si lo repites un par de veces cesará infaliblemente el hipo.

»—Bueno; empieza a hablar mientras hago lo que me has indicado.

»Erixímaco habló en los siguientes términos:

DISCURSO DE ERIXÍMACO

«Pausanias inició muy bien su discurso, pero el final no me ha parecido suficientemente desarrollado, por lo que me creo obligado a completarlo. Apruebo la distinción que ha hecho de los dos amores, pero creo haber descubierto por mi parte, la medicina, que el amor no reside solamente en el alma de los hombres, donde tiene por objeto la belleza, sino que del mismo modo tiene otros muchos objetos, que se encuentran en muchas otras cosas, en los cuerpos de todos los animales, en los productos de la tierra, en una palabra, en todos los seres; y que la grandeza y las maravillas del dios se manifiestan en todo, lo mismo en las cosas divinas que en las humanas. Y para rendir honores a mi arte elegiré en la medicina mi primer ejemplo.

»La naturaleza corporal contiene los dos amores, porque las partes del cuerpo que están sanas y las enfermas constituyen necesariamente cosas diferentes y heterogéneas, y lo heterogéneo desea y se siente atraído por lo heterogéneo. El amor que reside en un cuerpo sano no es el mismo que reside en un cuerpo enfermo; y la máxima que Pausanias acaba de establecer que es bello conceder sus favores a un amigo virtuoso, y vergonzoso entregarse a quien está animado de una pasión desarreglada, es aplicable al cuerpo; es bello y hasta necesario ceder a lo que hay de bueno y sano en cada temperamento, y al contrario, no solo es vergonzoso complacer a todo lo que hay de malsano y depravado, sino que es necesario hasta combatirlo, si se quiere ser un buen médico. Porque, para decirlo en pocas palabras, la medicina es la ciencia del amor en los cuerpos en su relación con la repleción y la evacuación, y el médico, que sabe diferenciar mejor en este punto el amor ordenado del vicioso, debe ser estimado como el más hábil, y aquel que dispone de tal forma de las inclinaciones del cuerpo que puede cambiarlas según sea necesario, introducir el amor donde no existe y donde es necesario y arrancarlo de donde es vicioso, este es un excelente artista, porque es necesario que sepa establecer la amistad entre los elementos más enemigos e inspirarles un amor mutuo.

»Los elementos más enemigos son los más contrarios, como el frío y el calor, lo seco y lo húmedo, lo amargo y lo dulce y otros de la misma especie. Por haber encontrado el medio de establecer el amor y la concordia entre estos contrarios es por lo que Esculapio, el jefe de nuestra familia, inventó la medicina, como dicen los poetas, y yo lo creo. Me atrevo a asegurar que el amor preside a la medicina. Con poco que se fije la atención se reconocerá igualmente su presencia en la música, y esto debe ser lo que Heráclito quiso decir probablemente aunque se expresara mal. La unidad, dijo, que se opone a sí misma, se pone de acorde consigo misma; produce, por ejemplo, la armonía de un arco o de una lira.

»Decir que la armonía es una oposición o que consiste en elementos opuestos, es un gran irrisorio, pero Heráclito entendía al parecer que en los elementos opuestos en principio, como lo grave y lo agudo, y puestos de acuerdo después, es donde el arte musical encuentra la armonía. En efecto, la armonía no es posible mientras lo grave y lo agudo permanezcan opuestos, porque la armonía es una consonancia y la consonancia un acorde, y no puede haber acuerdo entre dos cosas opuestas mientras estén opuestas; debido a esto las cosas opuestas que no están de acuerdo no producen armonía. Debido a esto mismo las largas y las breves, que son opuestas entre sí, cuando se ponen de acuerdo componen el ritmo. Y aquí es la música, como antes la medicina, la que produce el acorde estableciendo el amor y la concordia entre los contrarios. La música es, entonces, la ciencia del amor en lo relativo al ritmo y a la armonía.

»No es difícil reconocer la presencia del amor en la constitución del ritmo y de la armonía; allí no se encuentran dos amores, pero cuando se trata de hombres, sea inventando lo que se llama composición musical, sea sirviéndose a propósito de los aires y de las medidas ya inventadas, que es lo que se denomina educación, entonces hace falta una gran atención y un hábil artista. Este es el momento de aplicar la máxima antes establecida: que es necesario complacer a los hombres moderados y a los que están en camino de serlo y fomentar su amor, el amor legítimo y celestial, el de la musa Urania. Pero en cambio se debe proceder con suma cautela con el amor de Polimnia, que es el amor vulgar no favoreciéndolo más que con una gran reserva, de forma que el agrado que procura no puede conducir nunca al desarreglo.

»La misma circunspección es necesaria en nuestro arte para regular el uso de los placeres de la mesa, de una forma tan acertada que se pueda disfrutar de ellos sin perjudicar a la salud.

»Debemos, entonces, distinguir cuidadosamente estos dos amores en la medicina, en la música y en todas las cosas divinas y humanas, dado que no hay ninguna donde no se encuentre. Del mismo modo, se hallan en la constitución de las estaciones que componen el año, porque todas las veces que los elementos de los que hablé hace poco: el frío, lo caliente, lo húmedo y lo seco, contraen los unos por los otros un amor ordenado y componen una armonía justa y moderada, el año adquiere fertilidad y es saludable a los hombres, a las plantas y a todos los animales sin perjudicarlos en nada. Pero cuando es el amor intemperante el que prevalece en la constitución de las estaciones, destruye y arrasa casi todo, engendra la peste y toda clase de enfermedades que atacan a los animales y las plantas; las heladas, el granizo y el tizón provienen de este amor desordenado de los elementos.

»La ciencia del amor en el movimiento de los astros y las estaciones del año se denomina Astronomía. Los sacrificios, el empleo de la adivinación, es decir, todas las comunicaciones de los hombres con los dioses, no tienen más objeto que mantener o curar el amor, porque toda nuestra impiedad viene de que en todos nuestros actos no buscamos ni honramos al mejor amor, sino al peor en nuestras relaciones con los seres vivientes, los nuestros y los dioses. Lo propio de la divinidad es vigilar y conservar estos dos amores. La adivinación es, entonces, la obrera de la amistad que existe entre los dioses y los hombres, porque sabe todo lo que hay de santo o de impío en las inclinaciones humanas. Por eso puede decirse en general con verdad que el amor es poderoso y hasta que su poder es universal, pero es cuando se aplica al bien y está reglado por la justicia y la templanza, tanto según nuestra forma de ser como de la de los dioses, y entonces se manifiesta en todo su poderío y nos procura una felicidad perfecta haciéndonos vivir en paz los unos con los otros y conciliándonos la benevolencia de los dioses, cuya naturaleza está muy por encima de la nuestra.

»Puede ser que omita muchas cosas en este elogio del amor, pero será involuntariamente. A ti, Aristófanes, te corresponde suplir lo que se me haya escapado. No obstante, si proyectas honrar al dios de otra forma, hazlo y empieza ya que se te quitó el hipo».

»Aristófanes dijo:

»—Se me ha quitado, efectivamente y no ha podido ser más que por el estornudar, y me admiro de que para restablecer el orden de la economía del cuerpo sea necesario un movimiento como ese, acompañado de ruidos y agitaciones ridículas. Porque el estornudo hizo que el hipo cesara inmediatamente.

»—Ten cuidado, mi apreciado Aristófanes —dijo Erixímaco—; bromeas cuando estás a punto de tomar la palabra, y cuando podrías discursear en paz me obligas a vigilarte para ver si no dirás nada que excite la risa.

»—Tienes razón, Erixímaco —dijo Aristófanes sonriendo—. Hazte la cuenta de que no he dicho nada y no me vigiles, porque no temo hacerles reír con mi discurso, que es el objeto de mi musa y que para ella significaría un gran triunfo, pero sí decir cosas ridículas.

»—Después de haber disparado la flecha —dijo Erixímaco—, ¿piensas escaparte? Fíjate bien en lo que vas a decir, Aristófanes, y habla como si tuvieras que rendir cuenta de cada una de tus palabras, y puede ser que si me parece bien te trate con indulgencia.

Discurso de Aristófanes

«Sea como quieras, Erixímaco, me propongo hablar de forma muy distinta a como tú y Pausanias.

»Me parece que los hombres han ignorado por completo hasta ahora el poder del Amor, porque si lo conocieran le habrían erigido templos y altares magníficos y le ofrendarían suntuosos sacrificios, lo que no es costumbre ahora, aunque nada como esto sería tan conveniente, porque de todos los dioses es el que reparte más beneficios a los hombres, es su protector y el médico que los cura de los males que impiden al género humano llegar al colmo de la felicidad. Voy, entonces, a tratar de hacerles conocer el poder del amor y ustedes enseñarán a los demás lo que han aprendido de mí. Pero es fuerza empezar por decirles cuál es la naturaleza del hombre y las modificaciones que ha sufrido.

»La naturaleza humana era antes muy diferente de como es hoy día. Al principio hubo tres clases de hombres, los dos sexos que subsisten hoy día y un tercero compuesto de estos dos y que ha sido destruido y del cual solo queda el nombre. Este animal formaba una especie particular que se llamaba andrógina porque reunía el sexo masculino y el femenino, pero ya no existe y su nombre es un oprobio. En segundo lugar, tenían todos los hombres la forma redonda, de forma que el pecho y la espalda eran como una esfera y las costillas circulares, cuatro brazos, cuatro piernas, dos caras fijas a un cuello orbicular y perfectamente parecidas; una sola cabeza reunía estas dos caras opuestas la una a la otra; cuatro orejas, dos órganos genitales y el resto de la misma proporción. Marchaban erguidos como nosotros y sin tener necesidad de volverse para tomar todos los caminos que querían. Cuando querían ir más deprisa se apoyaban sucesivamente sobre sus ocho miembros y avanzaban rápidamente por un movimiento circular, como los que con los pies en el aire hacen la rueda.

»La diferencia que se encuentra entre estas tres especies de hombres procede de la diferencia de sus principios: el sexo masculino está producido por el Sol, el femenino por la Tierra y el compuesto de los otros dos por la Luna, que participa de la Tierra y del Sol. Tenían de estos principios su forma, que es esférica, y su forma de moverse. Sus cuerpos eran robustos y vigorosos y sus ánimos esforzados, lo que les inspiró la osadía de subir hasta el cielo y combatir contra los dioses, como Homero lo ha escrito de Efialtes y de Otus. Zeus examinó con los dioses el partido que se debería adoptar. La cuestión presentaba dificultades porque los dioses no querían aniquilarlos como hicieron con los gigantes fulminando rayos contra ellos, pero por otra parte, no podían dejar sin castigo su atrevida insolencia.

»Por fin, después de largas reflexiones, y de tener en cuenta que si los hombres dejaban de existir del mismo modo desaparecerían el culto y los sacrificios que aquellos les tributaban, se expresó Zeus en estos términos: Creo haber encontrado un medio de conservar a los hombres y de tenerlos más reprimidos, y es disminuir sus fuerzas. Los separaré en dos y así los debilitaré y al mismo tiempo tendremos la ventaja de aumentar el número de los que nos sirvan: andarán derechos sostenidos solamente por dos piernas, y si después de este castigo conservan su impía audacia y no quieren estar tranquilos, los separaré de nuevo y se verán obligados a andar sobre un pie solo, como los que en las fiestas en honor de Dionisio bailan sobre un pellejo de vino.

»Después de esta declaración hizo el dios la separación que acababa de resolver, cortó a los hombres en dos mitades, lo mismo que hacen los hombres con la fruta cuando la quieren conservar en almíbar o cuando quieren salar los huevos cortándolos con una crin, partiéndolos en dos partes iguales.

»A continuación, ordenó a Apolo que curara las heridas y que colocara la cara y la mitad del cuello en el lado por donde se había hecho la separación, a fin de que la vista del castigo los volviera más modestos. Apolo les puso la cara del modo indicado y recogiendo la piel cortada sobre lo que hoy se llama el vientre, la reunió a la forma de una bolsa que se cierra dejando una abertura en medio, que es lo que llamamos ombligo.

»Pulió los demás pliegues, que eran numerosos, y arregló el pecho dándole forma con un instrumento parecido al que emplean los zapateros para pulir el cuero sobre la horma y dejó solamente algunos pliegues sobre el vientre y el ombligo, como recuerdo del castigo anterior. Una vez hecha esta división, cada mitad trató de encontrar aquella de la que había sido separada y cuando se encontraban se abrazaban y se unían con tal ardor en su deseo de volver a la primitiva unidad, que perecían de hambre y de inanición en aquel abrazo, no queriendo hacer nada la una sin la otra.

»Cuando una de estas mitades perecía, la que la sobrevivía buscaba otra a la que de nuevo se unía, fuera esta la mitad de una mujer entera, lo que hoy llamamos una mujer, o un hombre, y así iba extinguiéndose la raza. Movido Zeus a compasión, imagina un nuevo expediente: pone delante los órganos de la generación, que antes estaban detrás; se concebía y vertía la semilla, no el uno en el otro, sino sobre la tierra como las cigarras. Zeus puso delante aquellos órganos y de esta forma se verificó la concepción por la conjunción del varón con la hembra. Entonces si la unión se verificaba entre el hombre y la mujer, eran los hijos el fruto de ella, pero si el varón se unía al varón, la saciedad los separaba muy pronto y volvían a sus trabajos y otros cuidados de la vida.

»De ahí procede el amor que en efecto sentimos los unos por los otros, que nos vuelve a nuestra primitiva naturaleza y hace todo para reunir las dos mitades y restablecernos en nuestra antigua perfección. Cada uno de nosotros no es por tanto más que una mitad de hombre que ha sido separado de un todo de la misma forma que se parte en dos un lenguado. Estas dos mitades se buscan siempre.

»Los hombres que proceden de la separación de aquellos seres compuestos que se llamaban andróginos aman a las mujeres, y la mayor parte de los adúlteros pertenecen a esta especie, de la que del mismo modo forman parte las mujeres que aman a los hombres y violan las leyes del himeneo. Pero las mujeres que provienen de la separación de las mujeres primitivas no prestan gran atención a los hombres y más bien se interesan por las mujeres; a esta especie pertenecen las lesbianas.

»Los hombres procedentes de la separación de los hombres primitivos buscan de igual forma el sexo masculino. Mientras son jóvenes aman a los hombres, disfrutan durmiendo con ellos y en estar entre sus brazos y son los primeros entre los adolescentes y los adultos, como si fueran de una naturaleza mucho más viril.

»Sin ninguna razón se los acusa de no tener pudor, y no es por falta de pudor por lo que proceden así; es porque poseen un alma esforzada y valor y carácter viriles por lo que buscan a sus semejantes, y la prueba es que con la edad se muestran más aptos para el servicio del Estado que los otros. Cuando llegan a la edad viril, aman a su vez a los adolescentes y jóvenes, y si se casan y tienen hijos, no es por seguir los impulsos de su naturaleza, sino porque la ley los constriñe a ello. Lo que ellos quieren es pasar la vida en el celibato juntos los unos y los otros.

»El único objetivo de estos hombres, sean amantes o amados, es reunirse con sus semejantes. Cuando uno de estos ama a los jóvenes o en otro llega a encontrar su mitad, la simpatía, la amistad y el amor se apoderan del uno y del otro de tal forma, de tan maravillosa forma, que ya no quieren separarse, aunque solo sea un momento.

»Estos hombres que pasan toda la vida juntos, no sabrían decir qué es lo que quieren el uno del otro, porque si encuentran tanta dulzura en vivir así no parece que los placeres de los sentidos sean causa de ello. Su alma desea evidentemente alguna otra cosa que no puede expresar, pero que adivina y da a entender.

»Y cuando están reposando en el lecho estrechamente abrazados, si Hefesto se presentase ante ellos con los instrumentos de su arte y les dijera: "¡Hombres!, ¿qué es lo que piden recíprocamente?", y si viéndoles titubear continuara preguntándoles: "Lo que quieren, ¿no es estar unidos de tal forma que ni de día ni de noche estén nunca el uno sin el otro? Si es esto lo que desean, voy a fundirles y a mezclarles de tal forma que cesarán de ser dos personas para no ser más que una y mientras vivan vivirán una vida común, como una sola persona, y cuando mueran estarán unidos de tal forma que no serán dos personas, sino del mismo modo una sola. Vean, entonces, si es esto que desean lo que puede hacerles completamente felices".

»Sí; si Hefesto les hablara de esta forma es seguro que ninguno de ellos rehusaría ni respondería que deseaba otra cosa, persuadido de que lo que acababa de oír expresaba lo que siempre existía en el fondo de su alma: el deseo de estar unido y confundido con el objeto amado de forma que no formara con él más que un solo ser. La causa es que nuestra primitiva naturaleza era una y que nosotros éramos un todo completo. Se da el nombre de amor al deseo de volver a recobrar aquel antiguo estado.

»Primitivamente, como ya he dicho, éramos uno, pero después en castigo a nuestra iniquidad, fuimos separados por Zeus, como los de Arcadia por los lacedemonios.

»Debemos tener sumo cuidado de no cometer ninguna falta contra los dioses, por temor a tener que sufrir una segunda división y tener que ser como las figuras representadas de perfil en los bajorrelieves que no tienen más que media cara o como dados cortados en dos.

»Es necesario que todos nos exhortemos a reverenciar a los dioses a fin de evitar un nuevo castigo y conseguir volver a nuestro estado primitivo por la intercesión del amor. Que nadie se muestre hostil al amor, porque con esto se atraería el odio de los dioses. Procuremos, entonces, merecer la benevolencia y el favor de este dios, y él nos hará encontrar la otra parte de nosotros mismos, felicidad que hoy día no alcanzan más que poquísimas personas.

»Que Erixímaco no critique estas últimas palabras creyendo que con ellas aludo a Pausanias y a Agatón, porque quizá pertenecen ambos a ese pequeño número y del mismo modo a la naturaleza masculina. Sea como quiera, estoy seguro de que todos, hombres y mujeres, seremos felices si, gracias al amor, encontramos cada uno nuestra mitad y volvemos a la unidad de nuestra naturaleza primitiva. Y si este antiguo estado es el mejor, el que más se le aproxima en este mundo, tiene que ser por fuerza el mejor, y es el poseer un amado como se deseaba.

»Si, entonces, tenemos que alabar al dios que nos procura esta felicidad, alabemos al amor, que no solamente nos sirve mucho en esta vida, conduciéndonos a los que nos es propio, sino porque además de los más poderosos motivos para esperar que si tributamos fielmente a los dioses lo que les es debido, él nos devolverá a nuestra primitiva naturaleza después de esta vida, curará nuestras enfermedades y nos proporcionará una pura felicidad.

»He aquí, Erixímaco, mi discurso en elogio del amor; es diferente del tuyo, pero vuelvo a pedirte una vez más que no te burles de él y así podremos escuchar los otros, mejor dicho, los dos otros, porque solamente faltan por hablar Sócrates y Agatón».

»—Te obedeceré —dijo Erixímaco—, y con tanto más agrado por lo mucho que tu discurso me ha encantado, tanto que si no conociera la altura a que se eleva la elocuencia de Agatón y Sócrates en la materia del amor, temería mucho que se quedaran muy cortos a tu lado por haber dejado entre todos completamente agotado el tema después de lo que aquí se ha dicho. Y, no obstante, espero mucho de ellos.

»—Has sabido salir muy airoso de la empresa —dijo Sócrates—, pero si en este momento pudiera cambiarte conmigo, Erixímaco, y sobre todo después de que haya hablado Agatón, temblarías de temor y estarías tan apurado como yo.

»—Quieres hacerme víctima de un maleficio —dijo Agatón a Sócrates—, y turbarme haciéndome creer que esta asamblea está nerviosa esperando que me va a oír decir verdaderas maravillas.

»—Muy corto de memoria tendría que ser, apreciado Agatón —replicó Sócrates—, si después de haberte visto subir a la escena tan tranquilo y seguro de ti mismo y rodeado de comediantes escuchado recitar tus versos sin el menor asomo de emoción y mirando a la concurrencia, me imaginara que te ibas a turbar delante de unos cuantos oyentes.

»—¡Ah apreciado Sócrates! —dijo Agatón—, no creas que me embriagarán tanto los aplausos del teatro para hacerme olvidar que para el hombre sensato el juicio de un pequeño número de sabios es mucho más de temer que el de una multitud de locos.

»—Sería injusto, Agatón, amigo mío, si tuviese tan mala opinión de ti; estoy persuadido de que si te encontraras con un pequeño número de personas a las que creyeras sabias, las preferirías a la muchedumbre; pero nosotros quizá no nos contamos en ese número, porque estuvimos en el teatro y formamos parte del gentío. Pero suponiendo que te encontrases con otros que fueran sabios, ¿no temerías hacer algo que pudieran desaprobarte? ¿Qué crees?

»—Que tienes razón —dijo Agatón.

»Fedro no le dejó contestar, porque tomó la palabra y dijo:

»—Si continúas contestando a las preguntas que te haga Sócrates, no se apurará por no tenerte que preguntar, porque no hay nada que le agrade tanto como poder hablar, sobre todo si su interlocutor es bello. No puedo negar que disfruto oyendo hablar a Sócrates, pero debo cuidar de que el Amor reciba los elogios que le hemos prometido y de que cada uno de nosotros pague su tributo. Cuando estén en paz con el dios podrán reanudar su charla.

DISCURSO DE AGATÓN

«—Tienes razón, Fedro —dijo Agatón—, y nada me impide que hable, porque en otra ocasión podré reanudar la conversación con Sócrates. Voy primeramente a establecer el plan de mi discurso y después empezaré.

»Me parece que todos los que hasta ahora han hablado ha sido, más que alabando al Amor, felicitando a los hombres por la dicha que este dios les concede, pero, ¿quién es el autor de tantos beneficios? Nadie lo ha dado a conocer. Y, no obstante, la única forma de alabar es explicar la naturaleza de la cosa de que se trata y desarrollar los efectos que produce.

»Así, para elogiar al amor, hay que decir primeramente quién es y a continuación hablar de sus beneficios.

»Digo, entonces, que de todos los dioses, si puede decirse sin cometer un crimen, es el más feliz, porque es el más bello y el mejor.

»Es el más bello, porque primeramente, Fedro, es el más joven de los dioses, y él mismo prueba lo que digo, dado que en su carrera se escapa a la vejez, y eso que su carrera va bastante de prisa, como se ve, más de prisa al menos de lo que nos conviene. El Amor la detesta en efecto y huye de ella cuando puede; en cambio acompaña a la juventud y se complace en ir con ella, porque la antigua máxima dice que lo parecido se une siempre a lo parecido.

»Así es que estando de acuerdo con Fedro en muchos otros puntos, no convengo en ello con él en que el Amor sea más antiguo que Saturno y Japetos. Mantengo, al contrario, que es el más joven de los dioses y que su juventud es eterna. Estas viejas querellas de los dioses que nos refieren Hesíodo y Parménides, si fueron ciertas, que no lo sabemos, se producirían bajo el imperio de la necesidad y no del Amor, porque entre los dioses no hubiera habido mutilaciones ni cadenas ni tantas otras violencias si el Amor hubiera estado con ellos, y la paz y la amistad los habrían unido como ahora desde que el Amor es el que reina entre ellos.

»Es, entonces, cierto que es joven y además delicado. Pero haría falta un poeta como Homero para cantar la delicadeza de este dios. Homero dice que Ate es diosa y delicada: "Sus pies, dice, son delicados, porque nunca los posa sobre la tierra, pues marcha pisando la cabeza de los hombres".

»Me parece que es bastante decir para probar lo delicada que es Ate, que no se apoya en lo que es duro, sino en la que es suave. Me serviré de una prueba parecida para mostrarles cuán delicado es el Amor. No anda sobre la tierra ni sobre las cabezas, que no presentan un punto de apoyo muy suave, pero sí camina y se reposa sobre las cosas más tiernas, porque es en los corazones y las almas de los dioses y de los hombres donde establece su morada.

»Y todavía no en todas las almas, porque se aleja de los corazones duros y no se reposa más que en los corazones tiernos. Y como nunca toca con el pie ni con ninguna otra parte de su cuerpo más que la parte más delicada de los seres más delicados, es necesario que por fuerza sea de una extremada delicadeza. Es, entonces, el más joven y el más delicado de los dioses. Además, es de una esencia sutil, porque si no no podría extenderse en todos sentidos ni penetrar inadvertido en todas las almas ni salir de ellas si fuera de una sustancia sólida, y lo que sobre todo hace reconocer en él una esencia sutil y moderada es la gracia que, según voz general, le diferencia eminentemente, porque el amor y la fealdad están en continua pugna. Como vive entre las flores, no se puede dudar de la frescura de su tez. Y, en efecto, el Amor no se detiene nunca en donde no hay flores o ha dejado de haberlas, sea en un cuerpo, en un alma o en cualquier otra cosa, pero se posa y permanece donde encuentra flores y perfumes delicados. Se podrían aportar muchas otras pruebas de la belleza de este dios, mas estas son suficientes.

»Hablemos ahora de su virtud. La ventaja mayor de que disfruta el Amor es que no puede recibir ofensa alguna por parte de los dioses ni de los hombres, a los que tampoco podría él ofender, porque si sufre o hace sufrir es sin constreñir, porque la violencia y el Amor son incompatibles. Al Amor se le someten voluntariamente los hombres y a todo acuerdo adaptado voluntariamente lo declaran justo las leyes, reinas del Estado.

»Pero el Amor no es solamente justo, es además de la mayor temperancia, porque esta consiste en triunfar de los placeres y de las pasiones; pero ¿hay algún placer que supere al amor? Si todos los placeres y pasiones son inferiores al amor es porque este los domina, y si los domina tiene que tener por fuerza una templanza incomparable.

»En referente a su fuerza, ni la de Ares puede igualársele, porque no es Ares quien posee al Amor, sino el Amor a Ares; del Amor de Afrodita, dicen los poetas: el que posee es más fuerte que el poseído, y sobrepujar al que sobrepuja a los demás, ¿no es ser el más fuerte de todos? Después de haber hablado de la justicia, de la templanza y de la fuerza de este dios, nos resta todavía probar su habilidad.

»Procuremos cuanto nos sea posible no ser parcos al ponderarla. Para honrar a mi arte, como Erixímaco ha apreciado honrar al suyo, diré que el Amor es un poeta tan hábil que de quien mejor le parece hace un poeta. Y llega a serlo efectivamente, por extraño que antes se fuera a las Musas, en cuanto el Amor le inspira, lo que prueba que el Amor descuella en todas las obras propias de las Musas, porque no se enseña lo que se ignora, como no se da lo que no se tiene. ¿Podrá negarse que todos los seres vivientes son obra del Amor desde el punto de vista de su producción y de su nacimiento? ¿Y no vemos que en todas las artes quien ha recibido lecciones del Amor se hace hábil y célebre, mientras permanece oscuro cuando no está inspirado en ese dios?

»Bajo el dominio del Amor y de la pasión descubrió Apolo el arte de disparar el arco, la medicina y la adivinación, de forma que puede decirse que es el discípulo del Amor, como lo son las Musas en la música, Hefesto en el arte de forjar los metales, Minerva en el de tejer y Zeus en el de gobernar a los dioses y los hombres. Si la concordia se restableció entre los dioses, es necesario atribuirla al Amor, es decir, a la belleza, porque el Amor no se aviene con fealdad.

»Antes del Amor, como he dicho al principio, pasaron muchas cosas deplorables entre los dioses durante el reinado de la necesidad. Mas apenas nació este dios brotaron del Amor toda clase de bienes para los dioses y los hombres. He aquí, Fedro, por qué me parece que el Amor es muy bello y muy bueno, y además comunica a los otros estas mismas ventajas.

»Terminaré con su homenaje poético; es el Amor quien da la paz a los hombres, la calma al mar, el silencio a los vientos, un lecho y el sueño al dolor.

»Es el que aproxima a los hombres impidiéndoles ser unos extraños; es el principio y lazo de unión de toda sociedad, de toda reunión amistosa, y preside las fiestas, los coros y los sacrificios; llena de dulzura y destierra la aspereza. Es pródigo en benevolencia e impide el odio. Propicio a los buenos, admirado de los sabios, grato a los dioses, objeto de los deseos de los que todavía no lo tienen, precioso tesoro de los que lo poseen, padre del lujo, de las delicias, de la voluptuosidad, de los dulces encantos, de los tiernos deseos y de las pasiones; vela por los buenos y descuida a los malos.

»En nuestras penas, en nuestros temores, en nuestras añoranzas y en nuestras palabras es nuestro consejero, nuestro sostén y nuestro salvador. Es, en fin, la gloria de los dioses y de los hombres, el mejor y más hermoso de los dueños a quien todo mortal debe de seguir y repetir en loor suyo los himnos que él mismo canta para derramar la dulzura entre los dioses y entre los hombres. A este dios, Fedro, consagro mi discurso, que he pronunciado lo mejor que he podido.

»Cuando Agatón terminó de hablar, le aplaudieron todos los oyentes, que declararon que había hablado de una forma digna de un dios y de él; después se dirigió Sócrates a Erixímaco:

»—Y bien, hijo de Acumenos —dijo—, ¿no tenía yo motivos de temor y no he sido buen profeta cuando les anuncié que Agatón pronunciaría un admirable discurso y me pondría en un grave aprieto?

»—Has sido un buen profeta —dijo Erixímaco—, al decirnos que Agatón hablaría muy bien; pero me figuro que no al predecirles que ibas a estar en una situación difícil.

»—Pero, apreciado amigo —replicó Sócrates—, ¿quién no se apuraría tanto como yo teniendo que hablar después de un discurso tan bello, tan variado y tan admirable en todas sus partes, pero principalmente al final, en que las expresiones son de una belleza tan acabada que no se las podría escuchar sin sentirse emocionado? Me siento tan incapaz de decir nada tan bello, que avergonzado habría desertado de mi puesto si me pudiera haber sido posible, porque la elocuencia de Agatón me ha recordado a Gorgias hasta tal punto, que verdaderamente me ha ocurrido lo que dice Homero: «Temí que al acabar Agatón no lanzara sobre mi discurso la cabeza de Gorgias, el terrible orador, y petrificara mi lengua». Al mismo tiempo reconocí mi ridiculez al comprometerme con ustedes a celebrar al Amor cuando me llegara el turno, y sobre todo al vanagloriarme de ser un sabio en el amor, yo que no sé alabar nada. En efecto, hasta ahora había sido bastante ingenuo para creer que en un panegírico solo debían citarse hechos verdaderos; que esto era lo esencial y que después solo se trataría de escoger entre esas cosas las más bellas y disponerlas de la forma más conveniente. Tenía, entonces, gran esperanza en hablar bien, creyendo saber la verdadera forma de alabar. Pero parece que este método no vale nada y que es necesario atribuir las mayores perfecciones al objeto cuyo elogio se ha propuesto hacer, aunque no las tenga, porque la veracidad o la falsedad en esto no tienen importancia, como si se hubiese convenido, a lo que parece, en que cada uno de nosotros aparentara hacer el elogio del Amor, pero en realidad no lo hiciera. Debido a esto me figuro que atribuyen al Amor todas las perfecciones y, ensalzándolo, lo hacen causa de tan grandes cosas; quieren hacerlo parecer muy bello y muy bueno; me refiero a los que no conocen el asunto, no ciertamente a la gente ilustrada. Esta forma de alabar es hermosa e imponente, pero me era completamente desconocida cuando le prometí alabarlo en el momento en que me llegara mi turno. Ha sido, entonces, mi lengua y no mi corazón quien contrajo este compromiso. Permitidme, por ende, que lo rompa, porque todavía no estoy en disposición de hacerles un elogio de este género. Pero si quieren, hablaré a mi forma, refiriéndome solamente a cosas verdaderas sin caer en el ridículo de pretender contender con ustedes disputándose la elocuencia. Mira, entonces, Fedro, si te conviene escuchar un elogio que no irá más allá de los límites de la verdad y en el que no habrá efectos rebuscados en las palabras ni en su sintaxis.

»Fedro y las otras personas de la asamblea le dijeron que hablara como quisiera.

»—Permíteme entonces, Fedro, que antes haga algunas preguntas a Agatón, a fin de que, seguro de su consentimiento, pueda hablar con más confianza.

»—Puedes preguntarle cuanto gustes —dijo Fedro.

»Y Sócrates comenzó:

DISCURSO DE SÓCRATES

«Encuentro, mi apreciado Agatón, que entraste admirablemente en materia al decir que había que empezar por enseñar ante todo cuál es la naturaleza del amor, e inmediatamente cuáles sus efectos. Este principio me ha complacido. Veamos ahora, después de todo lo magnífico y bello que has dicho de la naturaleza del amor, lo que me contestas a esta pregunta: ¿es el Amor de alguna cosa o de nada? Y no te pregunto si es hijo de un padre o de una madre porque sería ridículo. Pero si, por ejemplo, y a propósito de un padre, te preguntara si es o no padre de alguien, tu respuesta para ser justa debería ser que es padre de un hijo o de una hija; ¿no es así?

»—Sí, indudablemente —dijo Agatón.

»—¿Y sería lo mismo de una madre?

»Agatón volvió a mostrarse conforme.

»—Permíteme que te haga todavía algunas preguntas para descubrirte mejor mi pensamiento: un hermano, por su cualidad de serlo, ¿es hermano de alguien o no?

»—Tiene que ser hermano de alguien —dijo Agatón.

»—De un hermano o de una hermana.

»Agatón dijo que sí.

»—Procura, pues —replicó Sócrates—, mostrarnos si el Amor no es el amor de nada o si lo es de alguna cosa.

»—De alguna cosa seguramente.

»—Retén en tu memoria lo que afirmas y no olvides que el Amor es amor; pero antes de ir más lejos, dime si el Amor desea la cosa de la que es amor.

»—Sí, ciertamente.

»—Pero —prosiguió Sócrates—, ¿posee la cosa que desea y ama o no la posee?

»—Me parece lo más verosímil que no la posea —contestó Agatón.

»—¿Verosímil? Piensa más bien si no es necesario que al que desea le falta la cosa que desea o bien que no la desee si no le falta. A mí, Agatón, me parece necesaria esta consecuencia. ¿Y a ti?

»—A mí del mismo modo.

»—Perfectamente: así, ¿el que es alto desearía ser alto; el que es fuerte, fuerte?

»—Esto es imposible después de lo que hemos convenido.

»—Porque no se puede carecer de lo que se tiene.

»—Tienes razón.

»—Si el que es fuerte —replicó Sócrates, deseara ser fuerte, el que es ágil ser ágil y el que está bien de salud estarlo..., puede ser que alguno se imagine en este caso y otros análogos que los que son fuertes, ágiles y están sanos y poseen todas estas ventajas desean todavía lo que ya poseen. Para que no caigamos en una ilusión semejante es por lo que insisto acerca de esto. Si quieres reflexionar un poco verás que lo que esta gente posee lo posee necesariamente, quiera o no; ¿cómo, entonces, lo desearía? Si alguno rico y hallándose perfectamente bien me dijese: "Estoy rico y sano y deseo la riqueza y la salud; deseo, por ende, lo que ya tengo", podríamos responderle: "Posees riqueza, salud y fuerza; si las deseas es para el porvenir porque ahora, quieras o no, las tienes". Mira, entonces, si cuando dices: "Deseo una cosa que ahora poseo", ¿no significa esto: "Deseo poseer en el porvenir lo que tengo en este momento?". ¿No crees que dirá que sí?

»—Estoy convencido de ello.

»—Pues bien —continuó Sócrates—, ¿no es amar lo que no se está seguro de poseer, lo que no se posee todavía, el desear tenerlo en el porvenir como lo que actualmente se posee?

»—Indudablemente.

»—Entonces, en este caso, como en cualquier otro, quienquiera que desee, desea lo que no está seguro de poseer en aquel momento, lo que no posee, lo que no tiene y lo que le falta. Esto es lo que es desear y amar.

»—Ciertamente.

»—Reparemos —añadió Sócrates—, en todo lo que acabamos de decir. Primero: que el Amor es amor de alguna cosa, y, en segundo lugar, de una cosa que falta.

»—Sí —dijo Agatón.

»—Acuérdate ahora de que, según tú, el Amor es amor. Si quieres te lo recordaré. Has dicho, me parece, que la concordia se restableció entre los dioses por el amor de lo bello, porque no hay amor de la fealdad. ¿No es esto lo que has dicho?

»—En efecto, lo he dicho.

»—Y con razón, apreciado amigo. Y si es así, ¿el Amor es, entonces, el amor de la belleza y no de la fealdad? —Agatón asintió—. Pero ¿no convinimos en que se aman las cosas que nos hacen falta y que no poseemos?

»—Sí.

»—Entonces el Amor carece de belleza y no la posee.

»—Necesariamente.

»—Pero ¿llamas bello a lo que le falta la belleza y no la posee de ninguna clase?

»—No, por supuesto.

»—Y si es así, ¿sigues asegurando todavía que el Amor es bello?

»—Temo mucho no haber comprendido bien lo que dije —dijo Agatón.

»—Hablas muy cuerdamente, Agatón, pero continúa contestándome. ¿Te parece que las cosas buenas son bellas?

»—Me lo parece.

»—Si, entonces, el Amor carece de belleza y lo bello es inseparable de lo bueno, el Amor carece del mismo modo de bondad.

»—Hay que reconocerlo así, porque no hay posibilidad de resistirse a ti, Sócrates.

»—A la verdad, apreciado Agatón, es a la que no es posible resistirse, porque resistirse a Sócrates no tiene ninguna dificultad. Pero ahora voy a dejarte en paz para ocuparme de un discurso que me dijo un día una mujer de Mantinea llamada Diotime. Era una mujer muy versada en todo lo concerniente al Amor y a muchas otras cosas. Ella fue la que prescribió a los atenienses los sacrificios que suspendieron durante diez años una peste que los amenazaba. Todo lo que sé del Amor lo aprendí de ella. Voy a tratar de repetir lo mejor que pueda, después de lo que tú y yo hemos convenido, Agatón, la conversación que tuve con ella; y para no apartarme de tu método, explicaré primero lo que es el Amor y a continuación, cuáles son sus defectos. Me parece que me será más fácil repitiéndoles fielmente la conversación que mantuvimos la extranjera y yo.

»Había dicho a Diotime casi las mismas cosas que Agatón acaba de decir: que el Amor era un gran dios y el amor de lo bello, y ella se servía de las mismas razones que acabo de emplear contra Agatón para probarme que no era bello ni bueno. Le repliqué:

»—Pero ¿qué dices, Diotime, que el Amor es feo y malo?

»—Habla mejor —me dijo ella. ¿Crees que todo lo que no es bello tiene forzosamente que ser feo?

»—Lo creo, sí.

»—¿Y que no se puede carecer de ciencia sin ser un ignorante?, ¿o no has observado que existe un término medio entre la sabiduría y la ignorancia?

»—¿Cuál es?

»—Tener formada una opinión verdadera sin poder dar la razón de ella; ¿no sabes que eso no es ni ser sabio, porque la ciencia tiene que fundarse en razones, ni ser ignorante, dado que a lo que participa de la verdad no se le puede llamar ignorancia? La opinión verdadera ocupa, entonces, el justo término entre la ciencia y la ignorancia. —Confesé a Diotime que tenía razón.

»—Pues no deduzcas entonces —replicó ella—, que todo lo que no es bello tiene necesariamente que ser feo y que todo lo que no es bueno ha de ser por fuerza malo. Y por haber tenido que reconocer que el Amor no es bello ni bueno, no vayas a creer que necesariamente sea feo y malo; creo solamente que es un término medio entre lo uno y lo otro, o sea, entre los contrarios.

»—No obstante —le repliqué—, todo el mundo está de acuerdo en afirmar que el Amor es un dios muy grande.

»—Al decir todo el mundo, ¿a quién te refieres, Sócrates: a los sabios o a los ignorantes?

»—A todo el mundo sin excepción —repuse.

»—¿Cómo puede pasar por un gran dios entre aquellos que ni siquiera lo reconocen por un dios?

»—¿Quiénes pueden ser esos? —dije.

»—Tú y yo —me dijo ella.

»—¿Cómo puedes probármelo?

»—No me va a ser difícil. Dime, ¿no me has dicho que todos los dioses son bellos y dichosos o te atreverías a pretender que hay algunos de ellos que no sean dichosos ni bellos?

»—No, ¡Zeus!

»—¿No llamas dichosos a los poseedores de las cosas bellas y buenas?

»—Ciertamente.

»—Pero conviniste en que el Amor desea las cosas buenas y bellas y que el deseo es una prueba de privación.

»—En efecto, convine en ello.

»—¿Cómo pues —replicó Diotime—, puede el Amor ser un dios estando privado de lo que es bello y bueno?

»—Parece que tiene que ser imposible.

»—¿No ves, entonces, que tú del mismo modo piensas en que el Amor no es un dios?

»—¿Qué —le respondí—, ¿acaso es mortal el Amor?

»—No.

»—Pues entonces dime, Diotime, ¿qué es?

»—Es, como te decía hace un momento, algo intermedio entre lo mortal y lo inmortal.

»—Pero, en fin, ¿qué es?

»—Un gran demonio, Sócrates, porque todo demonio ocupa el medio entre los dioses y los hombres.

»—¿Qué función tienen los demonios? —pregunté.

»—Ser los intérpretes e intermediarios entre los dioses y los hombres, llevar al Cielo las plegarias y sacrificios de los hombres y transmitir a estos los mandatos de los dioses y la remuneración de los sacrificios que les ofrecieron. Los demonios pueblan al intervalo que separa al Cielo de la Tierra y son el lazo que une el gran todo. De ellos proviene toda la ciencia de la adivinación y el arte de los sacerdotes en lo que se refiere a los sacrificios, a los misterios, encantamientos, profecías y la magia. Como la naturaleza divina no entra nunca en comunicación directa con los hombres, es a través de los demonios cómo los dioses alternan y hablan con ellos, sea en el estado de vigilia o durante el sueño. El que es sabio en todo esto es un demonio, y el que es hábil en lo demás, en las artes y en los oficios, un hombre vulgar. Los demonios son numerosos y de varias especies, y el Amor es uno de ellos.

»—¿A qué padres debe el haber nacido? —dije a Diotime.

»—Voy a decírtelo, aunque sea un poco largo —me contestó.

»—Cuando nació Afrodita celebraron los dioses un gran festín y entre ellos se encontraba Poros, hijo de Metis. Después de la gran comida se presentó Penia, solicitando unas migajas sin atreverse a pasar de la puerta. En aquel momento Poros, embriagado del néctar (porque entonces todavía no se bebía vino), salió de la sala y entró en el jardín de Zeus, donde el sueño no tardó en cerrar sus párpados cansados. Penia entonces, instigada por su penuria, ideó tener un hijo de Poros; se acostó a su lado y fue madre del Amor. He aquí por qué el Amor fue el compañero y servidor de Afrodita, dado que fue concebido el mismo día que ella nació, y además porque por su naturaleza ama la belleza y Afrodita es bella. Y como hijo de Poros y de Penia, mira cuál fue su herencia: desde luego es pobre, y lejos de ser hermoso y delicado, como se piensa generalmente, está flaco y sucio, va descalzo, no tiene domicilio, y sin más lecho ni abrigo que la tierra; duerme al aire libre en los quicios de las puertas y en las calles; en fin, está siempre, como su madre, en precaria situación. Pero, por otra parte, ha sacado de su padre el estar siempre sobre la pista de todo lo que es bueno y bello; es varonil, osado, perseverante, gran cazador, siempre inventando algún artificio, ansioso de saber y aprendiendo con facilidad, filosofando incesantemente, encantador, mago y sofista. Por su naturaleza no es mortal ni inmortal; pero en un mismo día está floreciente y lleno de vida mientras está en la abundancia, y luego se extingue para revivir por efecto de la naturaleza paterna. Todo lo que adquiere se le escapa sin cesar, de forma que nunca es rico ni pobre. Al mismo tiempo se encuentra entre la sabiduría y la ignorancia, porque ningún dios filosofa ni desea ser sabio, dado que la sabiduría va anexa a la propia naturaleza divina, y en general quien es sabio no filosofa. Lo mismo ocurre a los ignorantes; ninguno de ellos filosofa ni desea llegar a ser sabio, porque la ignorancia tiene el enojoso defecto de convencer a los que no son hermosos, ni buenos, ni sabios, de que poseen estas cualidades, y nadie desea las cosas de las que no se cree desprovisto.

»—Pero Diotime, ¿quiénes son, entonces, los que filosofan si no lo son los sabios ni los ignorantes?

»—Hasta para un niño es evidente —dijo ella—, que son los que están entre los ignorantes y los sabios, y el Amor es de ese número. La sabiduría es una de las cosas más bellas del mundo; ahora bien: el Amor ama lo que es bello, luego hay que convenir en que el Amor es amante de la sabiduría, es decir, filósofo, y como tal ocupa el lugar entre el sabio y el ignorante. Esto lo debe a su nacimiento, porque es hijo de un padre sabio y rico y de una madre que no es rica ni sabia. Tal es, mi apreciado Sócrates, la naturaleza de este demonio. No me sorprende la idea que de él te habías formado, porque creías, por lo que he podido conjeturar por tus palabras, que el Amor es lo que es amado y no lo que ama. Creo que el Amor te parecía muy bello porque lo amable es la belleza real, la gracia, la perfección y el soberano bien. Pero el que ama es de una naturaleza muy diferente, como acabo de explicar.

»—Está bien, extranjera, sea; razonas muy bien, pero si el Amor es como dices, ¿qué utilidad presta a los hombres?

»—Esto es, Sócrates, lo que ahora voy a procurar hacerte comprender. Conocemos la naturaleza y el origen del Amor, que es, como dices, el amor de lo bello. Pero si alguno de nosotros preguntara: ¿qué es el amor de lo bello, Sócrates y Diotime?, o para hablar más claramente: el que ama lo bello, ¿qué es lo que ama?

»—Poseerlo —respondí.

»—Esta respuesta exige nueva pregunta —dijo ella—: ¿qué ganará con la posesión de lo bello?

»Repuse que no estaba en disposición de contestar inmediatamente a aquella pregunta.

»—Y si se cambiasen los términos y poniendo lo bueno en lugar de lo bello te preguntaran: Sócrates, el que ama lo bueno, ¿qué es lo que ama?

»—Poseerlo.

»—¿Y qué ganará poseyéndolo?

»—Esta vez me parece más fácil la respuesta: que será dichoso.

»—Porque la posesión de las cosas buenas hace dichosos a los seres felices y ya no hay necesidad de preguntar por qué el que quiere ser dichoso quiere serlo; tu respuesta me parece que satisface a todo.

»—Es cierto, Diotime.

»—Pero ¿te imaginas que este amor y esta voluntad sean comunes a todos los hombres y que todos quieren siempre tener lo que es bueno u opinas de otro modo?

»—No, creo que todos tienen siempre este deseo y esta voluntad.

»—¿Por qué, entonces, Sócrates, no decimos de todos los hombres que aman, si todos aman siempre la misma cosa? ¿Por qué lo decimos de los unos y no de los otros?

»—Esto me extraña mucho.

»—Pues no te extrañe, nosotros distinguimos una especie particular de amor y la llamamos amor, con el nombre de todo el género, mientras que para las demás especies empleamos términos diferentes.

»—Por favor, un ejemplo.

»—He aquí uno. Sabes que la palabra poesía tiene numerosas acepciones; en general, expresa la causa que haga pasar lo que quiera que sea del no ser al ser, de forma que toda obra de arte es una poesía, y todo artista y todo obrero, un poeta.

»—Es cierto.

»—Y, no obstante, ves que no se les llama poetas, sino que se les da otros nombres, y que una sola especie de poesía tomada separadamente, la música y el arte de los versos, ha recibido el nombre de todo el género. Y, en efecto, esta sola especie es la que se llama poesía y únicamente a los que la poseen se les da el nombre de poetas.

»—Del mismo modo es cierto.

»—Lo mismo ocurre con el amor; en general, es el deseo de lo que es bueno y nos hace felices; es el gran amor seductor innato en todos los corazones. Pero de todos los que en las diversas direcciones tienden a este fin, hombres de negocios, atletas, filósofos, no se dice que aman y no se los llama amantes; solo a los que se entregan a una especie de amor se les da el nombre de todo el género y solo a ellos se les aplican las palabras amar, amor y amantes.

»—Me parece que tienes razón —le dije.

»—Se ha dicho —siguió diciendo Diotime—, que buscar la mitad de sí mismo es amar, pero yo pretendo que amar no es buscar la mitad ni el todo de sí mismo cuando ni esta mitad ni este todo son buenos; y la prueba, amigo mío, es que consentimos en dejarnos cortar el brazo o la pierna, aunque nos pertenecen, si juzgamos que estos miembros están atacados de un mal incurable. En efecto, no es lo nuestro lo que amamos, a menos que solo miremos como nuestro y perteneciéndonos por derecho propio lo que es bueno y como extraño lo malo, porque los hombres solo aman lo bueno. ¿No es esta tu opinión?

»—¡Zeus!, pienso como tú.

»—¿Basta entonces con decir que los hombres aman lo bueno?

»—Sí.

»—Pero ¿no es necesario añadir que del mismo modo desean poseerlo?

»—Sí; es necesario.

»—¿Y no solamente poseerlo, sino poseerlo siempre?

»—Del mismo modo es necesario.

»—En suma, entonces, consiste el amor en querer poseer siempre lo bueno.

»—Nada tan exacto —respondí.

»—Si tal es en general el amor, ¿cuál es el acto particular en que el buscar y perseguir con ardor lo bueno toma el nombre de amor? ¿Cuál es? ¿Puedes decírmelo?

»—No. Diotime; si no fuera así no estaría admirando tu sabiduría y no habría venido a buscarte para aprender de ti estas verdades.

»—Pues te lo voy a decir: es la producción en la belleza, sea por el cuerpo o sea por el alma.

»—He aquí un enigma que exige un adivino para solucionarlo; te confieso que no lo comprendo.

»—Voy a hablar más claramente. Todos los hombres, Sócrates, son aptos para engendrar lo mismo corporal que espiritualmente, y cuando llegan a cierta edad su naturaleza los incita a producir. Pero esta no puede producir en la fealdad, sino en la belleza; la unión del hombre y de la mujer es una producción, y esta producción una obra divina, fecundación y generación, a las cuales el ser mortal debe su inmortalidad. Pero estos efectos no podrían verificarse en lo que es discordante. Más: la fealdad no puede armonizar con nada que sea divino; únicamente la belleza. La belleza, es entonces, para la generación lo que el Destino[2] y Lucina[3]. Debido a esto el ser fecundante, al acercarse lleno de amor y júbilo a lo bello, se dilata, engendra y produce. En cambio, cuando triste y enfriado se aproxima a la fealdad, se vuelve de espaldas, se contrae, torna reservado y no engendra, llevándose con dolor su germen fecundo. En el ser fecundante y lleno de vigor para producir es este el origen de la ardiente persecución de la belleza que debe librarle de grandes dolores. Porque la belleza, Sócrates, no es como te imaginas el objetivo del amor.

»—¿Cuál es entonces?

»—La generación y la producción en la belleza.

»—Sea —respondí.

»—No cabe dudarlo —replicó Diotime.

»—Pero ¿por qué es la generación el objeto del amor?

»—Porque la generación es la que perpetúa la familia de los seres animados y le da inmortalidad compatible con la naturaleza mortal. Pero después de todo lo que hemos convenido es necesario unir al deseo de lo bueno el deseo de la inmortalidad, dado que el amor consiste en desear que lo bueno nos pertenezca siempre. De esto es deducible que la inmortalidad es del mismo modo un objetivo del amor.

»Tales fueron las enseñanzas que me dio Diotime en nuestras conversaciones acerca del amor. Un día me dijo:

»—¿Cuál es, según tú, Sócrates, la causa de este deseo y de este amor? ¿No has observado el estado extraño en que se encuentran los

2   Dios de la concepción.
3   Diosa del alumbramiento.

animales terrestres y volátiles cuando sienten el deseo de engendrar? ¿Cómo enferman todos, qué agitación amorosa al principio durante la época del acoplamiento; después, cuando se trata de alimentar a su progenie, cómo hasta los más débiles están siempre dispuestos a luchar contra los más fuertes y a morir por ella y cómo se imponen hambre y toda clase de privaciones para que aquella pueda vivir? Tratándose de los hombres, podría creerse que obran así por convicción, pero de los animales, ¿sabrías decirme dónde adquieren estas disposiciones amorosas?

»Le contesté que lo ignoraba.

»—Ignorando esto, ¿esperas llegar a ser sabio algún día en cosas del amor?

»—Pero, Diotime, para serlo he venido a buscarte, consciente de que tengo necesidad de lecciones. Explícame, entonces, lo que te pedí me explicaras y todas las demás cosas que se relacionan con el amor.

»—Pues bien —dijo ella—, si crees que el objeto natural del amor es en el que hemos convenido varias veces, no debe preocuparte mi pregunta, porque aquí, como precedentemente, es del mismo modo la naturaleza mortal la que quiere perpetuarse y hacerse tan inmortal como le es posible. Y el único medio de que dispone para lograrlo es el nacimiento, que sustituye a un individuo viejo por un joven. Efectivamente, por más que se diga de un individuo, desde que nace hasta que muere, que vive y que es siempre el mismo, en realidad no se encuentra nunca en el mismo estado ni en el mismo desenvolvimiento, sino muere y renace sin cesar en sus cabellos, en su carne, en sus huesos, en su sangre, en una palabra, en todo su cuerpo, y no solamente en su cuerpo, sino del mismo modo en su alma; sus hábitos, costumbres, opiniones, deseos, placeres, penas, temores y todas sus afecciones no permanecen nunca los mismos; nacen y mueren continuamente. Pero lo más sorprendente es que no solo nacen y mueren en nosotros nuestros conocimientos de la misma forma (porque en este sentido cambiamos incesantemente), sino que cada uno de ellos en particular experimenta las mismas vicisitudes. En efecto, lo que llamamos reflexionar se refiere a un conocimiento que se borra, porque el olvido es la extinción de un conocimiento. Pero al formar la reflexión en nosotros un nuevo recuerdo que sustituye al que se va, conserva en nosotros ese conocimiento tanto, que creemos que es el mismo. Así se conservan todos los seres mortales; no permanecen en absoluto y siempre los mismos como lo que es divino, pero el que envejece y se marcha deja en su lugar un individuo joven parecido a lo que era él mismo. Aquí tienes, Sócrates, cómo todo lo que es mortal, el cuerpo y lo demás, participa de la inmortalidad. En referente al ser inmortal, es por otra razón. No te asombre, entonces, que todos los seres animados asignen tanta importancia a su descendencia, porque es del deseo de la inmortalidad de donde proceden la solicitud y el amor que los animan.

»Después que hubo hablado de esta forma, le dije, poseído de admiración:

»—Muy bien, sapientísima Diotime; pero ¿es ciertamente como dices?

»Ella, con el tono de un perfecto sofista, me contestó:

»—No lo dudes, Sócrates, y si ahora quieres reflexionar un poco acerca de la ambición de los hombres, te parecerá poco de acuerdo con estos principios, a menos que no pienses en lo muy poseídos que están los hombres del deseo de crearse un nombre y de adquirir una gloria inmortal en la posteridad, y que este deseo, más aún que el amor paternal, es lo que los lleva a afrontar todos los peligros, sacrificar su fortuna, soportar todas las fatigas y hasta perder la vida. ¿Crees efectivamente que Alceste hubiera sufrido la muerte en lugar de Admetos, que Aquiles la habría buscado para vengar a Patroclo y que su Codrus se habría sacrificado para asegurar la realeza a sus hijos, si no hubiesen esperado dejar este imperecedero recuerdo de su virtud que aún vive entre nosotros?

»Era preciso —continuó Diotime—. Pero para esta inmortalidad de la virtud, para esta noble gloria, no creo que haya nada tan eficaz como que cada uno obre con tanto más ardor mientras más virtuoso sea, porque todos aman lo que es inmortal. Los que son fecundos según el cuerpo, aman a las mujeres y se dirigen con preferencia a ellas, creyendo asegurarse por la procreación de hijos la inmortalidad, la perpetuidad de su nombre y la felicidad en el transcurso de los tiempos. Pero los que son fecundos por el espíritu..., porque hay quienes son mucho más fecundos del espíritu que del cuerpo para las cosas que el espíritu es llamado a producir.

»¿Qué cosas son estas que el espíritu es llamado a producir? La sabiduría y las otras virtudes nacidas de los poetas y de todos los artistas dotados del genio de la inventiva. Pero la sabiduría más excelsa y más bella es la que preside al gobierno de los Estados y de las familias humanas y se la denomina prudencia y justicia. Cuando, entonces, un mortal divino lleva en su alma desde la infancia el germen de estas virtudes y llegado a la madurez de la edad desea engendrar y producir, va errante de un lado a otro buscando la belleza en la cual podrá engendrar, porque nunca podría en la fealdad.

»En el ardor de producir se apega, entonces, a los cuerpos hermosos con preferencia a los feos, y si encuentra en un cuerpo bello un alma del mismo modo bella, generosa y bien nacida, esta reunión le complace soberanamente, y para un hombre tal encuentra inmediatamente una abundancia de discursos acerca de la virtud, los deberes y ocupaciones del hombre de bien, dedicándose a instruirle, porque el contacto y el comercio con la belleza le hacen engendrar y producir aquello cuyo germen llevaba. Ausente y presente, piensa siempre en su bien amado y en común alimentan a los frutos de su unión. Debido a esto son mucho más fuertes e íntimos que los lazos de la familia y los lazos y la afección que los unen, porque sus hijos son más bellos y más inmortales. Y no hay nadie que no prefiera tales hijos a toda otra posteridad si considera y admira las producciones que Homero y Hesíodo dejaron y el renombre y el recuerdo inmortal que esos hijos inmortales proporcionan a sus padres; o bien si se acuerda de los hijos que Licurgo dejó a Lacedemonia, que fueron la salvación de aquella ciudad y hasta diría que de toda Grecia.

»A Solón del mismo modo lo reverencian como padre de las leyes, y a otros grandes hombres se les tributan honores, lo mismo en Grecia que en las comarcas de los bárbaros, porque produjeron una porción de obras admirables y engendraron toda clase de virtudes. Tales hijos son los que les han valido templos, pero los hijos del cuerpo en ninguna parte han servido para honrar a sus padres.

»Es posible, Sócrates, que hasta aquí haya logrado iniciarte en los misterios del Amor; pero del último grado de iniciación y de las revelaciones más secretas, de todo lo que te he estado diciendo, no es más que una preparación, no sé, si aun bien dirigido, podrá tu espíritu elevarse hasta ellos. No debido a esto dejará de continuar mi celo prosiguiendo tu enseñanza sin debilitarse. Procura seguirme lo mejor que puedas.

»El que quiera llegar a este fin por el camino verdadero debe empezar a buscar los cuerpos bellos y hermosos desde su edad temprana; si está bien dirigido debe del mismo modo, además, no amar más que a uno solo y engendrar bellos discursos en el que haya elegido. A continuación, deberá llegar a comprender que la belleza que se muestra en un cuerpo cualquiera es hermana de la que se encuentra en todos los otros. En efecto, si hay que buscar la belleza en general, sería una verdadera locura no creer que la belleza que reside en todos los cuerpos es una e idéntica.

»Una vez penetrado de este pensamiento deberá mostrarse amante de todos los cuerpos bellos y despojarse, como de una menospreciada fruslería, de toda pasión que se encontrara en uno solo. Después aprenderá a estudiar la belleza del alma, considerándola mucho más preciosa que la del cuerpo, de tal forma, que un alma bella, aun en un cuerpo privado de atractivos, baste para atraer su amor y su interés y para hacerle engendrar en ella los discursos más a propósito para el perfeccionamiento de la juventud.

»Por este medio se verá forzosamente obligado a contemplar la virtud que se encuentra en las acciones de los hombres y en las leyes y a ver que esa ciudad es idéntica a ella misma en todas partes, y, por ende, a hacer poco caso de la belleza corporal. De los actos de los hombres pasará a las ciencias para contemplar su belleza, y entonces, con un concepto más amplio de lo bello, no estará ya encadenado como un esclavo en el estrecho amor de un mancebo o adolescente, de un hombre o de una sola acción, sino que, lanzado al océano de la belleza y alimentando sus ojos con el espectáculo, engendrará con inagotable fecundidad los discursos y pensamientos más bellos de la filosofía hasta que, habiendo fortificado y aumentado su espíritu con esta sublime contemplación, no vea más que una ciencia: la de lo bello.

»Préstame ahora toda la atención de que seas capaz. Quien esté iniciado en los misterios del amor hasta el punto en que estamos, después de haber recorrido en un orden conveniente todos los grados de lo bello, llegado al término de la iniciación, descubrirá de repente una maravillosa belleza, la que era el objetivo de todos sus trabajos anteriores: belleza eterna, increada e imperecedera, exenta de incremento y de disminución, belleza que no es bella en tal arte y fea en otra, bella por un concepto y fea por otro, bella en un sitio y fea en otro, bella para unos y fea para otros; belleza que no tiene nada sensible como en un rostro y unas manos ni nada corpóreo, que no es tampoco un discurso o una ciencia, que no reside en un ser diferente de ella misma, en un animal, por ejemplo, o en la Tierra o en el Cielo o en cualquier otra cosa, pero que existe eterna y totalmente por ella misma y en ella misma, de la cual participan todas las demás bellezas, sin que su nacimiento ni su destrucción le aporten la menor disminución ni el menor incremento ni la modificación en nada.

»Cuando de las bellezas inferiores se ha elevado uno por un amor a los jóvenes, bien entendido, hasta esta belleza perfecta, y se empieza a entreverla, estará muy próxima la consecución del objetivo, porque el camino recto del amor, que lo siga uno por sí mismo o guiado por otro, hay que empezarlo por las bellezas de aquí abajo hasta elevarse a las alturas en que impera la belleza suprema, pasando, por decirlo así, por todos los peldaños de la escala, de un cuerpo bello o dos, de dos a todos los otros, de los cuerpos bellos a las bellas ocupaciones, de las bellas ocupaciones a las ciencias bellas, hasta que de ciencia en ciencia se llega a la ciencia por excelencia, que no es otra que la ciencia de lo bello mismo, y se termine conociéndolo tal como es en sí.

»¡Oh mi apreciado Sócrates! —continuó la extranjera de Mantinea—, si alguna cosa da valor a esta vida es la contemplación de la belleza absoluta; y si llegas a contemplarla, ¡qué te parecerán después el oro y las joyas, los niños más bellos y esos jóvenes, cuya vista te turba y encanta, y lo mismo a otros muchos, que por ver sin cesar a los que aman, por estar incesantemente con ellos, si fuera posible hasta se privarían de comer y beber y pasarían la vida a su lado absortos en su contemplación! ¿Qué pensar de un mortal a quien le fuera dado contemplar la belleza pura, simple y sin mezcla, no revestida de carne, de colores luminosos ni de todas las otras vanidades perecederas, sino la belleza divina misma? ¿Crees que sería un miserable destino tener fijos los ojos en ella y gozar de la contemplación y de la compañía de un objeto tal? ¿No crees, al contrario, que el hombre, que fuera el único aquí abajo que percibiera lo bello por el órgano al cual lo bello le es perceptible, podría él solo engendrar no imágenes de la virtud, dado que no se une a imágenes, sino verdaderas virtudes, ya que con lo que se une es la verdad? Y al que engendra y alimenta la verdadera virtud es al que le corresponde ser amado de Dios, y si algún hombre tiene que ser inmortal es este sobre todos.

»Tales fueron, mi amado Fedro y todos los que me escuchan, los discursos de Diotime, que me persuadieron y con los que a mi vez trato de convencer a los demás de que para conseguir un gran bien encontrará difícilmente la naturaleza humana un auxiliar más poderoso que el Amor. Del mismo modo, digo que todo hombre debe honrar al Amor. De mí les digo que venero todo cuanto a él se refiere y que hago de ello un culto particular y lo recomiendo a los otros; en este mismo instante acabo de celebrar lo mejor que he podido, como hago sin cesar, el poder y la fuerza del Amor. Y ahora dime, Fedro, si este discurso puede ser llamado un elogio al Amor, y si no, dale el nombre que mejor te plazca».

»Al terminar de hablar Sócrates llovieron sobre él las alabanzas, pero Aristófanes se disponía a hacer algunas observaciones porque Sócrates en su discurso había hecho una alusión a una cosa que él había dicho, cuando de repente se oyó mucho ruido en la puerta exterior y fuertes golpes redoblados en ella; al mismo tiempo se pudieron distinguir voces jóvenes que debieron haber bebido más de lo conveniente y la de una tocadora de flauta.

»—Esclavos —exclamó Agatón—, id a ver qué es eso; si es alguno de nuestros amigos, hacedlos entrar, y si no, decidles que hemos terminado de beber y que estamos descansando.

»Un instante después oímos la voz de Alcibíades, medio borracho, que gritaba:

»—¿Dónde está Agatón? Que me lleven cerca de Agatón.

»Unos cuantos de sus amigos y la flautista le cogieron bajo los brazos y le llevaron hasta la puerta de nuestra sala. Alcibíades se detuvo; llevaba una guirnalda de violetas y hiedra con numerosas cintas.

»—Amigos, les saludo —dijo—. ¿Quieren admitir en su mesa a un hombre que ha bebido ya bastante? ¿O nos iremos después de haber coronado a Agatón, porque este es el objeto de nuestra visita? Me fue imposible venir ayer, pero aquí me tienen con la corona y las cintas para ceñir con ella la frente del más sabio y hermoso de los hombres, si me está permitido expresarme así. ¿Se ríen de mí porque estoy borracho? Rían tanto como les plazca, porque sé que digo la verdad. Pero veamos; contéstenme: ¿me dejan entrar o no? ¿Beberán conmigo o no?

»Todos exclamaron:

»—¡Que entre y se acomode!

»El mismo Agatón le llamó. Sostenido por sus amigos se adelantó Alcibíades y mientras se ocupaba de quitarse las cintas y la guirnalda para coronar a Agatón, no vio a Sócrates que estaba frente a él y fue a sentarse precisamente entre Agatón y él, que se había apartado para hacerle sitio. Después de sentarse besó Alcibíades a Agatón y le coronó.

»—Esclavos —dijo este—: descalzad a Alcibíades, que será el tercero en este triclinio.

»—Con gusto —dijo Alcibíades—, pero ¿quién es este tercer bebedor? —Y al volverse y ver a Sócrates se levantó bruscamente, exclamando—: ¡Por Heracles!, ¿qué es esto? ¿Cómo, Sócrates? ¡Otra vez en acecho para sorprenderme, apareciendo, según acostumbras, en el momento en que menos lo esperaba! ¿Qué has venido a hacer aquí? ¿Por qué ocupas este sitio? ¿Cómo te las has arreglado para en vez de sentarte al lado de Aristófanes o de algún otro de los que bromean te encuentro al lado del más bello de la compañía?

»—¡Socorro, Agatón! —replicó Sócrates—. El amor de este hombre es para mí un verdadero apuro. Desde que empecé a amarle no puedo mirar ni hablar a ningún joven, sin que por despecho o celos se libre a excesos increíbles, colmándome de injurias y conteniéndose con dificultad para no unir los golpes a las recriminaciones. Ten, entonces, cuidado de que ahora mismo no la emprenda contra mí y se deje llevar de un arrebato de este género; procura que haga la paz conmigo o protégeme si quiere entregarse a alguna violencia, porque tengo temor de su amor y de sus furores celosos.

»—No haya paz entre nosotros —dijo Alcibíades—, pero dejaré la venganza para otra ocasión. Ahora, Agatón, ten la bondad de devolverme unas cuantas cintas de tu guirnalda para que ciña con ellas la maravillosa cabeza de este hombre. No quiero que pueda reprocharme no haberle coronado como a ti, a él, que en los discursos triunfa de todo el mundo, no solo en una ocasión, como tú ayer, sino siempre.

»Cogió unas cintas, coronó a Sócrates, se dejó caer sobre el triclinio y después de acomodarse dijo:

»—¿Qué es esto, amigos míos? Me parecen muy sobrios y no me parece que deba consentírselo; hay que beber; es lo convenido. Me constituyo en rey del festín hasta que hayan bebido como es necesario. Agatón, manda a un esclavo que me traiga una copa bien grande, o mejor: esclavo, dame ese vaso.

»Aquel vaso podría aguantar más o menos ocho cotyles. Después de haberlo hecho llenar lo apuró Alcibíades el primero e inmediatamente lo hizo llenar para Sócrates, diciendo:

»—Que nadie vea malicia en lo que hago, porque Sócrates bebería tanto como quisiéramos y nunca se emborracharía.

»El esclavo llenó el vaso y Sócrates bebió. Erixímaco tomó la palabra entonces y preguntó:

»—¿Qué vamos a hacer, Alcibíades? ¿Beberemos sin hablar ni cantar y nos contentaremos con imitar a la gente que tiene sed?

»Alcibíades dijo:

»—Te saludo, Erixímaco, digno hijo del mejor y más sabio de los padres.

»—Te saludo igualmente —replicó Erixímaco—, pero ¿qué haremos?

»—Lo que prescribas, porque es necesario obedecerte: «Un médico vale él solo por muchos otros hombres». Ordena, entonces, lo que te agrade.

»—Entonces, escucha —dijo Erixímaco—: antes de tu llegada habíamos acordado que cada uno de nosotros, por turno, empezando por la derecha, haría lo mejor que pudiera el elogio del Amor. Todos hemos cumplido como buenos; es justo que tú, que nada has dicho y que no has bebido menos, cumplas a tu vez. Cuando hayas terminado podrás prescribir a Sócrates el asunto que se te ocurrirá; él hará lo mismo con su vecino de la derecha y así sucesivamente.

»—Todo esto está muy bien —dijo Alcibíades—; pero ¡querer que un hombre embriagado dispute en elocuencia con gente sobria y de sangre fría! La partida no sería igual. Además, apreciado, lo que Sócrates dijo hace un momento de mis celos, ¿te ha persuadido o sabes que lo contrario es precisamente la verdad? Porque si en su presencia me atreviera a elogiar a otro que no fuera él, sea un dios o un hombre, no podría aguantarse y me maltrataría.

»—Habla mejor —dijo Sócrates.

»—¡Por Poseidón!, no digas nada, Sócrates, porque estando tú presente a nadie alabaré sino a ti.

»—¡Pues bien, sea! —dijo Erixímaco—; haznos si te parece bien el elogio de Sócrates.

»—¿Cómo lo entiendes, Erixímaco? ¿Crees que es necesario caer sobre ese hombre y vengarme de él delante de ustedes?

»—¡Eh, joven mancebo! —le interrumpió Sócrates—, ¿qué es lo que proyectas? ¿Quieres prodigarme irónicos elogios? Explícate.

»—Diré la verdad, si lo consientes.

»—¿Qué si lo consiento? Lo exijo.

DISCURSO DE ALCIBÍADES

«Te voy a complacer —dijo Alcibíades—; pero mira lo que vas a hacer: si digo algo que no sea verdad, interrúmpeme, si quieres, y no temas desmentirme, porque a sabiendas no diré ninguna mentira. Pero si no expongo los hechos con un orden muy exacto, no te extrañes, porque en el estado en que estoy no es muy fácil dar cuenta clara y seguida de tus extravagancias.

»Para elogiar a Sócrates, amigos míos, tendré que recurrir a comparaciones: Sócrates creerá quizá que trato de hacerles reír, pero mis imágenes tendrán por objeto la verdad y no la broma. Empiezo diciendo que Sócrates se asemeja a esos Silenos que vemos expuestos en los estudios de los escultores, a los que los artistas representan con una flauta o con pitos en la mano; si separan las dos piezas de que se componen estas estatuas, encontrarán en su interior la imagen de alguna divinidad. Digo inmediatamente que Sócrates se parece especialmente al Sátiro Marsias. En referente al exterior, no me negarás, Sócrates, el parecido, y en referente a lo demás, escucha lo que tengo que decir: ¿no eres un presumido burlón? Si lo niegas traeré testigos. ¿No eres del mismo modo un flautista y mucho más admirable que Marsias? Él encantaba a los hombres con la potencia de los sonidos que su boca arrancaba a los instrumentos, que es lo que todavía hacen hoy quienes ejecutan los aires de este sátiro; en efecto, los que tocaba Olimpo sostengo que son de Marsias, su maestro. Pero gracias a su carácter divino, sea un hábil artista o una mala flautista quien los ejecute, tienen la virtud de arrebatarnos a nosotros mismos y de hacernos conocer a los que tienen necesidad de las iniciaciones y de los dioses; la única diferencia que hay en este asunto entre Marsias y tú, Sócrates, es que sin necesidad de instrumentos, con simples discursos, haces igual que él. Otro que hable, aunque sea el más famoso orador, no nos causa, por decirlo así, ninguna impresión, pero que hables tú mismo o que otro repita tus discursos por poco versado que esté en el arte de la palabra, y todos los que te escuchan, hombres, mujeres y adolescentes, se sienten impresionados y transportados. Si no fuera, amigos míos, porque temo que crean que estoy completamente borracho, les testimoniaría con juramento la impresión extraordinaria que sus discursos me han producido y siguen produciéndome todavía. Cuando le escucho me late el corazón con más violencia que a los coribantes, sus palabras me hacen derramar lágrimas y veo a numerosos oyentes experimentando las mismas emociones. He escuchado hablar a Pericles y a nuestros más grandes oradores y los he encontrado elocuentes, pero no me hicieron sentir nada parecido. Mi alma no se turbaba ni se indignaba consigo misma de su esclavitud. Pero oyendo a Marsias, la vida que llevo me ha parecido a menudo insoportable. Tú no discutirás, Sócrates, la verdad de lo que digo, y ahora mismo siento que si prestara oído a tus discursos me resistiría a ellos y me producirían la misma impresión. Es un hombre que me obliga a reconocer que, faltándome muchas cosas, descuido mis propios asuntos para ocuparme de los atenienses. Para alejarme de él tengo que taparme los oídos como para escapar de las sirenas, porque si no estaría constantemente a su lado hasta el fin de mis días. Este hombre despierta en mí un sentimiento del que nadie me creería susceptible: es el de la vergüenza; sí, únicamente Sócrates me hace enrojecer, porque tengo la conciencia de no poder oponer nada a sus consejos; y no obstante, después de separarme de él me siento con fuerza para renunciar al favor popular. Debido a esto huyo de él y procuro evitarlo, mas cuando le vuelvo a ver me avergüenzo ante él y enrojezco por haber hecho que mis actos desmintieran mis palabras, y a menudo creo que desearía que no existiera; y no obstante, si esto sucediera, sé que sería mucho más desgraciado todavía, de forma que no sé cómo debo proceder con este hombre.

»Tal es la impresión que produce en mí y en muchos otros del mismo modo la flauta de este sátiro. Pero todavía quiero convencerles aún más de lo justo de mi comparación y del poder extraordinario que ejerce sobre los que le escuchan. Porque tienen que saber que ninguno de nosotros conoce a Sócrates. Dado que he empezado, les diré todo. Veis el ardiente interés que Sócrates demuestra por los bellos mancebos y adolescentes y con qué apasionamiento los busca y hasta qué extremo le cautivan; veis del mismo modo que ignora todo y que no sabe nada; al menos así lo parece. ¿No es propio todo esto de un Sileno? Enteramente. Tiene todo el exterior que los estatuarios dan a Sileno, pero ¡abridle!, mis queridos comensales, ¡qué tesoros no encontrarán en él! Sabed que la hermosura de un hombre le es el objeto más indiferente.

»Nadie se podría imaginar hasta qué punto la desdeña e igualmente a la riqueza y las otras ventajas que envidia el vulgo. Para Sócrates, carecen de todo valor, y a nosotros mismos nos considera como nada; su vida entera transcurre burlándose de todo el mundo y divirtiéndose en hacerle servir de juguete para distraerse. Pero cuando habla en serio y se abre, no sé si otros habrán visto las bellezas que guarda en su interior; yo sí las he visto y me han parecido tan divinas, tan grandes, tan preciosas y tan seductoras, que creo es imposible resistirse a Sócrates. Pensando al principio que lo que le interesaba en mí era mi belleza, me felicité por mi buena fortuna; creí haber encontrado un medio maravilloso de medrar contando con que complaciéndole en sus deseos obtendría con seguridad de él que me comunicara toda su ciencia. Tenía yo, además, la más elevada opinión de mis atractivos exteriores.

»Con este fin empecé por despedir al servidor que se hallaba siempre presente en mis entrevistas con Sócrates, para quedarme solo con él. Necesito decirles toda la verdad; escúchenme atentamente, y tú Sócrates, repréndeme si mintiera. Me quedé, entonces, solo con Sócrates, amigos míos; esperaba inmediatamente me pronunciaría uno de esos discursos que la palabra inspira a los amantes cuando se encuentran sin testigos con el objeto amado, y de antemano experimentaba un placer al imaginármelo. Pero mi esperanza me engañó: Sócrates estuvo conmigo todo el día hablándome como de costumbre, hasta que se retiró.

»Otro día le desafié a ejercicios gimnásticos, esperando conseguir algo por este medio. Nos ejercitamos y a menudo luchamos juntos sin testigos, pero nada adelanté. No pudiendo conseguir nada por este camino, me decidí a atacarle enérgicamente. Había empezado y no quería declararme vencido antes de saber a qué atenerme. Le invité a cenar como hacen los amantes cuando quieren tender un lazo a sus bien amados; al pronto rehusó, pero con el tiempo concluyó por acceder. Vino, pero apenas hubo cenado quiso marcharse.

»Una especie de pudor me impidió retenerlo. Pero otra vez le tendí un nuevo lazo, y después de cenar prolongué nuestra conversación hasta muy avanzada la noche, y cuando quiso marcharse le obligué a quedarse, pretextando que era demasiado tarde. Se acostó en el lecho en el cual había cenado, que estaba muy cerca del mío, y nos quedamos solos en la sala.

»Hasta aquí no hay nada que no pueda referir delante de quienquiera que sea. Lo que va a seguir no lo oirán de mis labios sin que anuncie aquel proverbio de que los niños y los borrachos dicen la verdad; y porque ocultar un admirable rasgo de Sócrates después de haberme propuesto elogiarlo, no me parece justo. Me encuentro además en la misma disposición de ánimo de los que han sido mordidos por una víbora, que no quieren hablar con nadie de su accidente si no es con aquellos a quienes ocurrió lo mismo, como los únicos capaces de concebir y excusar todo lo que hicieron y dijeron en sus sufrimientos.

»Y yo, que me siento mordido por algo más doloroso y en el sitio más sensible, llámesele corazón, alma o como se quiera, yo que he sido mordido y estoy herido por los discursos de la filosofía, cuyos dardos son más acerados que el dardo de una víbora, cuando alcanzan a un alma joven y bien nacida y la hacen decir o hacer mil cosas extravagantes; viendo en derredor mío a Fedro, Agatón, Erixímaco, Pausanias y Aristodemos, sin contar a Sócrates y a los otros, afectados como yo de la locura y la rabia de la filosofía, no dudo en proseguir delante de ustedes el relato de aquella noche, porque sabrán excusar mis actos y a todo hombre profano y al sin cultura ponedle un triple candado a sus oídos.

»Cuando se apagó la lámpara, amigos míos, y los esclavos se hubieron retirado, juzgué que no me convenía usar rodeos con Sócrates y que debía exponerle claramente mi pensamiento. Lo toqué, entonces, con el codo y le pregunté:

»—¿Duermes, Sócrates?

»—Todavía no —me dijo.

»—¿Sabes en lo que estoy pensando?

»—¿En qué?

»—Pienso en que tú eres el único amante digno de mí y me parece que no te atreves a descubrirme tus sentimientos. De mí puedo asegurarte que me encontraría muy poco razonable si no buscara complacerte en esta ocasión, como en toda otra en la que pudieras quedarme obligado bien por mí mismo o bien por mis amigos. No tengo empeño mayor que el de perfeccionarme todo lo posible y no veo a nadie cuyo auxilio para esto pueda serme más provechoso que el tuyo. Si rehusara alguna cosa a un hombre como tú, temería más verme criticado por los sabios que no por los necios y vulgares concediéndote todo. Y Sócrates me contestó con su habitual ironía:

»—Si lo que dices de mí es cierto, mi apreciado Alcibíades; si tengo, en efecto, el poder de hacerte mejor, no me pareces en verdad poco hábil, y has descubierto en mí una maravillosa belleza muy superior a la tuya. Por ende, al querer unirte a mí y cambiar tu belleza por la mía, me parece que entiendes muy bien tus intereses, porque en vez de la apariencia de lo bello quieres adquirir la realidad y darme cobre para recibir oro. Pero míralo más de cerca, buen joven, no vaya a ser que te engañes acerca de lo que valgo. Los ojos del espíritu no empiezan a ver con claridad hasta la época en que los del cuerpo se debilitan, y tú estás todavía muy lejos de ese momento.

»—Tales son mis sentimientos, Sócrates —le repliqué—, y no he dicho nada que no piense; tú adoptarás la resolución que te parecerá más conveniente para ti y para mí.

»—Está bien —me dijo—; la pensaremos y haremos en esto, como en todo, lo que más nos convenga a los dos.

»Después de estas palabras le creí alcanzado por el dardo que le había lanzado. Sin dejarle tiempo para añadir una palabra, me levanté envuelto en este mismo manto que veis, porque era invierno, y tendiéndome sobre la vieja capa de este hombre, ceñí con mis brazos a esta divina y maravillosa persona y pasé a su lado toda la noche. Espero, Sócrates, que de todo lo que estoy diciendo no podrás desmentir una palabra. Pues bien: después de tales insinuaciones permaneció insensible y no tuvo más que desdenes y desprecios para mi belleza y no ha hecho más que insultarla, y yo, amigos míos, la juzgaba de algún valor. Sí, sed jueces de la insolencia de Sócrates; los dioses y las diosas pueden ser mis testigos de que me levanté de su lado como me habría levantado del lecho de mi padre o de un hermano mayor.

»Después de esto, ya comprenderán cuál debió ser la situación de mi espíritu. Por una parte, me consideraba menospreciado y por otra admiraba su carácter, su temperancia y la fortaleza de su alma, y me parecía imposible encontrar un hombre que le igualara en sabiduría y en dominio sobre sí mismo; de forma que no podía enfadarme ni pasar sin su compañía y tampoco veía la forma de ganármela, porque sabía muy bien que era mucho más invulnerable al dinero que Áyax al hierro y que el único atractivo al que le creía sensible no había podido nada contra él. Más servil a este hombre que ningún esclavo puede serlo a su amo, fui errante de un lado a otro sin saber qué partido tomar. Tales fueron mis primeras relaciones con él. Más tarde nos encontramos juntos en la expedición contra Potidaia, donde fuimos compañeros de mesa. Allí veía a Sócrates descollando no solamente sobre mí, sino sobre todos por su paciencia para soportar las fatigas y penalidades.

»Si como suele ocurrir en campaña nos faltaban víveres, Sócrates soportaba el hambre y la sed mucho mejor que todos nosotros, y si teníamos abundancia, sabía disfrutar de ella mejor que los demás. Sin ser amigo de la bebida, bebía más que ningún otro si le obligaban y lo que va a sorprenderles es que nadie le ha visto embriagado, y de esto me figuro que muy pronto van a tener la prueba. En aquel país es el invierno sumamente riguroso y el modo de resistir Sócrates el frío era prodigioso. Cuando helaba más y nadie se atrevía a salir de sus alojamientos o si salía era muy abrigado, bien calzado y los pies envueltos en fieltro o en pieles de oveja, no dejaba de entrar y salir con la misma capa que tenía la costumbre de llevar, y con los pies descalzos marchaba más cómodamente sobre el hielo que nosotros que íbamos bien calzados, tanto, que los soldados le miraban con malos ojos, creyendo que los desafiaba. Tal fue Sócrates entre las tropas.

»Pero vean lo que todavía hizo y soportó este hombre animoso durante esta misma expedición: el rasgo es digno de ser referido. Una mañana se le vio de pie entregado a una profunda meditación. No encontrando lo que buscaba no se marchó sino que continuó reflexionando en la misma postura. Era ya el mediodía; nuestra gente le observaba diciéndose extrañados unos a otros que Sócrates estaba desde muy temprano abstraído en sus pensamientos. Por fin, cuando ya había anochecido, los soldados jonios, después de haber cenado, armaron sus camas de campaña cerca de donde él se hallaba para dormir a la intemperie, porque entonces era verano, y observar al mismo tiempo si pasaría la noche en la misma actitud, y en efecto, continuó estando de pie hasta la salida del sol, en que después de haber hecho su plegaria al astro del día se retiró.

»¿Quieren saber cómo se conduce en los combates? Es una justicia que hay que rendirle todavía. En un hecho, todo cuyo honor me atribuyeron los generales, fue él quien me salvó la vida. Viéndome herido, no quiso abandonarme, y nos libró a mí y a mis armas de caer en manos del enemigo. Insistí entonces, Sócrates, cerca de los generales para que te adjudicaran el premio al valor, y este es un hecho que no podrás discutirme ni tratar de mentira; pero los generales, por consideración a mi categoría, quisieron otorgarme el premio, y tú te mostraste más interesado que ellos en que me lo concedieran con perjuicio tuyo.

»La conducta de Sócrates, amigos míos, merece ser conocida del mismo modo en la retirada de nuestro ejército después de la derrota de Delium. Yo estaba a caballo y él a pie y pesadamente armado. Nuestra gente comenzaba a huir en todas las direcciones. Sócrates se retiraba con Laches. Los encontré y les dije que tuvieran ánimos, porque no los abandonaría. Entonces conocí a Sócrates mejor aún que en Potides, porque estando a caballo tenía menos que ocuparme de mi seguridad personal. Desde el primer momento me di cuenta de que Sócrates era mucho más animoso que Laches; vi del mismo modo que allí, como en Atenas, marchaba arrogante y con desdeñoso mirar, para hablar como tú, Aristófanes. Miraba tranquilamente a los nuestros, lo mismo que al enemigo, y desde lejos se adivinaba en su continente que no se le acercarían impunemente. Y así se retiraron sanos y salvos él y su compañero, porque en la guerra no se ataca generalmente al que muestra tales disposiciones, sino más bien se persigue a los que huyen a toda la velocidad de sus piernas.

»Podía añadir en alabanza a Sócrates un gran número de hechos no menos admirables, pero que del mismo modo pueden ser contados de otros. Pero lo que hace a Sócrates digno de particular admiración es no tener semejantes ni entre los antiguos ni los contemporáneos: Podría comparársele, por ejemplo, con Brasidas o con tal otro, con Aquiles, Pericles, Néstor y Antenor, y hay otros personajes entre los cuales sería fácil establecer relaciones. Pero no se encontrará ninguno entre los antiguos ni entre los modernos que se aproxime en nada a este hombre en sus discursos y en sus originalidades, a menos de compararle, como he hecho, a él y a sus discursos, a los silenos y a los sátiros, porque me olvidé de decirles al empezar que sus discursos tienen del mismo modo un perfecto parecido con los silenos que se abren.

»En efecto, a pesar del deseo que se tiene de escuchar a Sócrates, lo que dice parece al principio completamente grotesco. Las expresiones de que reviste sus pensamientos son tan groseras como la piel de un impúdico sátiro; no habla más que de asnos embastados, forjadores, zapateros y curtidores, y hace el efecto de que dice las mismas cosas en otros términos, de forma que no es de extrañar que al ignorante y al tonto le entren ganas de reír. Pero que se abra ese discurso y examine su interior y se encontrará inmediatamente que está lleno de sentido y después que es divino y que encierra las imágenes más nobles de la virtud; en una palabra, todo lo que debe tener presente ante los ojos el que quiera ser un hombre de bien.

»He aquí, amigos míos, lo que elogio en Sócrates y de lo que le acuso, porque he unido a mis elogios el relato de los ultrajes que me ha inferido. Y no soy yo el único a quien ha tratado así, porque del mismo modo ha engañado a Charmides, hijo de Glauco, a Eutidemo, hijo de Diocles, y a una porción más de jóvenes aparentando ser su amante cuando más bien representaba cerca de ellos el papel del bien amado.

»Y tú del mismo modo, Agatón, aprovéchate de estos ejemplos y procura no dejarte engañar a tu vez por este hombre; que mi triste experiencia te ilumine y no imites al insensato, que según el proverbio por la pena es cuerdo».

»Cuando acabó de hablar Alcibíades, se rieron de su franqueza y de que parecía que todavía estaba enamorado de Sócrates. Este tomó entonces la palabra:

»—Me imagino que has estado sobrio esta noche, porque si no no habrías tratado el asunto con tanta habilidad, intentando desviarnos del verdadero motivo de tu discurso, motivo del que solo has hablado incidentalmente, como si tu único fin solo hubiera sido el que nos enemistásemos Agatón y yo, porque has pretendido que debo amarte y a nadie más y que únicamente tú debes amar a Agatón. Pero hemos descubierto tu ardid y visto claro la tendencia de la fábula de los sátiros y los silenos. Desbaratemos, entonces, su plan, apreciado Agatón, y hagamos de forma que nadie pueda separarnos al uno del otro.

»—Creo, en verdad, Sócrates, que tienes razón —dijo Agatón—, y estoy seguro de que ha venido a sentarse entre tú y yo nada más que para separarnos, pero no va a salirse con la suya, porque ahora mismo voy a ponerme a tu lado.

»—¡Muy bien! —dijo Sócrates—; ven aquí a mi derecha.

»—¡Ves, Zeus —exclamó Alcibíades—, lo que me hace sufrir este hombre! Se imagina que puede imponerme la ley en todo. Permite al menos, maravilloso Sócrates, que Agatón se coloque entre nosotros dos.

»—Imposible —dijo Sócrates—, porque acabas de pronunciar mi elogio; ahora me toca a mí hacer el de mi vecino de la derecha. Mas si Agatón se coloca a mi izquierda, no hará seguramente de nuevo mi elogio mientras no haya hecho yo el suyo. Deja venir, entonces, a este joven, mi apreciado Alcibíades, y no le envidies las alabanzas que estoy impaciente por prodigarle.

»—No hay medio de que me quede aquí, Alcibíades —exclamó Agatón—; quiero cambiar de sitio para oírme elogiar por Sócrates.

»—Esto es lo que siempre sucede —dijo Alcibíades—. Donde quiera que se encuentre Sócrates, su único sitio está al lado de los jóvenes. Y ahora mismo vean ¡qué pretexto tan fácil y plausible ha encontrado para que Agatón se coloque a su lado!

»Agatón se levantaba para sentarse al lado de Sócrates, cuando un alegre tropel se presentó ante la puerta en el preciso momento en que uno de los convidados se disponía a salir. Se produjo entonces un gran tumulto al entrar en la sala los recién llegados y sentarse alrededor de la mesa, y en el desorden general se vieron obligados los invitados a beber con exceso.

»Aristodemos añadió que Fedro, Erixímaco y algunos otros se marcharon a sus casas y que él se quedó dormido; y después de un largo sueño, porque en aquella estación las noches son muy largas, se despertó con la aurora al oír cantar a unos gallos. Al abrir los ojos vio que los otros convidados dormían o se habían ido. Agatón, Sócrates y Aristófanes eran los únicos que estaban despiertos y vaciaban por turno una copa muy grande que se pasaban de uno a otro y de derecha a izquierda.

»Al mismo tiempo discurría Sócrates con ellos. Aristodemos no recordaba lo que hablaron, porque como acababa de despertarse, no había escuchado el principio, pero someramente me dijo que Sócrates había forzado a sus dos interlocutores a que reconocieran que un mismo hombre debe ser a la vez poeta trágico y poeta cómico, y que cuando se sabe tratar la tragedia según las reglas del arte, se debe saber del mismo modo tratar la comedia. Obligados a convenir en ello y no siguiendo más que a medias la discusión, se les empezaron a cerrar los ojos. Aristófanes fue el primero que se durmió; después Agatón, cuando ya era muy de día.

»Sócrates, después de haber visto dormidos a los dos, se puso en pie y salió como era costumbre junto a Aristodemos, fue al Liceo, se bañó y se dedicó por el resto de las horas a sus ocupaciones acostumbradas y no volvió a su casa para descansar hasta caída la noche.

FEDRO O DE LA BELLEZA

INTERLOCUTORES
SÓCRATES
FEDRO

SÓCRATES.- Apreciado Fedro, ¿hacia dónde te diriges y de dónde vienes?

FEDRO.- Sócrates, vengo de casa de Lisias, hijo de Céfalo, y voy fuera de muros a pasear; he pasado toda la mañana sentado junto a Lisias, y me paseo por las vías públicas siguiendo el precepto de Acumenos, tu amigo y mío, porque proporcionan mayor recreo y salubridad que las carreras en el gimnasio.

SÓCRATES.- Así es, amigo mío; pero Lisias, por lo que veo, estaba en la ciudad.

FEDRO.- Sí, en casa de Epícrates, en esa casa que está próxima al templo de Zeus Olímpico, la Moriquia.

SÓCRATES.- ¿Y cuál fue su conversación? Indudablemente, Lisias te regalaría algún discurso.

FEDRO.- Tú lo sabrás, si no te apremia el tiempo, y si me acompañas y me escuchas.

SÓCRATES.- ¿Qué dices? ¿No sabes, para hablar como Píndaro, que no hay negocio que yo no abandone por saber lo que ha pasado entre tú y Lisias?

FEDRO.- Pues adelante.

SÓCRATES.- Habla pues.

FEDRO.- En verdad, Sócrates, el negocio te afecta, porque el discurso, que nos ocupó por tan largo espacio, no sé por qué casualidad rodó sobre el amor. Lisias supone un hermoso joven, solicitado, no por un hombre enamorado, sino, y esto es lo más sorprendente, por un hombre sin amor, y sostiene que debe conceder sus amores más bien al que no ama, que al que ama.

SÓCRATES.- ¡Oh! es muy amable. Debió sostener igualmente que es necesario tener mayor complacencia con la pobreza que con la riqueza, con la ancianidad que con la juventud, y lo mismo con todas las desventajas que tengo yo y tienen muchos otros. Sería esta una idea magnífica y prestaría un servicio a los intereses populares. Así es que yo ardo en deseos de escucharte, y ya puedes alargar tu paseo hasta Megara, y, conforme al método de Heródicos, volver de nuevo después de tocar los muros de Atenas, que yo no te abandonaré.

FEDRO.- ¿Qué dices?, bondadoso Sócrates. Un discurso que Lisias, el más hábil de nuestros escritores, ha trabajado despacio y en mucho tiempo, ¿podré yo, que soy un pobre hombre, dártelo a conocer de una forma digna de tan gran orador? Estoy muy distante de ello, y, no obstante, preferiría este talento a todo el oro del mundo.

SÓCRATES.- Fedro, si no conociese a Fedro, no me conocería a mí mismo; pero le conozco. Estoy muy seguro de que, oyendo un discurso de Lisias, no ha podido contentarse con una primera lectura, sino que volviendo a la carga, habrá pedido al autor que comenzara de nuevo, y el autor le habrá dado gusto, y, no satisfecho aún con esto, concluiría por apoderarse del papel, para volver a leer los pasajes que más llamaran su atención. Y después de haber pasado toda la mañana inmóvil y atento a este estudio, fatigado ya, había salido a tomar el aire y dar un paseo, y mucho me engañaría, ¡por el Can!, si no sabe ya de memoria todo el discurso, a no ser que sea de una extensión excesiva. Se ha venido fuera de la ciudad para meditar sobre él a sus anchuras, y encontrando un desdichado que tenga una pasión furiosa por discursos, complacerse interiormente en tener la fortuna de hallar uno a quien comunicar su entusiasmo y precisarle a que le siga. Y como el encontradizo, llevado de su pasión por discursos, le invita a que se explique, se hace el desdeñoso, y como si nada le importara; cuando si no le quisiera oír, sería capaz de obligarle a ello por la fuerza. Así, entonces, mi apreciado Fedro, mejor es hacer por voluntad lo que habría de hacerse luego por voluntad o por fuerza.

FEDRO.- Veo que el mejor partido que puedo tomar es repetirte el discurso como me sea posible, porque tú no eres de condición tal que me dejes marchar, sin que hable bien o mal.

SÓCRATES.- Tienes razón.

FEDRO.- Pues bien, doy principio... Pero verdaderamente, Sócrates, yo no puedo responder de darte a conocer el discurso palabra por palabra. En medio de que me acuerdo muy bien de todos los argumentos que Lisias hace valer para preferir el amigo frío al amante apasionado; y voy a referírtelos en resumen y por su orden. Comienzo por el primero.

SÓCRATES.- Muy bien, apreciado amigo; pero enséñame, por lo pronto, lo que tienes en tu mano izquierda bajo la capa. Sospecho que sea el discurso. Si he adivinado, vive persuadido de lo mucho que te estimo; pero, ya que tenemos aquí a Lisias mismo, no puedo ciertamente consentir que seas tú materia de nuestra conversación. Veamos, presenta ese discurso.

FEDRO.- Basta de broma, apreciado Sócrates; veo que es necesario renunciar a la esperanza que había concebido de ejercitarme a tus expensas; pero ¿dónde nos sentamos para leerlo?

SÓCRATES.- Marchémonos por este lado y sigamos el curso del Illiso, y allí escogeremos algún sitio solitario para sentarnos.

FEDRO.- Me viene perfectamente haber salido de casa sin calzado, porque tú nunca lo gastas. Podemos seguir la corriente, y en ella tomaremos un baño de pies, lo cual es agradable en esta estación y a esta hora del día.

SÓCRATES.- Marchemos, entonces, y elige tú el sitio donde debemos sentarnos.

FEDRO.- ¿Ves este plátano de tanta altura?

SÓCRATES.- ¿Y qué?

FEDRO.- Aquí, a su sombra, encontraremos una brisa agradable y hierba donde sentarnos, y, si queremos, del mismo modo para acostarnos.

SÓCRATES.- Adelante, pues.

FEDRO.- Dime, Sócrates, ¿no es aquí, en cierto punto de las orillas del Illiso, donde Boreas robó, según se dice, la ninfa Oritea?

SÓCRATES.- Así se cuenta.

FEDRO.- Y ese suceso tendría lugar aquí mismo, porque el encanto risueño de las olas, el agua pura y trasparente y esta ribera, todo convidaba para que las ninfas tuvieran aquí sus juegos.

SÓCRATES.- No es precisamente aquí, sino un poco más abajo, a dos o tres estadios, donde está el paso del río para el templo de Diana Cazadora. Por este mismo rumbo hay un altar a Boreas.

FEDRO.- No lo recuerdo bien, pero dime, ¡Zeus!, ¿crees tú en esta maravillosa aventura?

SÓCRATES.- Si dudase como los sabios, no me vería en conflictos; podría agotar los recursos de mi espíritu, diciendo que el viento del Norte la hizo caer de las rocas vecinas donde ella se solazaba con Farmaceo, y que esta muerte dio ocasión a que se dijera que había sido robada por Boreas; y aún podría trasladar la escena sobre las rocas del Areópago, porque según otra leyenda ha sido robada sobre esta colina y no en el paraje donde nos hallamos. Yo encuentro que todas estas explicaciones, mi apreciado Fedro, son las más agradables del mundo, pero exigen un hombre muy hábil, que no ahorre trabajo y que se vea reducido a una penosa necesidad; porque, además de esto, tendrá que explicar la forma de los hipocentauros y la de la quimera, e inmediatamente de estos las gorgonas, los pegasos y otros mil monstruos aterradores por su número y su rareza. Si nuestro incrédulo pone en obra su sabiduría vulgar, para reducir cada uno de ellos a proporciones verosímiles, tiene entonces que tomarlo por despacio. En referente a mí, no tengo tiempo para estas indagaciones, y voy a darte la razón. Yo no he podido aún cumplir con el precepto de Delfos, conociéndome a mí mismo; y dada esta ignorancia me parecería ridículo intentar conocer lo que me es extraño. Debido a esto es que renuncio a profundizar todas estas historias, y en este punto me atengo a las creencias públicas. Y como te decía antes, en lugar de intentar explicarlas, yo me observo a mí mismo; quiero saber si yo soy un monstruo más complicado y más furioso que Tifón, o un animal más dulce, más sencillo, a quien la naturaleza le ha dado parte de una chispa de divina sabiduría. Pero, amigo mío, con nuestra conversación hemos llegado a este árbol, a donde querías que fuésemos.

FEDRO.- En efecto, es el mismo.

SÓCRATES.- ¡Por Hera!, ¡precioso lugar! ¡Cuán frondoso y elevado es este plátano! Y este agnocasto, ¡qué magnificencia en su estirado tronco y en su frondosa copa!, parece como si floreciera con intención para perfumar estos preciosos sitios. ¿Hay nada más encantador que el arroyo que corre al pie de este plátano? Nuestros pies sumergidos en él, acreditan su frescura. Este sitio retirado está indudablemente consagrado a algunas ninfas y al río Aqueldo, si hemos de juzgar por las figurillas y estatuas que vemos. ¿No te parece que la brisa que aquí corre tiene cierta cosa de suave y perfumado? Se advierte en el canto de las cigarras un no sé qué de vivo, que hace presentir el estío. Pero lo que más me encanta son estas hierbas, cuya espesura nos permite descansar con delicia, acostados sobre un terreno suavemente inclinado. Mi apreciado Fedro, eres un guía excelente.

FEDRO.- Maravilloso Sócrates, eres un hombre extraordinario. Porque al escucharte se te tendría por un extranjero, a quien se hacen los honores del país, y no por un habitante del Ática. Probablemente tú no habrás salido nunca de Atenas, ni traspasado las fronteras, ni aun dado un paseo fuera de muros.

SÓCRATES.- Perdona, amigo mío. Así es, pero es porque quiero instruirme. Los campos y los árboles nada me enseñan, y solo en la ciudad puedo sacar partido del roce con los demás hombres. No obstante, creo que tú has encontrado recursos para curarme de este humor casero. Se obliga a un animal hambriento a seguirnos, mostrándole alguna rama verde o algún fruto; y tú, enseñándome ese discurso y ese papel que lo contiene, podrías obligarme a dar una vuelta al Ática y a cualquiera parte del mundo, si quisieras. Pero, en fin, dado que estamos ya en el punto elegido, yo me tiendo en la hierba. Escoge la actitud que te parezca más cómoda para leer, y puedes comenzar.

FEDRO.- Escucha: Conoces todos mis sentimientos, y sabes que miro la realización de mis deseos como provechosa a ambos. No sería justo rechazar mis votos, porque no soy tu amante. Porque los amantes, desde el momento en que se ven satisfechos, se arrepienten ya de todo lo que han hecho por el objeto de su pasión. Pero los que no tienen amor no tienen nunca de qué arrepentirse, porque no es la fuerza de la pasión la que les ha movido a hacer a su amigo todo el bien que han podido, sino que han obrado libremente, juzgando que servían así a sus más queridos intereses. Los amantes consideran el daño causado por su amor a sus negocios, alegan sus liberalidades, traen a cuenta las penalidades que han sufrido, y después de tiempo creen haber dado pruebas positivas de su reconocimiento al objeto amado. Pero los que no están enamorados, no pueden, ni alegar los negocios que han abandonado, ni citar las penalidades sufridas, ni quejarse de las querellas que se hayan suscitado en el interior de la familia; y no pudiendo pretextar todos estos males, que no han llegado a conocer, solo les resta aprovechar con decisión cuantas ocasiones se presenten de complacer a su amigo.

»Se alegará quizá en favor del amante, que su amor es más vivo que una amistad ordinaria, que está siempre dispuesto a decir o hacer lo que puede ser agradable a la persona que ama, y arrostrar por ella el odio de todos; pero es fácil conocer lo falaz de este elogio, dado que, si su pasión llega a mudar de objeto, no dudará en sacrificar sus antiguos amores a los nuevos, y, si el que ama hoy se lo exige, hasta perjudicar al que amaba ayer.

»Racionalmente no se pueden conceder tan preciosos favores a un hombre atacado de un mal tan crónico, del cual ninguna persona sensata intentará curarle, porque los mismos amantes confiesan que su espíritu está enfermo y que carecen de buen sentido. Saben bien, dicen ellos, que están fuera de sí mismos y que no pueden dominarse. Y entonces si llegan a entrar en sí mismos, ¿cómo pueden aprobar las resoluciones que han tomado en un estado de delirio?

»Por otra parte, si entre tus amantes quisieses conceder la preferencia al más digno, no podrías escoger sino entre un pequeño número; contrariamente, si buscas entre todos los hombres aquel cuya amistad desees, puedes elegir entre millares, y es probable que en toda esta multitud encuentres uno que merezca tus favores.

»Si temes la opinión pública, si temes tenerte que avergonzar de tus relaciones ante tus conciudadanos, ten presente, que lo más natural es, que un amante, que desea que le envidien su suerte, creyéndola envidiable, sea indiscreto por vanidad, y tenga por gloria publicar por todas partes, que no ha perdido el tiempo, ni el trabajo. Aquel que dueño de sí mismo, no se deja extraviar por el amor, preferirá la seguridad de su amistad al placer de alabarse de ella. Añade a esto, que todo el mundo conoce un amante, viéndole seguir los pasos de la persona que ama; y llegan al punto de no poder hablarse, sin que se sospeche que una relación más íntima los une ya, o va bien pronto a unirlos. Pero los que no están enamorados, pueden vivir en la mayor familiaridad, sin que nunca induzcan a sospecha; porque se sabe que son lícitas estas asociaciones, formadas amistosamente por la necesidad, para encontrar alguna distracción.

»¿Tienes algún otro motivo para temer? ¿Piensas que las amistades son rara vez durables, y que un rompimiento, que siempre es una desgracia para ambos, te será funesto, sobre todo después del sacrificio que has hecho de lo más precioso que tienes? Si así sucede, es al amante a quien debes sobre todo temer. Un nada lo enoja, y cree que lo que se hace es para perjudicarlo. Así es, que quiere impedir al objeto de su amor toda relación con todos los demás, teme verse postergado por las riquezas de uno, por los talentos de otro, y siempre está en guardia contra el ascendiente de todos aquellos que tienen sobre él alguna ventaja. Él te cizañará para ponerte mal con todo el mundo y reducirte a no tener un amigo; o si quieres manejar tus intereses y ser más entendido que tu celoso amante, acabarás por un rompimiento. Pero el que no está enamorado, y que debe a la estimación que inspiran sus virtudes los favores que desea, no se cela de aquellos que viven familiarmente con su amigo; aborrecería más bien a los que huyesen de su trato, porque vería en este alejamiento una señal de desprecio, mientras que aplaudiría todas aquellas relaciones, cuyas ventajas conociese. Parece natural, que dadas estas condiciones, la complacencia afiance la amistad, y que no pueda producir resentimientos. Por otro lado, la mayor parte de los amantes se enamoran de la belleza del cuerpo, antes de conocer la disposición del alma y de haber experimentado el carácter, y así no puede asegurarse si su amistad debe sobrevivir a la satisfacción de sus deseos. Los que no se ven arrastrados por el amor y están ligados por la amistad antes de obtener los mayores favores, no podrán ver en estas complacencias un motivo de enfriamiento, sino más bien un gaje de nuevos favores para lo sucesivo.

»¿Quieres hacerte más virtuoso con el paso del tiempo? Fíate de mí antes que de un amante. Porque un amante alabará todas tus palabras y todas tus acciones sin curarse de la verdad ni de la bondad de ellas, ya por temor de disgustarte, ya porque la pasión le ciega; porque tales son las ilusiones del amor. El amor desgraciado se aflige, porque no excita la compasión de nadie; pero cuando es dichoso, todo le parece encantador, hasta las cosas más indiferentes. El amor es mucho menos digno de envidia que de compasión. Contrariamente, si cedes a mis votos, no me verás buscar en tu intimidad un placer efímero, sino que vigilaré por tus intereses durables, porque, libre de amor, yo seré dueño de mí mismo. No me entregaré por motivos frívolos a odios furiosos, y aun con los más graves motivos dudaré en concebir un ligero resentimiento. Seré indulgente con los daños involuntarios que se me causen, y me esforzaré en prevenir las ofensas intencionadas. Porque tales son los signos de una amistad que el tiempo no puede debilitar.

»Quizá crees tú que la amistad sin el amor es débil y flaca; y, si fuera así, seríamos indiferentes con nuestros hijos y con nuestros padres y no podríamos estar seguros de la felicidad de nuestros amigos, a quienes un dulce hábito, y no la pasión, nos liga con estrecha amistad. En fin, si es justo conceder sus favores a los que los desean con más ardor, sería preciso en todos los casos obligar, no a los más dignos, sino a los más indigentes, porque libertándolos de los males más crueles, se recibirá por recompensa el más vivo reconocimiento. Así entonces, cuando quieras dar una comida, deberás convidar, no a los amigos, sino a los mendigos y a los hambrientos, porque ellos te amarán, te acompañarán a todas partes, se agolparán a tu puerta experimentando la mayor alegría, vivirán agradecidos y harán votos por tu prosperidad. Pero tú debes contrariamente favorecer, no a aquellos cuyos deseos son más violentos, sino a los que mejor te atestigüen su reconocimiento; no a los más enamorados, sino a los más dignos; no a los que solo aspiran a explotar la flor de la juventud, sino a los que en tu vejez te hagan partícipe de todos sus bienes; no a los que se alabarán por todas partes de su triunfo, sino a los que el pudor obligue a una prudente reserva; no a los que se muestren muy solícitos pasajeramente, sino a aquellos cuya amistad, siempre igual, solo concluirá con la muerte; no a los que, una vez satisfecha su pasión, buscarán un pretexto para aborrecerte, sino a los que, viendo desaparecer los placeres con la juventud, procuren granjearse tu estimación.

»Acuérdate, entonces, de mis palabras, y considera que los amantes están expuestos a los consejos severos de sus amigos, que rechazan pasión tan funesta. Considera, del mismo modo, que nadie es reprensible por no ser amante, ni se le acusa de imprudente por no serlo.

»Quizá me preguntarás, si te aconsejo que concedas tus favores a todos los que no son tus amantes; y te responderé, que tampoco un amante te aconsejará la misma complacencia para todos los que te aman. Porque favores prodigados de esta forma no tendrían el mismo derecho al reconocimiento, ni tampoco podrías ocultarlos, aunque quisieras. Es necesario que nuestra mutua relación, lejos de dañarnos, nos sea a ambos útil.

»Creo haber dicho bastante; pero si aún te queda alguna duda, si es cosa que no he resuelto todas tus objeciones, habla; yo te responderé.

¿Qué te parece? Sócrates; ¿no es admirable este discurso bajo todos los aspectos y sobre todo por la elección de las palabras?

Sócrates.- Maravilloso discurso, amigo mío; me ha arrebatado y sorprendido. No has contribuido tú poco a que me haya causado tan buena impresión. Te miraba durante la lectura, y veía brillar en tu semblante la alegría. Y como creo que en estas materias tu juicio es más seguro que el mío, me he fiado de tu entusiasmo, y me he dejado arrastrar por él.

Fedro.- ¡Vaya!, quieres reírte.

Sócrates.- ¿Crees que me burlo y que no hablo seriamente?

Fedro.- No, en verdad, Sócrates. Pero dime con franqueza, ¡Zeus, que preside a la amistad!, ¿piensas que haya entre todos los griegos un orador capaz de tratar el mismo asunto con más nobleza y extensión?

SÓCRATES.- ¿Qué dices?, quieres que me una a ti para alabar un orador por haber dicho todo lo que puede decirse, o solo por haberse expresado en un lenguaje claro, preciso y sabiamente aplicado. Si reclamas mi admiración por el fondo mismo del discurso, solo por consideración a ti puedo concedértelo; porque la debilidad de mi espíritu no me ha dejado apercibir este mérito, y solo me he fijado en el lenguaje. En este concepto no creo que Lisias mismo pueda estar satisfecho de su obra. Me parece, mi apreciado Fedro, a no juzgar tú de otra forma, que repite dos y tres veces las cosas, como un hombre poco afluente; pero quizá se ha fijado poco en esta falta, y ha apreciado hacernos ver que era capaz de expresar un mismo pensamiento de muchas maneras diferentes, y siempre con la misma fortuna.

FEDRO.- ¿Qué dices?, Sócrates. Lo más admirable de su discurso consiste en decir precisamente todo lo que la materia permite; de forma que sobre lo mismo no es posible hablar, ni con más afluencia, ni con mayor exactitud.

SÓCRATES.- En ese punto yo no soy de tu dictamen. Los sabios de los tiempos antiguos, hombres y mujeres, que han hablado y escrito sobre esta materia, me convencerían de impostura, si tuviera la debilidad de ceder sobre este punto.

FEDRO.- ¿Y cuáles son esos sabios?, o has encontrado otra cosa más acabada?

SÓCRATES.- En este momento no podré decírtelo; no obstante, alguno recuerdo, y quizá en la bella Safo, o en el sabio Anacreonte, o en algún otro prosista encontrarás ejemplos. Y lo que me compromete a hacer esta conjetura es que desborda mi corazón, y que me siento capaz de pronunciar sobre el mismo objeto un discurso que competiría con el de Lisias. Conozco bien que no puedo encontrar en mí mismo todo ese cúmulo de bellezas, porque no lo permite la medianía de mi ingenio; pero quizá los pensamientos que salgan de mi alma, como de un vaso lleno hasta el borde, procedan de orígenes extraños. Pero soy tan indolente que no sé cómo, ni de dónde, me vienen.

FEDRO.- Verdaderamente, mi noble amigo, me agrada lo que dices. Te dispenso de que me digas quiénes son esos sabios, ni de dónde aprendiste sus lecciones. Pero cumple lo que me acabas de prometer; pronuncia un discurso tan largo como el de Lisias, que sostenga la comparación, sin tomar nada de él. Por mi parte me comprometo, como los nueve arcontes, a consagrar en el templo de Delfos mi estatua en oro de talla natural, y del mismo modo la tuya.

SÓCRATES.- Tú eres, mi apreciado Fedro, el que vales lo que pesas en oro, si tienes la buena fe de creer que en el discurso de Lisias nada hay que rehacer y que yo pudiera tratar el mismo asunto sin contradecir en nada lo que él ha dicho. En verdad esto sería imposible hasta al más adocenado escritor. Por ejemplo, dado que Lisias ha intentado probar que es necesario favorecer al amigo frío, más bien que al amigo apasionado, si me impides alabar la sabiduría del uno y reprender el delirio del otro, si no puedo hablar de estos motivos esenciales, ¿qué es lo que me queda? Hay necesidad de consentir estos lugares comunes al orador, y de esta forma puede mediante el arte de la forma suplir la pobreza de invención. No es porque, cuando se trata de razones menos evidentes, y por ende más difíciles de encontrar, no se una al mérito de la composición el de la invención.

FEDRO.- Hablas con razón. Puedes sentar por principio que el que no ama tiene sobre el que ama la ventaja de conservar su buen sentido, y esto te lo concedo. Pero si en otra parte puedes encontrar razones más numerosas y más fuertes que los motivos alegados por Lisias, quiero que tu estatua de oro macizo figure en Olimpia cerca de la ofrenda de Cipsesides.

SÓCRATES.- Tomas la cosa por lo serio, Fedro, porque ataco al que amas. Solo quería provocarte un poco. ¿Piensas verdaderamente que yo pretendo competir en elocuencia con escritor tan hábil?

FEDRO.- He aquí, mi apreciado Sócrates, que has incurrido en los mismos defectos que yo; pero tú hablarás, quieras o no quieras, en cuanto alcances. Procura que no se renueve una escena muy frecuente en las comedias, y me fuerces a volverte tus burlas repitiendo tus mismas palabras: «Sócrates, si no conociese a Sócrates, no me conocería a mí mismo; ardía en deseos de hablar, pero se hacía el desdeñoso, como si no le importara». Ten entendido, que no saldremos de aquí, sin que hayas dado expansión a tu corazón, que según tú mismo se desborda. Estamos solos, el sitio es retirado, y soy el más joven y más fuerte de los dos. En fin, ya me entiendes; no me obligues a hacerte violencia, y habla por las buenas.

SÓCRATES.- Pero, amigo mío, sería muy ridículo oponer a una obra maestra de tan insigne orador la improvisación de un ignorante.

FEDRO.- ¿Sabes una cosa?, que te dejes de nuevos desdenes, porque si no recurriré a una sola palabra que te obligará a hablar.

SÓCRATES.- Te suplico que no recurras.

FEDRO.- No, no. Escucha. Esta palabra mágica es un juramento. Juro, pero ¿por qué Dios?, si quieres, por este plátano, y me comprometo por juramento a que si en su presencia no hablas en este acto, nunca te leeré, ni te recitaré, ningún otro discurso de quien quiera que sea.

SÓCRATES.- ¡Oh!, ¡qué ducho!, ¡cómo ha sabido comprometerme a que le obedezca, valiéndose del punto débil que yo tengo, de mi cariño a los discursos!

FEDRO.- Y bien, ¿tienes todavía algún mal pretexto que alegar?

SÓCRATES.- ¡Oh Dios!, no; después de tal juramento, ¿cómo podría imponerme una privación semejante?

FEDRO.- Habla, pues.

SÓCRATES.- ¿Sabes lo que voy a hacer antes?

FEDRO.- Veámoslo.

SÓCRATES.- Voy a cubrirme la cabeza para concluir lo más pronto posible, porque el mirar a tu semblante me llena de turbación y de confusión.

FEDRO.- Lo que importa es que hables, y en lo demás haz lo que te acomode.

SÓCRATES.- Vengan, musas ligias, nombre que deben a la dulzura de sus cantos, o a la pasión de los ligienses por sus divinas melodías; yo les invoco, sostengan mi debilidad en este discurso, que me arranca mi buen amigo, indudablemente para añadir un nuevo título, después de otros muchos, a la gloria de su apreciado Lisias. Había un joven, o más bien, un mozalbete en la flor de su juvenil belleza, que contaba con gran número de adoradores. Uno de ellos, más astuto, pero no menos enamorado que los demás, había conseguido persuadirlo de que no le tenía amor. Y un día que solicitaba sus favores, intentó probarle que era preciso acceder a su indiferencia, primero que a la pasión de los demás. He aquí su discurso: En todas las cosas, apreciado mío, para tomar una sabia resolución es necesario comenzar por averiguar sobre qué se va a tratar, porque de no ser así se incurriría en mil errores. La mayor parte de los hombres ignoran la esencia de las cosas, y en su ignorancia, de la que apenas se aperciben, desprecian desde el principio plantear la cuestión. Así es que, avanzando en la discusión, les sucede necesariamente no entenderse, ni con los demás, ni consigo mismos. Evitemos este defecto, que echamos en cara a los demás; y dado que se trata de saber si debe uno entregarse al amante o al que no lo es, comencemos por fijar la definición del amor, su naturaleza y sus efectos, y refiriéndonos sin cesar a estos principios y estrechando a ellos la discusión, examinemos si es útil o dañoso.

»Que el amor es un deseo, es una verdad evidente; así como es evidente que el deseo de las cosas bellas no es siempre el amor. ¿Bajo qué signo distinguiremos al que ama y al que no ama? Cada uno de nosotros debe reconocer que hay dos principios que le gobiernan, que le dirigen, y cuyo impulso, cualquiera que sea, determina sus movimientos: el uno es el deseo instintivo del placer, y el otro el gusto reflexivo del bien. Tan pronto estos dos principios están en armonía, tan pronto se combaten, y la victoria pertenece indistintamente, ya a uno, ya a otro. Cuando el gusto del bien, que la razón nos inspira, se apodera del alma entera, se llama sabiduría; cuando el deseo irreflexivo que nos arrastra hacia el placer llega a dominar, recibe el nombre de intemperancia. Pero la intemperancia muda de nombre, según los diferentes objetos sobre que se ejercita y de las formas diversas que viste, y el hombre dominado por la pasión, según la forma particular bajo la que se manifiesta en él, recibe un nombre que no es bueno ni honroso llevar. Así, cuando el ansia de manjares supera a la vez al gusto del bien, inspirado por la razón y a los demás deseos, se llama glotonería, y los entregados a esta pasión se les da el epíteto de glotones. Cuando es el deseo de la bebida el que ejerce esta tiranía, ya se sabe el título injurioso que se da al que a él se abandona. En fin, lo mismo sucede con todos los deseos de esta clase, y nadie ignora los nombres degradantes que suelen aplicarse a los que son víctimas de su tiranía. Ya es fácil adivinar la persona a que voy a parar después de este preámbulo; no obstante, creo que debo explicarme con toda claridad. Cuando el deseo irracional, sofocando en nuestra alma este gusto del bien, se entrega por entero al placer que promete la belleza, y cuando se lanza con todo el enjambre de deseos de la misma clase solo a la belleza corporal, su poder se hace irresistible, y sacando su nombre de esta fuerza omnipotente, se le llama amor».

»Y bien, mi apreciado Fedro, ¿no te parece, como a mí, que estoy inspirado por alguna divinidad?

FEDRO.- En efecto, Sócrates, las palabras corren con una afluencia inusitada.

SÓCRATES.- Silencio, y escúchame, porque en verdad este lugar tiene algo de divino, y si en el curso de mi exposición las ninfas de estas riberas me inspirasen algunos rasgos entusiastas, no te sorprendas. Ya me considero poco distante del tono del ditirambo.

FEDRO.- Nada más cierto.

SÓCRATES.- Tú eres la causa. Pero escucha el resto de mi discurso, porque la inspiración podría abandonarme. En todo caso, esto corresponde al Dios que me posee, y nosotros continuemos hablando de nuestro joven. Pues bien, amigo mío, ya hemos determinado el objeto que nos ocupa, y hemos definido su naturaleza. Pasemos adelante, y sin perder de vista nuestros principios, examinemos las ventajas o los inconvenientes de las deferencias que se pueden tener, sea para con un amante, sea para con un amigo libre de amor. El que está poseído por un deseo y dominado por el deleite, debe necesariamente buscar en el objeto de su amor el mayor placer posible. Un espíritu enfermo encuentra su placer en abandonarse por completo a sus caprichos, mientras que todo lo que le contraría o le provoca le es insoportable. El hombre enamorado verá con impaciencia a uno que le sea superior o igual para con el objeto de su amor, y trabajará sin tregua en rebajarle y humillarle hasta verlo debajo. El ignorante es inferior al sabio, el cobarde al valiente, el que no sabe hablar al orador brillante y fácil, el de espíritu tardo al de genio vivo y desenvuelto. Estos defectos y aun otros más vergonzosos regocijarán al amante, si los encuentra en el objeto de su amor, y en el caso contrario, procurará hacerlos nacer en su alma, o sufrirá mucho en la prosecución de sus placeres efímeros. Pero, sobre todo, será celoso, prohibirá al que ama todas las relaciones que puedan hacerle más perfecto, más hombre, lo causará un gran perjuicio, y en fin, le hará un mal irreparable, alejándolo de lo que podría ilustrar su alma; quiero decir, de la divina filosofía; el amante querrá necesariamente desviar de este estudio al que ama, por temor de hacerse para él un objeto de desprecio. Por último, se esforzará en todo y por todo en mantenerlo, en la ignorancia, para obligarlo a no tener más ojos que los del mismo amante, y le será tanto más agradable cuanto más daño se haga a sí mismo. Por ende, bajo la relación moral, no hay guía más malo, ni compañero más funesto, que un hombre enamorado.

»Veamos ahora lo que los cuidados de un amante, cuya pasión precisa a sacrificar lo bello y lo honesto a lo agradable, harán del cuerpo que posee. Se le verá rebuscar un joven delicado y sin vigor, educado a la sombra y no a la claridad del sol, extraño a los varoniles trabajos y a los ejercicios gimnásticos, acostumbrado a una vida muelle de delicias, supliendo con perfumes y artificios la belleza que ha perdido, y en fin, no teniendo nada en su persona y en sus costumbres que no corresponda a este retrato. Todo esto es evidente, y es inútil insistir más en ello. Observaremos solamente, resumiendo, antes de pasar a otras consideraciones, que en la guerra y en las demás ocasiones peligrosas, este joven afeminado solo podrá inspirar audacia a sus enemigos y temor a sus amigos y a sus amantes. Pero, repito, dejemos estas reflexiones, cuya verdad es manifiesta.

»Del mismo modo, debemos examinar, en qué el trato y la influencia de un amante pueden ser útiles o dañosos, no al alma y al cuerpo, sino a los bienes del objeto amado. Es claro para todo el mundo, sobre todo para el mismo amante, que nada hay que desee tanto como ver a la persona que ama privada de lo más precioso, más estimado y más sagrado que tiene. Le vería con gusto perder a su padre, su madre, sus parientes, sus amigos, que mira como censores y como obstáculos a su dulce comercio. Si la persona amada posee grandes bienes en dinero o en tierras, sabe que le será más difícil seducirla y que la encontrará menos dócil después de seducida. La fortuna del que ama lo incomoda, y se regocijará con su ruina. En fin, deseará verlo todo el tiempo posible sin mujer, sin hijos, sin hogar doméstico, para alargar el momento en que habrá de cesar de gozar de sus favores.

»Un Dios ha mezclado a la mayor parte de los males que afligen a la humanidad un goce fugitivo. Así la adulación, esta bestia cruel, este funesto azote, nos hace gustar algunas veces un placer delicado. El comercio con una cortesana, tan expuesto a peligros, y todas las demás relaciones y hábitos semejantes no carecen de ciertas dulzuras pasajeras. Pero no basta que el amante dañe al objeto amado, sino que la asidua comunicación en todos los momentos debe llegar a ser desagradable. Un antiguo proverbio dice, que los que son de una misma edad se atraen naturalmente. En efecto, cuando las edades son las mismas, la conformidad de gustos y de humor, que de ello resulta, predispone la amistad, y, no obstante, semejantes relaciones tienen del mismo modo sus disgustos. En todas las cosas, se dice, la necesidad es un yugo pesado, pero lo es sobre todo en la sociedad de un amante, cuya edad se aleja de la de la persona amada. Si es un viejo que se enamora de uno más joven, no lo dejará día y noche; una pasión irresistible, una especie de furor, lo arrastrará hacia aquel, cuya presencia lo encanta sin cesar por el oído, por la vista, por el tacto, por todos los sentidos, y encuentra un gran placer en servirse de él sin tregua, ni descanso; y en compensación del fastidio mortal que causa a la persona amada por su importunidad, ¿qué goces, qué placeres, esperan a este desgraciado? El joven tiene a la vista un cuerpo gastado y marchitado por los años, afligido de los achaques de la edad, de que no puede librarse; y con más razón no podrá sufrir el roce, a que sin cesar se verá amenazado, sin una extrema repugnancia. Vigilado con suspicaz celo en todos sus actos, en todas sus conversaciones, oye de boca de su amante, tan pronto imprudentes y exageradas alabanzas, como reprensiones insoportables, que le dirige, cuando está en su buen sentido; porque cuando la embriaguez de la pasión llega a extraviarle, sin tregua y sin miramiento le llena de ultrajes, que le cubren de vergüenza.

»El amante, mientras su pasión dura, será un objeto tan repugnante como funesto; cuando la pasión se extinga, se mostrará sin fe, y venderá a aquel que sedujo con sus promesas magníficas, con sus juramentos y con sus súplicas, y a quien solo la esperanza de los bienes prometidos pudo con gran dificultad decidir a soportar relación tan funesta. Cuando llega el momento de verse libre de esta pasión, obedece a otro dueño, sigue otro guía, es la razón y la sabiduría las que reinan en él, y no el amor y la locura; se ha hecho otro hombre sin conocimiento de aquel de quien estaba enamorado. El joven exige el precio de los favores de otro tiempo, le recuerda todo lo que ha hecho, lo que ha dicho, como si hablase al mismo hombre. Este, lleno de confusión, no quiere confesar el cambio que ha sufrido, y no sabe cómo sacudirse de los juramentos y promesas que prodigó bajo el imperio de su loca pasión. No obstante, ha entrado en sí mismo y es ya bastante capaz para no dejarse llevar de iguales extravíos, y para no volver de nuevo al antiguo camino de perdición. Se ve precisado a evitar a aquel que amaba en otro tiempo, y vuelta la concha, en vez de perseguir, es él el que huye. Al joven no le queda otro partido que sufrir bajo el peso de sus remordimientos por haber ignorado desde el principio que valía más conceder sus favores a un amigo frío y dueño de sí mismo, que a un hombre, cuyo amor necesariamente ha turbado la razón.

»Obrando de otra forma, es igual que abandonarse a un dueño pérfido, incómodo, celoso, repugnante, perjudicial a su fortuna, dañino para su salud, y sobre todo, funesto al perfeccionamiento de su alma, que es y será en todos los tiempos la cosa más preciosa a juicio de los hombres y de los dioses. He aquí, joven apreciado, las verdades que debes meditar sin cesar, no olvidando nunca que la ternura de un amante no es una afección benévola, sino un apetito grosero que quiere saciarse:

Como el lobo ama al cordero,
El amante ama al amado».

»He aquí todo lo que tenía que decirte, mi apreciado Fedro; no me oirás más, porque mi discurso ha terminado.

Fedro.- Creía que lo que has dicho era solo la primera parte, y que hablarías inmediatamente del hombre no enamorado, para probar que se le debe favorecer con preferencia, y para presentar las ventajas que ofrece su amistad.

Sócrates.- ¿No has notado, mi apreciado amigo, que, sin remontarme al tono del ditirambo, ya mi lenguaje ha sido poético, cuando solo se trata de criticar? ¿Qué será si yo emprendo el hacer el panegírico del amigo sabio? ¿Quieres, después de haberme expuesto a la influencia de las ninfas, acabar de extraviar mi razón? Digo, entonces, resumiendo, que en el trato del hombre sin amor se encuentran tantas ventajas, como inconvenientes en el del hombre apasionado. ¿Habrá necesidad de largos discursos? Bastante me he explicado sobre ambos aspirantes. Nuestro hermoso joven hará de mis consejos lo que quiera, y yo repasaré el Illiso, como quien dice, huyendo, antes que venga a tu magín hacer conmigo mayores violencias.

Fedro.- No, Sócrates, aguarda a que el calor pase. ¿No ves que apenas es medio día, y que es la hora en que el sol parece detenerse en lo más alto del cielo? Permanezcamos aquí algunos instantes conversando sobre lo que venimos hablando, y cuando el tiempo refresque, nos marcharemos.

Sócrates.- Tienes, apreciado amigo, una maravillosa pasión por los discursos, y en este punto no hallo palabras para alabarte; creo que de todos los hombres de tu generación, no hay uno que haya producido más discursos que tú, sea que los hayas pronunciado tú mismo, sea que hayas obligado a otros a componerlos, quisieran o no quisieran.

»No obstante, exceptúo a Simmias el Tebano; pero no hay otro que pueda compararse contigo. Y ahora mismo me temo, que me vas a arrancar un nuevo discurso.

Fedro.- No, ahora no eres tan rebelde como fuiste antes; veamos de qué se trata.

Sócrates.- Según me estaba preparando para pasar el río, sentí esa señal divina, que ordinariamente me da sus avisos, y me detiene en el momento de adoptar una resolución, y he creído escuchar de este lado una voz que me prohibía partir antes de haber ofrecido a los dioses una expiación, como si hubiera cometido alguna impiedad. Es cierto que yo soy adivino, y en verdad no de los más hábiles, sino que a la forma de los que solo ellos leen lo que escriben, yo sé lo bastante para mi uso. Por ende, adivino la falta que he cometido. Hay en el alma humana, mi apreciado amigo, un poder adivinatorio. En el acto de hablarte, sentía por algunos instantes una gran turbación y un vago terror, y me parecía, como dice el poeta Ibico, que los dioses iban a convertir en crimen un hecho que me hacía honor a los ojos de los hombres. Sí, ahora sé cuál es mi falta.

Fedro.- ¿Qué quieres decir?

Sócrates.- Tú eres doblemente culpable, mi apreciado Fedro, por el discurso que leíste, y por el que me has obligado a pronunciar.

Fedro.- ¿Cómo así?

Sócrates.- El uno y el otro no son más que un cúmulo de absurdos e impiedades. ¿Puede darse un atentado más grave?

Fedro.- No, indudablemente, si dices cierto.

Sócrates.- ¿Pero qué?, no crees que el Amor es hijo de Afrodita, y que es un Dios?

Fedro.- Así se dice.

Sócrates.- Pues bien, Lisias no ha hablado de él, ni tú mismo, en este discurso que has pronunciado por mi boca, mientras estaba yo encantado con tus sortilegios. No obstante, si el amor es un Dios o alguna cosa divina, como así es, no puede ser malo, pero nuestros discursos le han representado como tal, y por ende son culpables de impiedad para con el Amor. Además, yo los encuentro impertinentes y burlones, porque por más que no se encuentre en ellos razón, ni verdad, toman el aire de aspirar a algo con lo que podrán seducir a espíritus frívolos y sorprender su admiración. Ya ves que debo someterme a una expiación, y para los que se engañan en teología hay una antigua expiación que Homero no ha imaginado, pero que Stesícore ha practicado. Porque privado de la vista por haber maldecido a Helena, no ignoró, como Homero, el sacrilegio que había cometido; pero, como hombre verdaderamente inspirado por las musas, comprendió la causa de su desgracia, y publicó estos versos: «No, esta historia no es cierta; no, nunca entrarás en las soberbias naves de Troya, nunca entrarás en Pérgamo».

»Y después de haber compuesto todo su poema, conocido con el nombre de Palinodia, recobró la vista sobre la marcha. Instruido por este ejemplo, yo seré más cauto que los dos poetas, porque antes que el Amor haya castigado mis ofensivos discursos, quiero presentarle mi Palinodia. Pero esta vez hablaré a cara descubierta, y la vergüenza no me obligará a tapar mi cabeza como antes.

FEDRO.- No puedes, mi apreciado Sócrates, anunciarme una cosa que más me satisfaga.

SÓCRATES.- Debes conocer, como yo, toda la impudencia del discurso que he pronunciado, y del que tú has leído; si los hubiera oído alguno, tenido por persona decente y bien nacida, que estuviese cautivo de amor o que hubiese sido amado en su juventud, al oírnos sostener que los amantes conciben odios violentos por motivos frívolos, que atormentan a los que aman con sus sospechosos celos, y no hacen más que perjudicarlos, ¿no crees que nos hubieran calificado de gentes criada entre marineros que nunca oyeron hablar del amor a personas cultas? ¡Tan distante estaría de reconocer la verdad de los cargos que hemos formulado contra el amor!

FEDRO.- ¡Zeus! Sócrates, bien podría suceder.

SÓCRATES.- Así, entonces, por respeto a este hombre, y por temor a la venganza del Amor, quiero que un discurso más suave venga a templar la amargura del primero. Y aconsejo a Lisias que componga lo más pronto posible un segundo discurso, para probar que es necesario preferir el amante apasionado al amigo sin amor.

FEDRO.- Persuádete de que así sucederá; si tú pronuncias el elogio del amante apasionado, habrá necesidad de que Lisias se deje vencer por mí, para que escriba sobre el mismo objeto.

SÓCRATES.- Cuento con que le obligarás, a no ser que dejes de ser Fedro.

FEDRO.- Habla, entonces, con confianza.

SÓCRATES.- Pero ¿dónde está el joven a quien yo me dirigía? Es necesario que oiga del mismo modo este nuevo discurso, y que, escuchándome, aprenda a no preocuparse por conceder sus favores al hombre sin amor.

FEDRO.- Este joven está cerca de ti, y estará siempre a tu lado por el tiempo que quieras.

SÓCRATES.- Figúrate, mi apreciado joven, que el primer discurso era de Fedro, hijo de Pitocles, del barrio de Mirrinos, y que el que voy a pronunciar es de Stesícore de Himero, hijo de Eufemos. He aquí, cómo es necesario hablar. No, no hay nada de verdadero en el primer discurso; no, no hay que desdeñar a un amante apasionado y abandonarse al hombre sin amor, por la sola razón de estar el uno delirante y el otro en su sano juicio. Esto sería muy bueno, si fuese evidente que el delirio es un mal; pero es todo lo contrario; al delirio inspirado por los dioses es al que somos deudores de los más grandes bienes. Al delirio se debe que la profetisa de Delfos y las sacerdotisas de Dodona hayan hecho numerosos y señalados servicios a las repúblicas de la Grecia y a los particulares. Cuando han estado a sangre fría, poco o nada se les debe. No quiero hablar de la Sibila, ni de todos aquellos, que habiendo recibido de los dioses el don de profecía, han inspirado a los hombres sabios pensamientos, anunciándoles el porvenir, porque sería extenderme inútilmente sobre una cosa que nadie ignora. Por otra parte, puedo invocar el testimonio de los antiguos, que han creado el lenguaje; no han mirado el delirio, μανία, como indigno y deshonroso; porque no hubieran aplicado este nombre a la más noble de todas las artes, la que nos da a conocer el porvenir, y no la hubiera llamado μανιχή, y si le dieron este nombre fue porque pensaron que el delirio es un don magnífico cuando nos viene de los dioses. La actual generación, introduciendo indebidamente una t en esta palabra, han creado la de μαντιχή. Contrariamente, la indagación del porvenir hecha por hombres sin inspiración, que observaban el vuelo de los pájaros y otros sinos, se la llamó οίονοίστίχή, porque estos adivinos buscaban, con el auxilio del razonamiento, dar al pensamiento humano la inteligencia y el conocimiento; y los modernos, mudando la antigua ó en su enfática ω han llamado este arte οἰωνοϊστίχή. Por ende, todo lo que la profecía tiene de perfección y de dignidad sobre el arte adivinatorio, tanto respecto del nombre como respecto de la cosa, otro tanto el delirio, que viene de los dioses, es más noble que la sabiduría que viene de los hombres; y los antiguos nos lo atestiguan.

»Cuando los pueblos han sido víctimas de epidemias y de otros terribles azotes en castigo de un antiguo crimen, el delirio, apoderándose de algunos mortales y llenándolos de espíritu profético, los obligaban a buscar un remedio a estos males, y un refugio contra la cólera divina con súplicas y ceremonias expiatorias. Al delirio se han debido las purificaciones y los ritos misteriosos que preservaron de los males presentes y futuros al hombre verdaderamente inspirado y animado de espíritu profético, descubriéndole los medios de salvarse.

»Hay una tercera clase de delirio y de posesión, que es la inspirada por las musas; cuando se apodera de un alma inocente y virgen aún, la trasporta y le inspira odas y otros poemas que sirven para la enseñanza de las generaciones nuevas, celebrando las proezas de los antiguos héroes. Pero todo el que intente aproximarse al santuario de la poesía, sin estar agitado por este delirio que viene de las musas, o que crea que el arte solo basta para hacerle poeta, estará muy distante de la perfección; y la poesía de los sabios se verá siempre eclipsada por los cantos que respiran un éxtasis divino.

»Tales son las ventajas maravillosas que procura a los mortales el delirio inspirado por los dioses, y podría citar otras muchas. Por lo que guardémonos de temerle, y no nos dejemos seducir por ese tímido discurso, que pretende que se prefiera un amigo frío al amante agitado por la pasión. Para que nos diéramos por vencidos por sus razones, sería preciso que nos demostrara, que los dioses que inspiran el amor no quieren el mayor bien, ni para el amante, ni para el amado. Nosotros probaremos, contrariamente, que los dioses nos envían esta especie de delirio para nuestra mayor felicidad. ¡Nuestras pruebas excitarán el desdén de los falsos sabios, pero habrán de convencer a los sabios verdaderos!

»Por lo pronto es necesario determinar exactamente la naturaleza del alma divina y humana a través de la observación de sus facultades y propiedades.

»Partiremos de este principio: toda alma es inmortal, porque todo lo que se mueve en movimiento continuo es inmortal. El ser que comunica el movimiento o el que lo recibe, en el momento en que cesa de ser movido, cesa de vivir; solo el ser que se mueve por sí mismo, no pudiendo dejar de ser el mismo, no cesa nunca de moverse; y aún más, es, para los otros seres que participan del movimiento, origen y principio del movimiento mismo. Un principio no puede ser producido; porque todo lo que comienza a existir debe necesariamente ser producido por un principio, y el principio mismo no ser producido por nada, porque, si lo fuera, dejaría de ser principio. Pero si nunca ha comenzado a existir, no puede tampoco ser destruido. Porque si un principio pudiese ser destruido, no podría él mismo renacer de la nada, ni nada tampoco podría renacer de él, si como comentamos, todo es producido necesariamente por un principio. Así, el ser que se mueve por sí mismo, es el principio del movimiento, y no puede ni nacer, ni perecer, porque de otra forma el cielo entero y todos los seres, que han recibido la existencia, se postrarían en una profunda inmovilidad, y no existiría un principio que les volviera el movimiento, una vez destruido. Queda, entonces, demostrado, que lo que se mueve por sí mismo es inmortal, y nadie temerá afirmar, que el poder de moverse por sí mismo es la esencia del alma. En efecto, todo cuerpo, que es movido por un impulso extraño, es inanimado; todo cuerpo que recibe el movimiento de un principio interior, es animado; tal es la naturaleza del alma. Si es cierto que lo que se mueve por sí mismo no es otra cosa que el alma, se sigue necesariamente, que el alma no tiene, ni principio, ni fin. Pero es suficiente ya sobre su inmortalidad.

»Ocupémonos ahora del alma en sí misma. Para decir lo que ella es, sería preciso una ciencia divina y desenvolvimientos sin fin. Para hacer comprender su naturaleza por una comparación, basta una ciencia humana y algunas palabras. Digamos, entonces, que el alma se parece a las fuerzas combinadas de un tronco de caballos y un cochero; los corceles y los cocheros de las almas divinas son excelentes y de buena raza, pero, en los demás seres, su naturaleza está mezclada de bien y de mal. Por esta razón, en la especie humana, el cochero dirige dos corceles, el uno excelente y de buena raza, y el otro muy diferente del primero y de un origen del mismo modo muy diferente; y un tronco semejante no puede dejar de ser penoso y difícil de guiar.

»¿Pero cómo, entre los seres animados, unos son llamados mortales y otros inmortales? Esto es lo que conviene esclarecer. El alma universal rige la materia inanimada, y hace su evolución en el universo, manifestándose bajo mil formas diversas. Cuando es perfecta y alada, destaca en lo más alto de los cielos, y gobierna el orden universal. Pero cuando ha perdido sus alas, rueda en los espacios infinitos, hasta que se adhiere a alguna cosa sólida, y fija, allí su estancia; y cuando ha revestido un cuerpo terrestre, que desde aquel acto, movido por la fuerza, que le comunica, parece moverse por sí mismo, esta reunión de alma y cuerpo se llama un ser vivo, con el aditamento de ser mortal. En referente al nombre de inmortal, el razonamiento no puede definirlo, pero nosotros nos lo imaginamos; y sin haber visto nunca la sustancia a la que este nombre conviene, y sin comprenderla suficientemente, conjeturamos que un ser inmortal es el formado por la reunión de un alma y de un cuerpo unidos de toda eternidad. Pero sea lo que Dios quiera, y dígase lo que se quiera, para nosotros basta que expliquemos, cómo las almas pierden sus alas. He aquí quizá la causa.

»La virtud de las alas consiste en llevar lo que es pesado hacia las regiones superiores, donde habita la raza de los dioses, siendo ellas participantes de lo que es divino más que todas las cosas corporales. Es divino todo lo que es bello, bueno, verdadero, y todo lo que posee cualidades análogas, y del mismo modo lo es lo que nutre y fortifica las alas del alma; y todas las cualidades contrarias como la fealdad, el mal, las ajan y echan a perder. El Señor omnipotente, que está en los cielos, Zeus, se adelanta el primero, conduciendo su carro alado, ordenando y vigilándolo todo. El ejército de los dioses y de los demonios lo sigue, dividido en once tribus; porque de las doce divinidades supremas solo Vesta queda en el palacio celeste; las once restantes, en el orden que les está prescrito, conducen cada una la tribu que preside. ¡Qué encantador espectáculo nos ofrece la inmensidad del cielo, cuando los inmortales bienaventurados realizan sus revoluciones llenando cada uno las funciones que les están encomendadas! Detrás de ellos marchan los que quieren y pueden servirlos, porque en la corte celestial está desterrada la envidia. Cuando van al festín y banquete que les espera, avanzan por un camino escarpado hasta la cima más elevada de la bóveda de los cielos. Los carros de los dioses, mantenidos siempre en equilibrio por sus corceles dóciles al freno, suben sin esfuerzo; los otros caminan con dificultad, porque el corcel malo pesa sobre el carro inclinado y le arrastra hacia la tierra, si no ha sido sujetado por su cochero. Entonces es cuando el alma sufre una prueba y mantiene una terrible lucha. Las almas de los que se llaman inmortales, cuando han subido a lo más alto del cielo, se elevan por cima de la bóveda celeste y se fijan sobre su convexidad; entonces se ven arrastradas por un movimiento circular, y contemplan durante esta evolución lo que se halla fuera de esta bóveda, que abraza el universo.

»Ninguno de los poetas de este mundo ha celebrado nunca la región que se extiende por encima del cielo; ninguno la celebrará nunca dignamente. He aquí, no obstante, lo que es, porque no hay temor de publicar la verdad, sobre todo, cuando se trata de la verdad. La esencia sin color, sin forma, impalpable, no puede contemplarse sino por la guía del alma, la inteligencia; en torno de la esencia está la estancia de la ciencia perfecta que abraza la verdad toda entera. El pensamiento de los dioses, que se alimenta de inteligencia y de ciencia sin mezcla, como el de toda alma ávida del alimento que la conviene, gusta ver la esencia divina de que hacía tiempo estaba separado, y se entrega con placer a la contemplación de la verdad, hasta el instante en que el movimiento circular la lleve al punto de su partida. Durante esta revolución, contempla la justicia en sí, la sabiduría en sí, no esta ciencia que está sujeta a cambio y que se muestra diferente según los distintos objetos, que nosotros, mortales, queremos llamar seres, sino la ciencia, que tiene por objeto el ser de los seres. Y cuando ha contemplado las esencias y está completamente saciado, se suma de nuevo en el cielo y entra en su estancia. Apenas ha llegado, el cochero conduce los corceles al establo, en donde les da ambrosía para comer y néctar para beber. Tal es la vida de los dioses.

»Entre las otras almas, la que sigue a las almas divinas con paso más igual y que más las imita, levanta la cabeza de su cochero hasta las regiones superiores, y se ve arrastrada por el movimiento circular; pero, molestada por sus corceles, apenas puede entrever lo esencial. Hay otras, que tan pronto suben, como bajan, y que arrastradas acá y allá por sus corceles, aperciben ciertas esencias y no pueden contemplarlas todas. En fin, otras almas siguen de lejos, aspirando como las primeras a elevarse hacia las regiones superiores, pero sus esfuerzos son impotentes, están como sumergidas y errantes en los espacios inferiores, y, luchando con ahínco por ganar terreno, se ven entorpecidas y completamente abatidas; entonces ya no hay más que confusión, combate y lucha desesperada: y por la poca maña de sus cocheros, muchas de estas almas se ven lisiadas, y otras ven caer una a una las plumas de sus alas; todas, después de esfuerzos inútiles e impotentes para elevarse hasta la contemplación del ser absoluto, desfallecen, y en su caída no les queda más alimento que las conjeturas de la opinión. Este tenaz empeño de las almas por elevarse a un punto desde donde puedan descubrir la llanura de la verdad, nace de que solo en esta llanura pueden encontrar un alimento capaz de nutrir la parte más noble de sí mismas, y de desenvolver las alas que llevan al alma lejos de las regiones inferiores. Es una ley de Adrasto, que toda alma que ha podido seguir al alma divina y contemplar con ella alguna de las esencias, esté exenta de todos los males hasta un nuevo viaje, y si su vuelo no se debilita, ignorará eternamente sus sufrimientos. Pero cuando no puede seguir a los dioses, cuando por un extravío funesto, llena del impuro alimento del vicio y del olvido, se entorpece y pierde sus alas, entonces cae en esta tierra; una ley quiere que en esta primera generación y aparición sobre la tierra no anime el cuerpo de ningún animal.

»El alma que ha visto, lo mejor posible, las esencias y la verdad, deberá constituir un hombre, que se consagrará a la sabiduría, a la belleza, a las musas y al amor; la que ocupa el segundo lugar será un rey justo o guerrero o poderoso; la de tercer lugar, un político, un financiero, un negociante; la del cuarto, un atleta infatigable o un médico; la del quinto, un adivino o un iniciado; la del sexto, un poeta o un artista; la del séptimo, un obrero o un labrador; la del octavo, un sofista o un demagogo; la del noveno, un tirano. En todos estos estados, a todo el que ha practicado la justicia, le espera después de su muerte un destino más alto; el que la ha violado cae en una condición inferior. El alma no puede volver a la estancia de donde ha partido, sino después de un destierro de diez mil años: porque no recobra sus alas antes, a menos que haya cultivado la filosofía con un corazón sincero o amado a los jóvenes con un amor filosófico. A la tercera revolución de mil años, si ha escogido tres veces seguidas este género de vida, recobra sus alas y vuela hacia los dioses en el momento en que la última, a los tres mil años, se ha realizado. Pero las otras almas, después de haber vivido su primera existencia, son objeto de un juicio: y una vez juzgadas, las unas descienden a las entrañas de la tierra para sufrir allí su castigo; otras, que han obtenido una sentencia favorable, se ven conducidas a un paraje del cielo, donde reciben las recompensas debidas a las virtudes que hayan practicado durante su vida terrestre. Después de mil años, las unas y las otras son llamadas para un nuevo arreglo de las condiciones que hayan de sufrir, y cada una puede escoger el género de vida que mejor le parezca. De esta forma, el alma de un hombre puede animar a una bestia salvaje, y el alma de una bestia animar a un hombre, con tal que este haya sido hombre en una existencia anterior. Porque el alma que no ha vislumbrado la verdad, no puede revestir la forma humana. En efecto, el hombre debe comprender lo general; es decir, elevarse de la multiplicidad de las sensaciones a la unidad racional. Esta facultad no es otra cosa que el recuerdo de lo que nuestra alma ha visto, cuando seguía al alma divina en sus evoluciones, cuando, echando una mirada desdeñosa sobre lo que nosotros llamamos seres, se elevaba a la contemplación del verdadero ser. Por esta razón, es justo que el pensamiento del filósofo tenga solo alas, pensamiento que se liga siempre cuanto es posible por el recuerdo a las esencias, a que Dios mismo debe su divinidad. El hombre que sabe servirse de estas reminiscencias, está iniciado constantemente en los misterios de la infinita perfección, y solo se hace él mismo verdaderamente perfecto. Desprendido de los cuidados que agitan a los hombres, y curándose solo de las cosas divinas, el vulgo pretende sanarlo de su locura y no ve que es un hombre inspirado.

»A esto tiende todo este discurso sobre la cuarta especie de delirio. Cuando un hombre percibe las bellezas de este mundo y recuerda la belleza verdadera, su alma toma alas y desea volar; pero sintiendo su impotencia, levanta, como el pájaro, sus miradas al cielo, desprecia las ocupaciones de este mundo, y se ve tratado como insensato. De todos los géneros de entusiasmo este es el más magnífico en sus causas y en sus efectos para el que lo ha recibido en su corazón, y para aquel a quien ha sido comunicado; y el hombre que tiene este deseo y que se apasiona por la belleza, toma el nombre de amante. En efecto, como ya comentamos, toda alma humana ha debido necesariamente contemplar las esencias, pues de no ser así, no hubiera podido entrar en el cuerpo de un hombre. Pero los recuerdos de esta contemplación no se despiertan en todas las almas con la misma facilidad; una no ha hecho más que entrever las esencias; otra, después de su descenso a la tierra, ha tenido la desgracia de verse arrastrada hacia la injusticia por asociaciones funestas, y olvidar los misterios sagrados que en otro tiempo había contemplado. Un pequeño número de almas son las únicas que conservan con alguna claridad este recuerdo. Estas almas, cuando perciben alguna imagen de las cosas del cielo, se llenan de turbación y no pueden aguantarse, pero no saben lo que experimentan, porque sus percepciones no son bastante claras. Y es que la justicia, la sabiduría y todos los bienes del alma, han perdido su brillantez en las imágenes que vemos en este mundo. Entorpecidos nosotros mismos con órganos groseros, apenas pueden algunos, aproximándose a estas imágenes, reconocer ni aun el modelo que ellas representan. Nos estuvo reservado contemplar la belleza del todo radiante, cuando, mezclados con el coro de los bienaventurados, marchábamos con las demás almas en la comitiva de Zeus y de los demás dioses, gozando allí del más seductor espectáculo; e iniciados en los misterios, que podemos llamar divinos, los celebrábamos exentos de la imperfección y de los males, que en el porvenir nos esperaban, y éramos admitidos a contemplar estas esencias perfectas, simples, llenas de calma y de beatitud, y las visiones que irradiaban en el seno de la más pura luz; y, puros nosotros, nos veíamos libres de esta tumba que llamamos nuestro cuerpo, y que arrastramos con nosotros, como la ostra sufre la prisión que la envuelve.

»Deben disimularse estos rodeos, debidos al recuerdo de una felicidad que no existe y que echamos de menos. En referente a la belleza, ella brilla, como ya he dicho, entre todas las demás esencias, y en nuestra estancia terrestre, donde lo eclipsa todo con su brillantez, la reconocemos por el más luminoso de nuestros sentidos. La vista es, en efecto, el más sutil de todos los órganos del cuerpo. No puede, no obstante, percibir la sabiduría, porque sería increíble nuestro amor por ella, si su imagen y las imágenes de las otras esencias, dignas de nuestro amor, se ofreciesen a nuestra vista, tan distintas y tan vivas como son. Pero al presente solo la belleza tiene el privilegio de ser a la vez un objeto tan sorprendente como amable. El alma que no tiene un recuerdo reciente de los misterios divinos, o que se ha abandonado a las corrupciones de la tierra, tiene dificultad en elevarse de las cosas de este mundo hasta la perfecta belleza por la contemplación de los objetos terrestres, que llevan su nombre; antes bien, en vez de sentirse movida por el respeto hacia ella, se deja dominar por el atractivo del placer, y, como una bestia salvaje, violando el orden eterno, se abandona a un deseo brutal, y en su comercio grosero no teme, no se avergüenza de consumar un placer contra naturaleza. Pero el hombre, que ha sido perfectamente iniciado, que contempló en otro tiempo el mayor número de esencias, cuando ve un semblante que remeda la belleza celeste o un cuerpo que le recuerda por sus formas la esencia de la belleza, siente por lo pronto como un temblor, y experimenta los terrores religiosos de otro tiempo; y fijando después su mirada en el objeto amable, lo respeta como a un Dios, y si no temiese ver tratado su entusiasmo de locura, inmolaría víctimas al objeto de su pasión, como a un ídolo, como a un Dios. A su vista, semejante a un hombre atacado de la fiebre, muda de semblante, el sudor inunda su frente, y un fuego desacostumbrado se infiltra en sus venas; en el momento en que ha recibido por los ojos la emanación de la belleza siente este dulce calor que nutre las alas del alma; esta llama hace derretir la cubierta, cuya dureza las impedía hacía tiempo desenvolverse. La afluencia de este alimento hace que el miembro, raíz de las alas, cobre vigor, y las alas se esfuerzan por derramarse por toda el alma, porque primitivamente el alma era toda alada. En este estado, el alma entra en efervescencia e irritación; y esta alma, cuyas alas empiezan a desarrollarse, es como el niño, cuyas encías están irritadas y embotadas por los primeros dientes. Las alas, desenvolviéndose, le hacen experimentar un calor, una dentera, una irritación del mismo género. En presencia de un objeto bello recibe las partes de belleza que del mismo se desprenden y emanan, y que han hecho dar al deseo el nombre de Ἵμερος, experimenta un calor suave, se reconoce satisfecho y nada en la alegría. Pero cuando está separada del objeto amado, el fastidio la consume, los poros del alma por donde salen las alas se desecan, se cierran, de suerte que no tienen ya salida. Presas del deseo y encerradas en su prisión, las alas se agitan, como la sangre se agita en las venas; hacen empuje en todas direcciones, y el alma, aguijoneada por todas partes se pone furiosa y fuera de sí de tanto sufrir, mientras el recuerdo de la belleza la inunda de alegría. Estos dos sentimientos la dividen y la turban, y en la confusión a que la arrojan tan extrañas emociones, se angustia, y en su frenesí no puede, ni descansar de noche, ni gozar durante el día de alguna tranquilidad; y antes bien, llevada por la pasión, se lanza a todas partes donde cree encontrar su querida belleza. Ha vuelto a verla; ha recibido de nuevo sus emanaciones; en el momento se vuelven a abrir los poros que estaban obstruidos, respira y no siente ya el aguijón del dolor, y gusta durante estos cortos instantes el placer más encantador. Así es, que el amante no quiere separarse de la persona que ama, porque nada le es más precioso que este objeto tan bello; madre, hermano, amigos, todo lo olvida; pierde su fortuna abandonada sin experimentar la menor sensación; deberes, atenciones que antes tenía complacencia en respetar, nada le importan; consiente ser esclavo y adormecerse, con tal que se vea cerca del objeto de sus deseos; y si adora al que posee la belleza, es porque solo en él encuentra alivio a los tormentos que sufre.

»A esta afección, precioso joven, los hombres la llaman amor; los dioses la dan un nombre tan singular, que quizá te haga sonreír. Algunos homerianos nos citan, según creo, dos versos de su poeta, que han conservado, uno de los cuales es muy injurioso al amor y verdaderamente poco conveniente. «Los mortales le llaman Eros, el dios alado; los inmortales le llaman el Pteros, el que da alas». Se puede admitir o desechar la autoridad de estos dos versos; siempre es cierto que la causa y la naturaleza de la afección de los amantes son tales como yo las he descrito.

»Si el hombre enamorado ha sido uno de los que antes siguieron a Zeus, tiene más fuerza para resistir al Dios alado que ha venido a caer sobre él; los que han sido servidores de Ares y le han seguido en su revolución alrededor del cielo, cuando se ven invadidos por el amor, y se creen ultrajados por el objeto de su pasión, se ven arrastrados por un furor sangriento, que los lleva a inmolarse con su ídolo. Así es que cada cual honra al Dios cuya comitiva seguía, y lo imita en su vida tanto cuanto está en su poder, por lo menos, durante la primer generación y mientras no está corrompido; y esta imitación la lleva a cabo en sus intimidades amorosas y en todas las demás relaciones. Cada hombre escoge un amor según su carácter, le hace su Dios, le levanta una estatua en su corazón, y se complace en engalanarla, como para rendirle adoración y celebrar sus misterios. Los servidores de Zeus buscan un alma de Zeus en aquel que adoran, examinan si gustan de la sabiduría y del mando, y cuando lo han encontrado tal como lo desean y le han consagrado su amor, hacen los mayores esfuerzos por desenvolver en él tan nobles inclinaciones. Si no se han entregado desde luego por entero a las ocupaciones que corresponden a esto, se dedican, no obstante, y trabajan en perfeccionarse mediante las enseñanzas de los demás y los esfuerzos propios. Intentan descubrir en sí mismos el carácter de su Dios, y lo consiguen, porque se ven forzados a volver sin cesar sus miradas del lado de este Dios; y cuando lo han conseguido por la reminiscencia, el entusiasmo los trasporta, y toman de él sus costumbres y sus hábitos, tanto, por lo menos, cuanto es posible al hombre participar de la naturaleza divina. Como atribuyen este cambio dichoso a la influencia del objeto amado, lo aman más; y si Zeus es el origen divino de donde toman su inspiración, semejantes a las bacantes, la derraman sobre el objeto de su amor, y en cuanto pueden lo hacen semejante a su Dios. Los que han viajado en la comitiva de Hera buscan un alma regia, y desde que la han encontrado, obran con ella de la misma forma. En fin, todos aquellos que han seguido a Apolo o a los otros dioses, arreglando su conducta sobre la base de la divinidad que han elegido, buscan un joven del mismo natural; y cuando lo poseen, imitando su divino modelo, se esfuerzan en persuadir a la persona amada a que haga otro tanto, y de esta forma lo amoldan a las costumbres de su Dios, y lo comprometen a reproducir este tipo de perfección en cuanto les es posible. Lejos de concebir sentimientos de envidia y de baja malevolencia contra él, todos sus deseos, todos sus esfuerzos, tienden solo a hacerlo semejante a ellos mismos y al Dios a que rinden culto. Tal es el celo del que se ven animados los verdaderos amantes, y si consiguen buena acogida para su amor, su victoria es una iniciación; y la persona amada, que se deja subyugar por un amante que ama con delirio, se abandona a una pasión noble, que es para él un origen de felicidad. Su derrota tiene lugar de esta forma.

»Hemos distinguido en cada alma tres partes diferentes a través de la alegoría de los corceles y del cochero. Sigamos, entonces, con la misma figura. Uno de los dos corceles, decíamos, es de buena raza, el otro es vicioso. Pero ¿de dónde nace la excelencia del uno y el vicio del otro? Esto es lo que no comentamos, y lo que vamos a explicar ahora. El primero tiene soberbia planta, formas regulares y bien desenvueltas, cabeza erguida y acarnerada; es blanco con ojos negros; ama la gloria con sabio comedimiento; tiene pasión por el verdadero honor; obedece, sin que se le castigue, a las exhortaciones y a la voz del cochero. El segundo tiene los miembros contrahechos, toscos, desaplomados, la cabeza gruesa y aplastada, el cuello corto: es negro, y sus ojos verdes y ensangrentados; no respira sino furor y vanidad; sus oídos velludos están sordos a los gritos del cochero, y con dificultad obedece a la espuela y al látigo.

»A la vista del objeto amado, cuando el cochero siente que el fuego del amor penetra toda su alma y que el aguijón del deseo irrita su corazón, el corcel dócil, dominado ahora y siempre por las leyes del pudor, se contiene, para no insultar al objeto amado; pero el otro corcel no atiende al látigo ni al aguijón, da botes, se alborota, y entorpeciendo a la vez a su guía y a su compañero, se precipita violentamente sobre el objeto amado para disfrutar en él de placeres sensuales. Por lo pronto, el guía y el compañero se resisten, se indignan contra esta violencia odiosa y culpable; pero al fin, cuando el mal no tiene límites, se dejan arrastrar, ceden al corcel furioso, y prometen consentirlo todo. Se aproximan al objeto bello, y contemplan esta aparición en todo su resplandor. A su vista, el recuerdo del cochero se fija en la esencia de la belleza; y se figura verla, como en otro tiempo, en la estancia de la pureza, colocada al lado de la sabiduría. Esta visión lo llena de un terror religioso, se echa atrás, y esto lo obliga a tirar de las riendas con tanta violencia, que los dos corceles se encabritan al mismo tiempo, el uno de buena gana, porque no está acostumbrado a hacer resistencia, el otro de mala porque siempre tiende a la violencia y a la rebelión. Mientras reculan, el uno, lleno de pudor y de arrobamiento, inunda el alma toda de sudor; el otro, insensible ya a la impresión del freno y al dolor de su caída, apenas tomó aliento, prorrumpió en gritos de furor, vertiendo injurias contra su guía y su compañero, echándoles en cara el haber abandonado por cobardía y falta de corazón su puesto y tratándoles de perjuros. Los estrecha, a pesar de ellos, a volver a la carga, y, accediendo a sus súplicas, les concede algunos instantes de plazo. Terminada esta tregua, ellos fingen no haber pensado en esto; pero el corcel malo, recordándoles su compromiso, haciéndoles violencia y relinchando con furor, los arrastra y los fuerza a renovar sus tentativas para con el objeto amado. Apenas se aproximan, el corcel malo se echa, se estira, y, entregándose a movimientos libidinosos, muerde el freno y se atreve a todo con desvergüenza. Pero entonces el cochero experimenta más fuertemente aún la impresión de antes, se echa atrás, como el jinete que va a tocar la barrera, y tira con mayor fuerza de las riendas del corcel indómito, rompe sus dientes, magulla su lengua insolente, ensangrienta su boca, le obliga a sentar en tierra sus piernas y muslos y le hace pasar mil angustias. Cuando, a fuerza de sufrir, el corcel vicioso ha visto abatido su furor, baja la cabeza y sigue la dirección que desea el cochero, y al percibir el objeto bello se muere de terror, entonces solamente es cuando el amante sigue con modestia y pudor al que ama.

»No obstante, el joven que se ve servido y honrado al igual de un Dios por un amante que no finge amor, sino que está sinceramente apasionado, siente despertarse en él la necesidad de amar. Si antes sus camaradas u otras personas han denigrado en su presencia este sentimiento, diciendo que es cosa fea tener una relación amorosa, y si semejantes discursos han hecho que rechazara a su amante, el tiempo trascurrido, la edad, la necesidad de amar y de ser amado le obligan muy pronto a recibirle en su intimidad. Porque no puede estar en los decretos del destino, que se amen dos hombres malos, ni que dos hombres de bien no puedan amarse. Cuando la persona amada ha acogido al que ama y ha gozado de la dulzura de su conversación y de su sociedad, se ve como arrastrada por esta pasión, y comprende que la afección de todos sus amigos y de todos sus parientes no es nada, cotejada con la que le inspira su amante. Cuando han mantenido esta relación por algún tiempo y se han visto y han estado en contacto en los gimnasios o en otros puntos, la corriente de estas emanaciones que Zeus, enamorado de Ganimedes, llamó deseo, se dirige a oleadas hacia el amante, entra en su interior en parte, y cuando ha penetrado así, lo demás se manifiesta al exterior; y, como el aire o un sonido reflejado por un cuerpo liso o sólido, las emanaciones de la belleza vuelven al alma del bello joven por el canal de los ojos, y abriendo a las alas todas sus salidas las nutren y las desprenden y llenan de amor el alma de la persona amada. Ama, entonces, pero no sabe qué; no comprende lo que experimenta, ni tampoco podría decirlo; se parece al hombre que por haber contemplado por mucho tiempo en otros ojos enfermos, sintiese que su vista se oscurecía; no conoce la causa de su turbación, y no se da cuenta de que se ve en su amante como en un espejo. Cuando está en su presencia, siente en sí mismo que se aplacan sus dolores; cuando ausente, le echa de menos cuanto puede echarse;

y siente una afección que es como la imagen del amor, y a la cual no da el nombre de amor sino que la llama amistad. No obstante, desea como su amante, aunque con menos ardor, verlo, tocarlo, abrazarlo y participar de su lecho, e indudablemente no tardará en satisfacer este deseo. Mientras duermen en un mismo lecho, al corcel indócil le ocurre mucho que decir al cochero, y por premio de tantos sufrimientos pide un instante de placer. El corcel del joven amado no tiene nada que decir, pero experimentando algo que no comprende, estrecha a su amante entre sus brazos, y le prodiga los más expresivos besos, y mientras permanezcan tan inmediatos el uno al otro, no tendrá fuerza para rehusar los favores que su amante exija. Pero el otro corcel y el cochero lo resisten en nombre del pudor y de la razón.

»Si la parte mejor del alma es la más fuerte, triunfa y los guía hacia una vida ordenada, siguiendo los preceptos de la sabiduría, pasan ellos sus días en este mundo felices y unidos. Dueños de sí mismos viven como hombres honrados, porque han subyugado lo que llevaba el vicio a su alma, y dado un vuelo libre a lo que engendra la virtud. Al morir, alados y aliviados de todo peso grosero, salen vencedores en uno de los tres combates que se pueden llamar verdaderamente olímpicos; y es tan grande este bien, que ni la sabiduría humana, ni el delirio que viene de los dioses, pueden proporcionar otro mejor al hombre. Si, contrariamente, han adoptado un género de vida más vulgar y contrario a la filosofía, aunque sin violar las leyes del honor, en medio de la embriaguez, en un momento de olvido y de extravío, sucederá indudablemente que los corceles indómitos de los dos amantes, sorprendiendo sus almas, los conducirán hacia un mismo fin; escogerán entonces el género de vida más lisonjero a los ojos del vulgo, y se precipitarán a gozar. Cuando se han saciado, aún gustan de los mismos placeres, pero no con profusión, porque no los aprueba decididamente el alma. Tienen el uno para el otro una afección verdadera, pero menos fuerte que la de los puros amantes, y cuando su delirio ha cesado, creen haberse dado las prendas más preciosas de una fe recíproca; y creerían cometer un sacrilegio si rompieran los lazos que les ligan, para abrir sus corazones al aborrecimiento. Al fin de su vida, sin alas aún, pero ya impacientes por tomarlas, sus almas abandonan sus cuerpos, de suerte que su delirio amoroso recibe una gran recompensa. Porque la ley divina no permite que los que han comenzado su viaje celeste, sean precipitados en las tinieblas subterráneas, sino que pasan una vida brillante y dichosa en eterna unión, y, cuando reciben alas, las obtienen juntos, a causa del amor que les ha unido sobre la tierra.

»Tales son, mi apreciado joven, los maravillosos y divinos bienes que te procurará la afección de un amante; pero la amistad de un hombre sin amor, que solo cuenta con una sabiduría mortal, y que vive entregado por entero a los vanos cuidados del mundo, no puede producir, en el alma de la persona que ama, más que una prudencia de esclavo, a la que el vulgo da el nombre de virtud, pero que le hará andar errante, privado de razón en la tierra y en las cavernas subterráneas durante nueve mil años.

»Aquí tienes, ¡oh Amor!, la mejor y más bella palinodia que he podido cantarte en expiación de mi crimen. Si mi lenguaje ha sido demasiado poético, Fedro es el responsable de tales extravíos. Perdóname por mi primer discurso y recibe este con indulgencia; echa sobre mí una mirada de benevolencia y benignidad; no me arrebates; ni disminuyas en mí por cólera, este arte de amar, cuyo presente me has hecho tú mismo; concédeme que, ahora más que nunca, esté ciegamente apasionado por la belleza. Si Fedro y yo te hemos ultrajado al principio groseramente, no acuses más que a Lisias, origen de este discurso; haz que renuncie a esas composiciones frívolas, y llámale hacia la filosofía, que su hermano Polemarco ha abrazado ya, con el fin de que su amante, que me escucha, libre de la incertidumbre que ahora le atormenta, pueda consagrar, sin miras secretas, su vida entera al amor dirigido por la filosofía.

FEDRO.- Me uno a ti, mi apreciado Sócrates, para pedir a los dioses que sigan ambos tu consejo por ellos y por mí. Pero en verdad, yo no puedo menos de alabar tu discurso, cuya belleza me ha hecho olvidar el primero. Temo que Lisias parezca muy inferior, si intenta luchar contigo en un nuevo discurso. Por lo demás, ahora, recientemente, uno de nuestros hombres de Estado le echaba en cara, en términos ofensivos, el escribir mucho, y en toda su diatriba le llamaba fabricante de discursos. Quizá el amor propio le impedirá responderte.

SÓCRATES.- Vaya una idea singular, mi apreciado joven; poco conoces a tu amigo, si crees que se asusta con muy poco ruido. ¿Has podido creer que el que así le criticaba hablaba seriamente?

FEDRO.- Las trazas eran de eso, Sócrates, y tú mismo sabes, que los hombres más poderosos y de mejor posición en nuestras ciudades se avergüenzan de componer discursos y de dejar escritos, temiendo pasar por sofistas a los ojos de la posteridad.

SÓCRATES.- No entiendes nada, mi apreciado Fedro, de los repliegues de la vanidad; y no ves que los más entonados de nuestros hombres de Estado son los que más ansían componer discursos y dejar obras escritas. Desde el momento en que han dado a luz alguna cosa están tan deseosos de adquirir aura popular, que se apresuran a inscribir en su publicación los nombres de sus admiradores.

FEDRO.- ¿Qué es lo que dices?, yo no te comprendo.

SÓCRATES.- ¿No entiendes que a la cabeza de los escritos de un hombre de Estado aparecen siempre los nombres de los que les han prestado su aprobación?

FEDRO.- ¿Cómo?

SÓCRATES.- El senado o el pueblo o ambos, en vista de la propuesta de tal..., han tenido a bien... Y aquí se nombra a sí mismo, y hace su propio elogio. Inmediatamente, para demostrar su ciencia a sus adoradores, hace de todo esto un verdadero comentario. Y dime, no es este un verdadero escrito?

FEDRO.- Convengo en ello.

SÓCRATES.- Si triunfa el escrito, el autor sale del teatro lleno de gozo; si se le desecha, queda privado del honor de que se le cuente entre los escritores y autores de discursos, y así se desconsuela y sus amigos se afligen con él.

FEDRO.- Indudablemente.

SÓCRATES.- Es evidente que, lejos de desdeñar este oficio, le tienen en gran estimación.

FEDRO.- Convengo en ello.

SÓCRATES.- ¿Pero qué?, cuando un orador o un rey, revestido del poder de un Licurgo, de un Solón, de un Darío, se inmortaliza en un Estado, como autor de discursos, no se mira a sí mismo, como un semi-dios durante su vida, y la posteridad, ¿no tiene de él la misma opinión, en consideración a sus escritos?

FEDRO.- Seguramente.

SÓCRATES.- ¿Crees tú, que ningún hombre de Estado, cualesquiera que sean su carácter y su prevención contra Lisias, pretenda hacerlo ruborizar por su título de escritor?

FEDRO.- No es probable, conforme a lo que dices, porque sería a mi parecer difamar su propia pasión.

SÓCRATES.- Por ende, es evidente que nadie puede avergonzarse de componer discursos.

FEDRO.- Conforme.

SÓCRATES.- Pero, desde mi punto de vista, lo vergonzoso no es el hablar y escribir bien, sino el hablar y escribir mal.

FEDRO.- Está claro.

SÓCRATES.- ¿Pero en qué consiste el escribir bien o el escribir mal? ¿Deberemos, mi apreciado Fedro, interrogar sobre esto a Lisias o a alguno de los que han escrito o escribirán sobre un objeto político o sobre materias privadas en verso, como un poeta, o en prosa, como el común de los escritores?

FEDRO.- ¿Es posible que me preguntes si debemos? De qué serviría la vida, si no se gozase de los placeres de la inteligencia? Porque no son los goces, a los que precede el dolor como condición necesaria, los que dan precio a la vida; y esto es lo que pasa con casi todos los placeres del cuerpo, por lo que con razón se les ha llamado serviles.

SÓCRATES.- Creo que tenemos tiempo. Lo que me parece es que las cigarras, que cantan sobre nuestras cabezas, y conversan entre sí, como lo hacen siempre con este calor sofocante, nos observan. Si nos viesen en lugar de mantener una conversación, dormir la siesta como el vulgo, en esta hora del mediodía al arrullo de sus cantos, sin ocupar nuestro entendimiento, se reirían de nosotros, y harían bien; creerían ver esclavos que habían venido a dormir a esta soledad, como los ganados que sestean alrededor de una fuente. Si contrariamente, nos ven conversar y pasar cerca de ellas, como el sabio cerca de las sirenas, sin dejarnos sorprender, nos admirarán y quizá nos darán parte del beneficio que los dioses les han permitido conceder a los hombres.

Fedro.- ¿Qué beneficio es ese? Me parece que nunca he escuchado hablar de él.

Sócrates.- No parece bien que un amigo de las musas ignore estas cosas. Se dice que las cigarras eran hombres antes del nacimiento de las musas. Cuando estas nacieron y el canto con ellas, hubo hombres, que de tal forma se arrebataron al oír sus acentos, que la pasión de cantar les hizo olvidar la de comer y beber, y pasaron de la vida a la muerte, sin apercibirse de ello. De estos hombres nacieron las cigarras, y las musas les concedieron el privilegio de no tener necesidad de ningún alimento, sino que, desde que nacen hasta que mueren, cantan sin comer ni beber; y además de esto van a anunciar a las musas, cuál es, entre los mortales, el que rinde homenaje a cada una de ellas. Así es que, haciendo conocer a Terpsícore los que la honran en los coros, hacen que esta divinidad sea más propicia a sus favorecidos. A Erato dan cuenta de los nombres de los que cultivan la poesía erótica; y a las otras musas hacen conocer los que las conceden la especie de culto que conviene a los atributos de cada una; a Calíope, que es la de mayor edad, y a Urania, la de menor, dan a conocer a los que dedicados a la filosofía cultivan las artes que les están consagradas. Estas dos musas, que presiden a los movimientos de los cuerpos celestes y a los discursos de los dioses y de los hombres, son aquellas cuyos cantos son melodiosos. He aquí materia para hablar y no dormir en esta hora del día.

Fedro.- Pues bien, hablemos.

Sócrates.- Nos propusimos antes examinar lo que constituye un buen o mal discurso, escrito o improvisado. Comencemos este examen, si gustas.

Fedro.- Muy bien.

Sócrates.- ¿No es necesario para hablar bien conocer la verdad sobre aquello de que se intenta tratar?

FEDRO.- He escuchado decir con este motivo, mi apreciado Sócrates, que el que ha de ser orador no necesita saber lo que es ciertamente justo, sino lo que parece tal a la multitud encargada de decidir; ni tampoco lo que es ciertamente bueno y bello, sino lo que tiene las apariencias de la bondad y de la belleza. Porque es la verosimilitud, no la verdad, la que produce la convicción.

SÓCRATES.- No hay que desechar las palabras de los sabios, mi apreciado Fedro, pero del mismo modo es necesario examinar lo que ellas significan. Y lo que acabas de decir debe llamar toda nuestra atención.

FEDRO.- Tienes razón.

SÓCRATES.- Procedamos de esta forma.

FEDRO.- Veamos.

SÓCRATES.- Si yo te aconsejase que compraras un caballo para servirte de él en los combates, y ni tú ni yo hubiéramos visto caballos, pero supiese yo, que Fedro llama caballo al que mejor oído tiene entre los animales domésticos...

FEDRO.- Quieres reírte, Sócrates.

SÓCRATES.- Aguarda. La cosa sería mucho más ridícula, si, queriendo persuadirte seriamente, compusiese un discurso, en el que hiciese el elogio del asno, dándole el nombre de caballo, y si dijese que es un animal muy útil para la casa y para el ejército, que puede cualquiera defenderse montando en él, y que es muy cómodo para la conducción de efectos y bagajes.

FEDRO.- Sí, eso sería el colmo del ridículo.

SÓCRATES.- Pero, ¿no vale más ser ridículo, pero inofensivo, que peligroso y dañino?

FEDRO.- Indudablemente.

SÓCRATES.- Cuando un orador, ignorando la naturaleza del bien y del mal, encuentra a sus conciudadanos en la misma ignorancia, y les persuade, no a tomar por caballo la sombra de un asno, sino el mal por el bien; cuando, apoyado en el conocimiento que tiene de las preocupaciones de la multitud, la arrastra por malas sendas, ¿qué frutos podrá recoger la retórica de lo que haya sembrado?

FEDRO.- Frutos muy malos.

SÓCRATES.- Pero quizá, mi apreciado amigo, hemos tratado el arte oratorio con poco respeto, y quizá nos podría responder que de nada sirven todos nuestros razonamientos, que él no fuerza a nadie a aprender a hablar, sin conocer la naturaleza de la verdad, pero que si se le da crédito, es conveniente conocerla antes de recibir sus lecciones, si bien no duda en proclamar muy alto que, sin sus lecciones de bien hablar, de nada sirve el conocimiento de la verdad para persuadir.

FEDRO.- Y, ¿no tendría razón para hablar así?

SÓCRATES.- Yo convendría en ello si las voces que se levantan por todas partes, confesasen que la retórica es un arte. Pero se me figura oír a algunos que protestan en contra y que afirman que no es un arte, sino un pasatiempo y una rutina frívola. «No hay, dice Lacomano, verdadero arte de la palabra, fuera de la posesión de la verdad, ni lo habrá nunca».

FEDRO.- Del mismo modo, yo oigo esos rumores, mi apreciado Sócrates. Haz comparecer estos adversarios de la retórica, y veamos lo que dicen.

SÓCRATES.- Vengan, apreciables jóvenes, cerca de mi apreciado Fedro, padre de los demás jóvenes que se les parecen; vengan a persuadirle de que, sin conocer a fondo la filosofía, nunca será capaz de hablar bien sobre ningún objeto. Que Fedro les responda.

FEDRO.- Pregunten.

SÓCRATES.- En general, la retórica, ¿no es el arte de conducir las almas por la palabra, no solo en los tribunales y en otras asambleas públicas, sino del mismo modo en las reuniones particulares, ya se trate de asuntos ligeros, ya de grandes intereses? ¿No es esto lo que se dice?

FEDRO.- No, ¡Zeus!, no es precisamente eso; el arte de hablar y de escribir sirve, sobre todo, en las defensas del foro, y del mismo modo en las arengas políticas. Pero no he escuchado que se extienda a más.

SÓCRATES.- Tú no conoces más que los tratados de retórica de Néstor y de Ulises, que compusieron en momentos de ocio durante el sitio de Ilión. ¿Nunca has escuchado hablar de la retórica de Palámedes?

FEDRO.- No, ¡Zeus!, ni tampoco las retóricas de Néstor y Ulises, a menos que tu Néstor sea Gorgias, y tu Ulises Trasímaco o Teodoro.

SÓCRATES.- Quizá, pero dejémoslos. Dime, en los tribunales, ¿qué hacen los adversarios? ¿No sostienen el pro y el contra? ¿Qué dices a esto?

FEDRO.- Nada más cierto.

SÓCRATES.- ¿Pelean y abogan por lo justo y lo injusto?

FEDRO.- Indudablemente.

SÓCRATES.- Por ende, el que sabe hacer esto con arte hará parecer la misma cosa y a las mismas personas justa o injusta, según él quiera.

FEDRO.- ¿Y qué?

SÓCRATES.- Y cuando hable al pueblo, sus conciudadanos juzgarán las mismas cosas ventajosas o funestas a gusto de su elocuencia.

FEDRO.- Sí.

SÓCRATES.- No sabemos que el Palámedes de Elea hablaba con tanto arte, que presentaba a sus oyentes las mismas cosas semejantes y desemejantes, simples y múltiples, en reposo y en movimiento?

FEDRO.- Ya lo sé.

SÓCRATES.- El arte de sostener las proposiciones contradictorias no es solo del dominio de los tribunales y de las asambleas populares, sino que, al parecer, si hay un arte que tiene por objeto el perfeccionamiento de la palabra, abraza toda clase de discursos, y hace capaz al hombre para confundir siempre todo lo que puede ser confundido, y de distinguir todo lo que el adversario intenta confundir y oscurecer.

FEDRO.- ¿Cómo lo entiendes tú?

SÓCRATES.- Creo que la cuestión se ilustrará si tú sigues este razonamiento. ¿Se producirá más fácilmente esta ilusión en las cosas muy diferentes o en las que se diferencian muy poco?

FEDRO.- En estas últimas, evidentemente.

SÓCRATES.- Si mudas de lugar y quieres hacerlo sin que se aperciban de ello, ¿deberás desviarte poco a poco o alejarte a paso largo?

FEDRO.- La respuesta no es dudosa.

SÓCRATES.- El que se propone engañar a los demás, sin tenerse él mismo por engañado, ¿será capaz de reconocer exactamente las semejanzas y diferencias de las cosas?

FEDRO.- Es de toda necesidad que las reconozca.

SÓCRATES.- ¿Pero es posible, cuando se ignora la verdadera naturaleza de cada cosa, reconocer lo que en las otras cosas se parece poco o mucho a aquella que se ignora?

FEDRO.- Eso es imposible.

SÓCRATES.- ¿No es evidente que toda opinión falsa procede solo de ciertas semejanzas que existen entre los objetos?

FEDRO.- Seguramente.

SÓCRATES.- Y que no se puede poseer el arte de hacer pasar poco a poco a sus oyentes de semejanza en semejanza, de la verdadera naturaleza de las cosas a su contraria, evitando por su propia cuenta semejante error, si no se sabe a qué atenerse sobre la esencia de cada cosa?

FEDRO.- Eso no puede ser.

SÓCRATES.- Por ende, el que pretende poseer el arte de la palabra sin conocer la verdad, y se ha ocupado tan solo de opiniones, toma por un arte lo que no es más que una sombra risible.

FEDRO.- Gran riesgo corre de ser así.

SÓCRATES.- En el discurso de Lisias, que tienes en la mano, y en los que nosotros hemos pronunciado, ¿quieres ver qué diferencia hacemos entre el arte y lo que solo tiene la apariencia de tal?

FEDRO.- Con gusto, tanto más cuanto que nuestros razonamientos tienen algo de vago, no apoyándose en algún ejemplo positivo.

SÓCRATES.- En verdad es una fortuna, la casualidad de haber pronunciado dos discursos muy acomodados para probar que el que posee la verdad puede, mediante el juego de palabras, deslumbrar a sus oyentes. Yo, mi apreciado Fedro, no dudo en achacarlos a las divinidades que habitan estos sitios; quizá del mismo modo los cantores inspirados por las musas que habitan por encima de nuestras cabezas, nos han comunicado su inspiración; porque he sido siempre totalmente extraño al arte oratorio.

FEDRO.- Pase, dado que te place decirlo; pero pasemos al examen de los dos discursos.

SÓCRATES.- Lee el principio del discurso de Lisias.

FEDRO.- «Conoces todos mis sentimientos, y sabes que miro la realización de mis deseos como provechosa a ambos. No sería justo rechazar mis votos, porque no soy tu amante. Porque los amantes desde el momento en que se ven satisfechos...».

SÓCRATES.- Detente. Es necesario examinar en qué se engaña Lisias y en qué carece de arte; ¿no es cierto?

FEDRO.- Sí.

SÓCRATES.- ¿No es cierto que estamos siempre de acuerdo sobre ciertas cosas, y que sobre otras estamos siempre discutiendo?

FEDRO.- Creo comprender lo que dices, pero explícamelo más claramente.

SÓCRATES.- Por ejemplo, cuando delante de nosotros se pronuncian las palabras hierro o plata, ¿no tenemos todos la misma idea?

FEDRO.- Indudablemente.

SÓCRATES.- Pero que se nos hable de lo justo y de lo injusto y estas palabras despiertan ideas diferentes, y nos ponemos en el momento en desacuerdo con los demás y con nosotros mismos.

FEDRO.- Seguramente.

SÓCRATES.- Luego hay cosas sobre las que todo el mundo conviene, y otras sobre las que todo el mundo disputa.

FEDRO.- Es cierto.

SÓCRATES.- ¿Cuáles son las materias en que más fácilmente podemos extraviarnos, y en las que la retórica tiene la mayor influencia?

FEDRO.- Evidentemente en las cosas inciertas y dudosas.

SÓCRATES.- El que se propone abordar el arte oratorio, deberá haber hecho antes metódicamente esta distinción, y haber aprendido a distinguir, según sus caracteres diferentes, las cosas sobre las que fluctúa en efecto la opinión del vulgo, y sobre las que la duda es imposible.

FEDRO.- El que sepa hacer esta distinción será un hombre hábil.

SÓCRATES.- Hecho esto, yo creo que antes de tratar un objeto particular, debe ver con ojo penetrante, y evitando toda confusión, a qué especie pertenece este objeto.

FEDRO.- Indudablemente.

SÓCRATES.- Y el amor, ¿es de las cosas sujetas a disputa o no?

FEDRO.- Es de las cosas disputables, seguramente. De no ser así, ¿hubieras podido hablar como hablaste, sosteniendo tan pronto que el amor es un mal para el amante y para el objeto amado, como que es el más grande de los bienes?

SÓCRATES.- Perfectamente. Pero dime, (porque en el furor divino que me poseía he perdido el recuerdo), ¿comencé mi discurso definiendo el amor?

FEDRO.- ¡Zeus! sí; no pudo ser mejor la definición.

SÓCRATES.- ¿Qué dices?, las ninfas hijas de Aqueloo y Pan, hijo de Hermes, ¿son más hábiles en el arte de la palabra que Lisias, hijo de Céfalo?, o bien yo me engaño, y Lisias, comenzando su discurso sobre el amor, nos ha precisado a aceptar una definición, a la que ha referido todo el trabazón de su discurso y la conclusión misma? ¿Quieres que volvamos a leer el principio?

FEDRO.- Como quieras. No obstante, lo que buscas no se encuentra allí.

SÓCRATES.- Lee sin parar. Quiero oírle no obstante.

FEDRO.- «Conoces todos mis sentimientos, y sabes que miro la realización de mis deseos como provechosa a ambos. No sería justo rechazar mis votos, porque no soy tu amante. Porque los amantes, apenas se ven satisfechos cuando sienten ya todo lo que han hecho por el objeto de su pasión».

SÓCRATES.- Estamos muy distantes de encontrar lo que buscábamos. No comienza por el principio, sino por el fin, como un hombre que nada de espaldas contra la corriente. El amante, que se dirige a la persona que ama, ¿no comienza por donde debería concluir, o me engaño yo, Fedro, mi muy apreciado amigo?

FEDRO.- Ten presente, Sócrates, que no ha apreciado hacer más que el final de un discurso.

SÓCRATES.- Sea así; pero, ¿no ves que sus ideas aparecen hacinadas confusamente? Lo que dice en segundo lugar, ¿debe estar en el punto que ocupa, o más bien en otro lugar de su discurso? Yo, si bien confieso mi ignorancia, creo, que el autor, muy a la ligera, ha arrojado sobre el papel cuanto le ha venido al espíritu. ¿Pero tú has descubierto, en su composición, un plan, según el que ha debido disponer todas las partes en el orden en que se encuentran?

FEDRO.- Me haces demasiado favor al creerme en estado de penetrar todos los artificios de la elocuencia de Lisias.

SÓCRATES.- Por lo menos me concederás, que todo discurso debe, como un ser vivo, tener un cuerpo que le sea propio, cabeza y pies y medio y extremos exactamente proporcionados entre sí y en exacta relación con el conjunto.

FEDRO.- Eso es evidente.

SÓCRATES.- ¡Y bien!, examina un poco el discurso de tu amigo, y dime si reúne todas estas condiciones. Confesarás que se parece mucho a la inscripción que dicen se puso sobre la tumba de Midas, rey de Frigia.

FEDRO.- ¿Qué epitafio es ese, y qué tiene de particular?

SÓCRATES.- Hele aquí:

Soy una virgen de bronce, colocada sobre la tumba de Midas;
mientras las aguas corran y los árboles reverdezcan,
de pie sobre esta tumba, regada de lágrimas,
anunciaré a los pasajeros, que Midas reposa en este sitio.

»Ya ves, que se puede leer indiferentemente esta inscripción, comenzando tanto por el primer verso como por el último.

FEDRO.- Tú te burlas de nuestro discurso, Sócrates.

SÓCRATES.- Dejémosle, entonces, para que no te enfades, aunque desde mi punto de vista encierra gran número de ejemplos útiles, que deben estudiarse, para huir a todo trance de imitarlos. Hablemos de los demás discursos. En ellos encontraremos enseñanzas, que podrán aprovechar al que quiera instruirse en el arte oratorio.

FEDRO.- ¿Qué quieres decir?

SÓCRATES.- Estos dos discursos se contradicen; porque el uno tendía a probar que se deben conceder sus favores al hombre enamorado, y el otro al no enamorado.

FEDRO.- El pro y el contra son sostenidos con calor.

SÓCRATES.- Creía que ibas a usar de la palabra propia que es «con furor». Esta es la palabra que yo esperaba; ¿no comentamos, en efecto, que el amor era una especie de furor?

FEDRO.- Sí.

SÓCRATES.- Hay dos especies de furor o de delirio: el uno, que no es más que una enfermedad del alma; el otro, que nos hace traspasar los límites de la naturaleza humana por una inspiración divina.

FEDRO.- Conforme.

SÓCRATES.- Hemos distinguido cuatro especies de delirio divino, según los dioses que lo inspiran, atribuyendo la inspiración profética a Apolo, la de los iniciados a Dionisio, la de los poetas a las Musas, y en fin, la de los amantes a Afrodita y a Eros; y comentamos, que el delirio del amor es el más divino de todos. Inspirados nosotros por el soplo del Dios del amor, tan pronto aproximándonos como alejándonos de la verdad, y formando un discurso plausible, yo no sé cómo hemos llegado a componer, como por vía de diversión, un himno, decoroso sí, pero mitológico al Amor, mi dueño, como lo es tuyo, Fedro, que es el Dios que preside a la belleza.

FEDRO.- Yo estuve encantado al oírlo.

SÓCRATES.- Sirvámonos de este discurso para ver cómo se puede pasar de la censura al elogio.

FEDRO.- Veamos.

SÓCRATES.- Todo lo demás no es en efecto más que un juego de niños. Pero hay dos procedimientos que la casualidad nos ha sugerido indudablemente, pero que convendrá comprender bien y en toda su extensión al aplicarlos al método.

FEDRO.- ¿Cuáles son esos procedimientos?

SÓCRATES.- Por lo pronto deben abrazarse de una ojeada todas las ideas particulares esparramadas acá y allá, y reunirlas bajo una sola idea general, para hacer comprender, por una definición exacta, el objeto que se quiere tratar. Así es como dimos antes una definición del amor, que podrá ser buena o mala, pero que por lo menos ha servido para dar a nuestro discurso la claridad y el orden.

FEDRO.- ¿Y cuál es el otro procedimiento?

SÓCRATES.- Consiste en saber dividir de nuevo la idea general en sus elementos, como otras tantas articulaciones naturales, guardándose, no obstante, de mutilar ninguno de estos elementos primitivos, como acostumbra un mal cocinero cuando trincha. Así es como en nuestros dos discursos dimos primero una idea general del delirio; inmediatamente, a la forma que la unidad de nuestro cuerpo comprende bajo una misma denominación los miembros que están a la izquierda y los que están a la derecha, de igual forma, nuestros dos discursos han deducido de esta definición general del delirio dos nociones distintas: el uno ha distinguido todo lo que estaba a la izquierda, y no se rehízo para dar una nueva división, sino después de haberse encontrado con un desgraciado amor, que él mismo ha llenado de injurias bien merecidas; el otro ha tomado a la derecha, y se ha encontrado con otro amor, que tiene el mismo nombre, pero cuyo principio es divino y tomándole por materia de sus elogios, lo ha alabado como origen de los mayores bienes.

FEDRO.- Dices cierto.

SÓCRATES.- Yo, mi apreciado Fedro, gusto mucho de esta forma de descomponer y componer de nuevo por su orden las ideas; es el medio de aprender a hablar y a pensar. Cuando creo hallar un hombre capaz de abarcar a la vez el conjunto y los detalles de un objeto, sigo sus pasos como si fueran los de un Dios. Los que tienen este talento, sabe Dios si tengo o no razón para darles este nombre, pero en fin, yo les llamo dialécticos. Pero los que se han formado en tu escuela y en la de Lisias ¿cómo los llamaremos? ¿Nos acogeremos a ese arte de la palabra, mediante el que Trasímaco y otros se han hecho hábiles parlantes, y que enseñan, recibiendo dones, como los reyes, por precio de su enseñanza?

FEDRO.- Son, en efecto, reyes, pero ignoran ciertamente el arte del que hablas. Por lo demás, quizá tengas razón en dar a este arte el nombre de dialéctica, pero me parece que hasta ahora no hemos hablado de la retórica.

SÓCRATES.- ¿Qué dices? ¿Puede haber en el arte de la palabra alguna parte importante distinta de la dialéctica? Verdaderamente guardémonos bien de desdeñarla, y veamos en qué consiste esta retórica de que no hemos hablado.

FEDRO.- No es poco, mi apreciado Sócrates, lo que se encuentra en los libros de retórica.

SÓCRATES.- Me lo recuerdas muy a tiempo. Lo primero es el exordio, porque así debemos llamar el principio del discurso. ¿No es este uno de los refinamientos del arte?

FEDRO.- Sí, indudablemente.

SÓCRATES.- Después la narración, luego las deposiciones de los testigos, inmediatamente las pruebas, y por fin las presunciones. Creo que un entendido discursista, que nos ha venido de Bizancio, habla del mismo modo de la confirmación y de la sub-confirmación.

FEDRO.- ¿Hablas del ilustre Teodoro?

SÓCRATES.- Sí, de Teodoro. Nos enseña del mismo modo cuál debe ser la refutación y la sub-refutación en la acusación y en la defensa. Oigamos igualmente al hábil Eveno de Paros, que ha inventado la insinuación y las alabanzas recíprocas. Se dice del mismo modo que ha puesto en versos mnemónicos la teoría de los ataques indirectos; en fin, es un sabio. ¿Dejaremos dormir a Tisias y Gorgias? Estos han descubierto que la verosimilitud vale más que la verdad, y saben, a través de su palabra omnipotente, hacer que las cosas grandes parezcan pequeñas, y pequeñas las grandes, dar un aire de novedad a lo que es antiguo, y un aire de antigüedad a lo que es nuevo; en fin, han encontrado el medio de hablar indiferentemente sobre el mismo objeto de una forma concisa o de una forma difusa.

»Un día que yo hablaba a Pródico, se echó a reír, y me aseguró que solo él estaba en posesión del buen método, que era preciso evitar la concisión y los desenvolvimientos ociosos, conservándose siempre en un término medio.

FEDRO.- Perfectamente, Pródico.

SÓCRATES.- ¿Qué diremos de Ripias? Porque pienso que el natural de Elis debe ser del mismo dictamen.

FEDRO.- ¿Por qué no?

SÓCRATES.- ¿Qué diremos de Polus con sus consonancias, sus repeticiones, su abuso de sentencias y de metáforas, y estas palabras que ha tomado de las lecciones de Licimnion, para adornar sus discursos?

FEDRO.- Protágoras, mi apreciado Sócrates, ¿no enseñaba artificios del mismo género?

SÓCRATES.- Su forma, mi apreciado joven, era notable por cierta propiedad de expresión unida a otras bellas cualidades. En el arte de excitar a la compasión, en favor de la ancianidad o de la pobreza, a través de exclamaciones patéticas, nadie se puede comparar con el poderoso retórico de Calcedonia. Es un hombre que lo mismo agita que aquieta a la multitud, a forma de encantamiento, de lo que él mismo se alaba. Es tan capaz para acumular acusaciones, como para destruirlas, sin importarle el cómo. En referente al fin de sus discursos, en todos es el mismo, ya le llame recapitulación o le dé cualquier otro nombre.

FEDRO.- ¿Quieres decir el resumen, que se hace al concluir un discurso, para recordar a los oyentes lo que se ha dicho?

SÓCRATES.- Eso mismo. ¿Crees que me haya olvidado de alguno de los secretos del arte oratorio?

FEDRO.- Es muy poco lo olvidado que no merece la pena hablar de ello.

SÓCRATES.- Pues bien, no hablemos más de eso, y tratemos ahora de ver de una forma patente lo que valen estos artificios, y dónde brilla el poder de la retórica.

FEDRO.- Es, en efecto, un arte poderoso, Sócrates, por lo menos en las asambleas populares.

SÓCRATES.- Es cierto. Pero mira, mi excelente amigo, si no adviertes, como yo, que estas sabias composiciones descubren trama en muchos pasajes.

FEDRO.- Explícate más.

SÓCRATES.- Dime, si alguno encontrase a tu amigo Erixímaco o a su padre Acumenos, y les dijese: yo sé, mediante la aplicación de ciertas sustancias, calentar o enfriar el cuerpo a mi voluntad, provocar evacuaciones por todos los conductos, y producir otros efectos semejantes; y con esta ciencia puedo pasar por médico, y me creo capaz de convertir en médicos a las personas a quienes comunique mi ciencia. A tu parecer, ¿qué responderían tus ilustres amigos?

FEDRO.- Seguramente le preguntarían si sabe además a qué enfermos es necesario aplicar estos remedios, en qué casos y en qué dosis.

Sócrates.- Él les respondería que de eso no sabe nada, pero que con seguridad el que reciba sus lecciones sabrá llenar todas estas condiciones.

Fedro.- Creo que mis amigos dirían que nuestro hombre estaba loco, y que habiendo abierto por casualidad un libro de medicina u escuchado hablar de algunos remedios, se imagina con solo esto ser médico, aunque no entienda una palabra.

Sócrates.- Y si alguno, dirigiéndose a Sófocles o a Eurípides, les dijese: yo sé presentar, sobre el objeto más mezquino, los desenvolvimientos más extensos, y tratar brevemente la más vasta materia; sé hacer discursos indistintamente patéticos, terribles o amenazadores, poseo además otros conocimientos semejantes, y me comprometo, enseñando este arte a alguno, a ponerle en estado de componer una tragedia.

Fedro.- Estos dos poetas, Sócrates, podrían con razón reírse de este hombre, que se imaginaba hacer una tragedia de todas estas partes reunidas a la casualidad, sin acuerdo, sin proporciones y sin idea del conjunto.

Sócrates.- Pero se guardarían bien de burlarse de él groseramente. Si un músico encontrase a un hombre que cree saber perfectamente la armonía, porque sabe sacar de una cuerda el sonido más agudo o el sonido más grave, no le diría bruscamente: desgraciado, tú has perdido la cabeza. Sino que, como digno favorito de las musas, le diría con dulzura: apreciado mío, es necesario saber lo que tú sabes para conocer la armonía; no obstante, se puede estar a tu altura sin entenderla; tú posees las nociones preliminares del arte, pero no el arte mismo.

Fedro.- Eso sería hablar muy sensatamente.

Sócrates.- Lo mismo diría, Sófocles a su hombre, que posee los elementos del arte trágico, pero no el arte mismo; y Acumenos diría al suyo, que conocía las nociones preliminares de la medicina, pero no la medicina misma.

Fedro.- Seguramente.

Sócrates.- Pero ¿qué dirían Adrasto, el de la elocuencia dulce como la miel, o Pericles, si nos hubiesen escuchado hablar antes de los bellos preceptos del arte oratorio, del estilo conciso o figurado, y de todos los demás artificios que nos propusimos examinar con toda claridad? Tendrían ellos, como tú y yo, la grosería de dirigir insultos de mal tono, a los que imaginaron estos preceptos, y los dan a sus discípulos por el arte oratorio, o, más sabios que nosotros, a nosotros sería a quienes dirigirían sus cargos con más razón?, ¡oh, Fedro!, ¡oh, Sócrates!, dirían, en vez de molestarse, deberían perdonar a los que, ignorando la dialéctica, no han podido, como resultado de su ignorancia, definir el arte de la palabra; ellos poseen nociones preliminares de la retórica y se figuran con esto saber la retórica misma; y cuando enseñan todos estos detalles a sus discípulos, creen enseñarles perfectamente el arte oratorio; pero, en referente al arte de ordenar todos estos medios, con la mira de producir el convencimiento y dar forma a todo el discurso, creyendo ser esto cosa demasiado fácil, dejan a sus discípulos el cuidado de gobernarse por sí mismos, cuando tengan que componer una arenga.

FEDRO.- Podrá suceder que tal sea el arte de la retórica que estos hombres tan célebres enseñan en sus lecciones y en sus tratados, y creo que en este punto tú tienes razón. Pero la verdadera retórica, el arte de persuadir, ¿cómo y dónde puede adquirirse?

SÓCRATES.- La perfección en las luchas de la palabra está sometida, a mi parecer, a las mismas condiciones que la perfección en las demás clases de lucha. Si la naturaleza te ha hecho orador, y si cultivas estas buenas disposiciones mediante la ciencia y el estudio, llegarás a ser notable algún día; pero si te falta alguna de estas condiciones, nunca tendrás sino una elocuencia imperfecta. En referente al arte; existe un método que debe seguirse; pero Tisias y Trasímaco no me parecen los mejores guías.

FEDRO.- ¿Cuál es ese método?

SÓCRATES.- Pericles pudo haber sido el hombre más consumado en el arte oratorio.

FEDRO.- ¿Cómo?

SÓCRATES.- Todas las grandes artes se inspiran en estas especulaciones ociosas e indiscretas, que pretenden penetrar los secretos de la naturaleza; sin ellas no puede elevarse el espíritu ni perfeccionarse en ninguna ciencia, cualquiera que sea. Pericles desenvolvió mediante estos estudios trascendentales su talento natural; tropezó, yo creo, con Anaxágoras, que se había entregado por entero a los mismos estudios y se nutrió cerca de él con estas especulaciones. Anaxágoras le enseñó la distinción de los seres dotados de razón y de los seres privados de inteligencia, materia que trató muy extensamente, y Pericles sacó de aquí para el arte oratorio todo lo que le podía ser útil.

FEDRO.- ¿Qué quieres decir?

SÓCRATES.- Con la retórica sucede lo mismo que con la medicina.

FEDRO.- Explícate.

SÓCRATES.- Estas dos artes piden un análisis exacto de la naturaleza, uno de la naturaleza del cuerpo, otro de la naturaleza del alma; siempre que no tomes por única guía la rutina y la experiencia, y que reclames al arte sus luces, para dar al cuerpo salud y fuerza a través de los remedios y el régimen, y dar al alma convicciones y virtudes a través de sabios discursos y útiles enseñanzas.

FEDRO.- Es muy probable, Sócrates.

SÓCRATES.- ¿Piensas que se pueda conocer suficientemente la naturaleza del alma, sin conocer la naturaleza universal?

FEDRO.- Si hemos de creer a Hipócrates, el descendiente de los hijos de Esculapio, no es posible, sin este estudio preparatorio, conocer la naturaleza del cuerpo.

SÓCRATES.- Muy bien, amigo mío; no obstante, después de haber consultado a Hipócrates, es necesario consultar la razón, y ver si está de acuerdo con ella.

FEDRO.- Soy de tu dictamen.

SÓCRATES.- Examina, entonces, lo que Hipócrates y la recta razón dicen sobre la naturaleza. ¿No es así como debemos proceder en las reflexiones que hagamos sobre la naturaleza de cada cosa? Lo primero que debemos examinar, es el objeto que nos proponemos y que queremos hacer conocer a los demás, si es simple o compuesto; después, si es simple, cuáles son sus propiedades, cómo y sobre qué cosas obra, y de qué forma puede ser afectado; si es compuesto, contaremos las partes que puedan distinguirse, y sobre cada una de ellas haremos el mismo examen que hubiésemos hecho sobre el objeto reducido a la unidad, para determinar así todas las propiedades activas y pasivas.

FEDRO.- Ese procedimiento es quizá el mejor.

SÓCRATES.- Todo el que siga otro se lanza por un camino desconocido. No es obra de un ciego, ni de un sordo, tratar un objeto cualquiera conforme a las reglas del método. El que, por ejemplo, siga en todos sus discursos un orden metódico, explicará exactamente la esencia del objeto a que están referidos todos sus palabras, y este objeto no es otro que el alma.

FEDRO.- Indudablemente.

SÓCRATES.- ¿No es, en efecto, por este rumbo por donde debe dirigir todos sus esfuerzos? ¿No es el alma el asiento de la convicción? ¿Qué te parece esto?

FEDRO.- Convengo en ello.

SÓCRATES.- Es evidente, que Trasímaco o cualquiera otro que quiera enseñar seriamente la retórica, describirá por lo pronto el alma con exactitud, y hará ver si es una sustancia, simple e idéntica, o si es compuesta como el cuerpo. ¿No es esto explicar la naturaleza de una cosa?

FEDRO.- Sí.

SÓCRATES.- Inmediatamente describirá sus facultades y las diversas maneras como puede ser afectada.

FEDRO.- Indudablemente.

SÓCRATES.- En fin, después de haber hecho una clasificación de las diferentes especies de discursos y de almas, dirá cómo puede obrarse sobre ellas, apropiando cada género de elocuencia a cada auditorio; y demostrará cómo ciertos discursos deben persuadir a ciertos espíritus y no tendrán influencia sobre otros.

FEDRO.- Tu método me parece maravilloso.

SÓCRATES.- Por ende, amigo mío, lo que se enseñe o componga de otra forma no puede serlo con arte, ya recaiga sobre esta materia o ya sobre cualquiera otra. Pero los que en nuestros días han escrito tratados de retórica, de que has escuchado hablar, han hecho farsas con las que disimulan el exacto conocimiento que sus autores tienen del alma humana. Mientras no hablen y escriban de la forma dicha, no creemos que posean el arte verdadero.

FEDRO.- ¿Cuál es esa forma?

SÓCRATES.- Es difícil encontrar términos exactos para hacerte la explicación. Pero ensayaré, en cuanto me sea posible, decirte el orden que se debe seguir en un tratado redactado con arte.

FEDRO.- Habla.

SÓCRATES.- Dado que el arte oratorio no es más que el arte de conducir las almas, es necesario que el que quiera hacerse orador sepa cuántas especies de almas hay. Hay cierto número de ellas y tienen ciertas cualidades, de donde procede que los hombres tienen diferentes caracteres. Establecida esta división, es necesario distinguir del mismo modo cada especie de discursos por sus cualidades particulares.

»Así es, que hay hombres a quienes persuadirán ciertos discursos en determinadas circunstancias por tal o cual razón, mientras que los mismos argumentos moverán muy poco a otros espíritus. Enseguida es necesario que el orador, que ha profundizado suficientemente estos principios, sea capaz de hacer la aplicación de ellos en la práctica de la vida, y de diferenciar con una ojeada rápida el momento en que es necesario usar de ellos; de otra forma nunca sabrá más de lo que sabía al lado de los maestros. Cuando esté en posición de poder decir mediante qué discursos se puede llevar la convicción a las almas más diversas; cuando, puesto en presencia de un individuo, sepa leer en su corazón y pueda decirse a sí mismo: «he aquí el hombre, he aquí el carácter que mis maestros me han pintado; él está delante de mí; y para persuadirle de tal o cual cosa deberé usar de tal o cual lenguaje»; cuando él posea todos estos conocimientos; cuando sepa distinguir las ocasiones en que es necesario hablar y en las que es necesario callar; cuando sepa emplear o evitar con oportunidad el estilo conciso, las quejas lastimeras, las amplificaciones magníficas y todos los demás giros que la escuela le haya enseñado, solo entonces poseerá el arte de la palabra. Pero cualquiera que en sus discursos, sus lecciones o sus obras, olvide alguna de estas reglas, nosotros no le creeremos, si pretende que habla con arte. ¡Y bien! Sócrates, ¡y bien!, Fedro, nos dirá, quizá el autor de nuestra retórica, ¿es así o de otra forma, a juicio suyo, como debe concebirse el arte de la palabra?

FEDRO.- No es posible formar del asunto una idea diferente, mi apreciado Sócrates, pero no es poco emprender tan extenso estudio.

SÓCRATES.- Dices cierto. Por ende examinemos, en todos los sentidos, todos los discursos, para ver si se encuentra un camino más llano y más corto, y no empeñarnos temerariamente en un sendero tan difícil y lleno de revueltas, cuando podemos dispensarnos de ello. Si Lisias o cualquier otro orador nos puede servir de algo, es llegado el caso de recordarte sus lecciones y de repetírmelas.

FEDRO.- No es por falta de voluntad, pero nada recuerda mi espíritu.

SÓCRATES.- Quieres que te refiera ciertos discursos, que oí a los que se ocupan de estas materias?

FEDRO.- Ya escucho.

SÓCRATES.- Se dice, mi apreciado amigo, que es justo abogar hasta en defensa del lobo.

FEDRO.- ¡Y bien!, atempérate a ese proverbio.

SÓCRATES.- Los retóricos nos dicen, que no hay para qué alabar tanto nuestra dialéctica, y que con todo este aparato metódico nos vemos privados de movernos libremente. Añaden, como decía yo al comenzar esta discusión, que es inútil, para hacerse un gran orador, conocer la naturaleza de lo bueno y de lo justo, ni las cualidades naturales o adquiridas de los hombres; que, sobre todo, ante los tribunales debe cuidarse poco de la verdad, sino solamente de la persuasión; que a persuadir deben dirigirse todos los esfuerzos, cuando se quiere hablar con arte; que hay casos en que debe evitarse exponer los hechos como pasaron, si lo verdadero cesa de ser probable, para presentarlos de una forma plausible sea en la acusación o en la defensa; que, en una palabra, el orador no debe tener otro norte que la apariencia, sin cuidarse para nada de la realidad. He aquí, dicen ellos, los artificios, que, aplicándose a todos los discursos, constituyen la retórica entera.

FEDRO.- Has expuesto muy bien, Sócrates, las opiniones de los que se suponen hábiles en el arte oratorio; recuerdo en efecto, que precedentemente hemos hablado algo sobre esto; estos famosos maestros miran este sistema como el colmo del arte.

SÓCRATES.- Conoces a fondo a tu amigo Tisias; que él mismo nos diga si por verosimilitud entiende otra cosa que lo que parece verdadero a la multitud.

FEDRO.- ¿Podría definírsela de otra forma?

SÓCRATES.- Habiendo descubierto esta, regla tan sabia, que es el principio del arte, Tisias ha escrito que un hombre débil y valiente que es llevado ante el tribunal por haber apaleado a hombre fuerte y cobarde, y por haberle robado la capa o cualquiera otra cosa, no deberá decir palabra de verdad, lo mismo que hará el robado. El cobarde no confesará que ha sido apaleado por un hombre más valiente que él; el acusado probará que estaban solos, y se aprovechará de esta circunstancia para razonar así: débil como soy, ¿cómo era posible que yo me las hubiera apañado con un hombre tan fuerte? Este, replicando, no confesará su cobardía, pero buscará algún otro subterfugio, que dará quizá ocasión a confundir a su adversario. Todo lo demás es por este estilo, y he aquí lo que ellos llaman hablar con arte. ¿No es así, Fedro?

FEDRO.- Así es.

SÓCRATES.- En verdad, para descubrir un arte tan misterioso, ha sido preciso un hombre muy hábil, ya se llame Tisias o de cualquier otro modo, y cualquiera que sea su patria; pero, amigo mío, ¿no podríamos dirigirle estas palabras?

FEDRO.- ¿Qué palabras?

SÓCRATES.- Antes que tú, Tisias, hubieses tomado la palabra, sabíamos nosotros que la multitud se deja seducir por la verosimilitud a causa de su relación con la verdad, y ya antes habíamos dicho que el que conoce la verdad sabrá del mismo modo en todas circunstancias encontrar lo que se le aproxima. Si tienes alguna otra cosa que decirnos sobre el arte oratorio, estamos dispuestos a escucharte; si no, nos atendremos a los principios que hemos sentado, y si el orador no ha hecho una clasificación exacta de los diferentes caracteres de sus oyentes, si no sabe analizar los objetos, y reducir enseguida las partes que haya distinguido a la unidad de una noción general, no llegará nunca a perfeccionarse en el arte oratorio, en referente cabe en lo humano. Pero este talento no lo adquirirá sin un inmenso trabajo, al cual no se someterá el sabio por miramiento a los hombres, ni por dirigir sus negocios, sino con la esperanza de agradar a los dioses con todas sus palabras y con todas sus acciones en la medida de las fuerzas humanas. No, Tisias, y en esto puedes creer a hombres más sabios que nosotros, no es a sus compañeros de esclavitud a quienes el hombre dotado de razón debe esforzarse en agradar, como no sea de paso, sino a sus amos celestes y de celeste origen. Cesa, entonces, de sorprenderte, si el circuito es grande, porque el término a donde conduce es muy distinto que el que tú imaginas. Por otra parte, la razón nos dice que por un esfuerzo de nuestra libre voluntad podemos aspirar, por la senda que dejamos indicada, a resultado tan magnífico.

FEDRO.- Muy bien, mi apreciado Sócrates; pero, ¿será dado a todos tener esta fuerza?

SÓCRATES.- Cuando el fin es sublime, todo lo que se sufre para conseguirlo no lo es menos.

FEDRO.- Ciertamente.

SÓCRATES.- Basta ya lo dicho sobre el arte y la falta de arte en el discurso.

FEDRO.- Sea así.

SÓCRATES.- Pero nos resta examinar la conveniencia o inconveniencia que pueda haber en lo escrito. ¿No es cierto?

FEDRO.- Indudablemente.

SÓCRATES.- ¿Sabes cuál es el medio de hacerte más aceptable a los ojos de Dios por tus discursos escritos o hablados?

FEDRO.- No, ¿y tú?

SÓCRATES.- Puedo referirte una tradición de los antiguos, que conocían la verdad. Si nosotros pudiésemos descubrirla por nosotros mismos, ¿nos inquietaríamos aún de que los hombres hayan pensado antes que nosotros?

FEDRO.- ¡Donosa cuestión! Refiéreme, entonces, esa antigua tradición.

SÓCRATES.- Me contaron que cerca de Naucratis, en Egipto, hubo un Dios, uno de los más antiguos del país, el mismo a que está consagrado el pájaro que los egipcios llaman Ibis. Este Dios se llamaba Teut. Se dice que inventó los números, el cálculo, la geometría, la astronomía, así como los juegos del ajedrez y de los dados, y, en fin, la escritura.

»El rey Tamus reinaba entonces en todo aquel país, y habitaba la gran ciudad del alto Egipto, que los griegos llaman Tebas egipcia, y que está, bajo la protección del Dios que ellos llaman Ammón. Teut se presentó al rey y le manifestó las artes que había inventado, y le dijo lo conveniente que era extenderlas entre los egipcios. El rey le preguntó de qué utilidad sería cada una de ellas, y Teut le fue explicando en detalle los usos de cada una; y según las explicaciones le parecían más o menos satisfactorias, Tamus aprobaba o desaprobaba. Se dice que el rey alegó al inventor, en cada uno de los inventos, muchas razones en pro y en contra, que sería largo enumerar. Cuando llegaron a la escritura:

»—¡Oh rey! —le dijo Teut—, esta invención hará a los egipcios más sabios y servirá a su memoria; he descubierto un remedio contra la dificultad de aprender y retener.

»—Ingenioso Teut —dijo el rey—, el genio que inventa las artes no está en el caso que la sabiduría que aprecia las ventajas y las desventajas que deben resultar de su aplicación. Padre de la escritura y entusiasmado con tu invención, le atribuyes todo lo contrario de sus efectos verdaderos. Ella no producirá sino el olvido en las almas de los que la conozcan, haciéndoles despreciar la memoria; fiados en este auxilio extraño abandonarán a caracteres materiales el cuidado de conservar los recuerdos, cuyo rastro habrá perdido su espíritu. Tú no has encontrado un medio de cultivar la memoria, sino de despertar reminiscencias; y das a tus discípulos la sombra de la ciencia y no la ciencia misma. Porque, cuando vean que pueden aprender muchas cosas sin maestros, se tendrán ya por sabios, y no serán más que ignorantes, en su mayor parte, y falsos sabios insoportables en el comercio de la vida».

FEDRO.- Mi apreciado Sócrates, tienes especial gracia para pronunciar discursos egipcios, y lo mismo lo harías de todos los países del universo, si quisieras.

SÓCRATES.- Amigo mío, los sacerdotes del santuario de Zeus en Dodona, decían que los primeros oráculos salieron de una encina. Los hombres de otro tiempo, que no tenían la sabiduría de los modernos, en su sencillez consentían escuchar a una encina o a una piedra, con tal que la piedra o la encina dijesen verdad. Pero tú necesitas saber el nombre y el país del que habla, y no te basta examinar si lo que dice es cierto o falso.

FEDRO.- Tienes razón en reprenderme, y creo que es necesario juzgar la escritura como el tebano.

SÓCRATES.- El que piensa transmitir un arte, consignándolo en un libro, y el que cree a su vez tomarlo de este, como si estos caracteres pudiesen darle alguna instrucción clara y sólida, me parece un gran necio y seguramente ignora el oráculo de Ammón, si piensa que un escrito pueda ser más que un medio de despertar reminiscencias en aquel que conoce ya el objeto de que en él se trata.

FEDRO.- Lo que acabas de decir es muy exacto.

SÓCRATES.- Este es, mi apreciado Fedro, el inconveniente, así de la escritura como de la pintura; las producciones de este último arte parecen vivas, pero interrógales, y verás que guardan un grave silencio. Lo mismo sucede con los discursos escritos; al oírlos o leerlos crees que piensan; pero pídeles alguna explicación sobre el objeto que contienen y te responderán siempre la misma cosa. Lo que una vez está escrito rueda de mano en mano, pasando de los que entienden la materia a aquellos para quienes no ha sido escrita la obra, y no sabiendo, por ende, ni con quién debe hablar, ni con quién debe callarse. Si un escrito se ve insultado o despreciado injustamente, tiene siempre necesidad del socorro de su padre; porque por sí mismo es incapaz de rechazar los ataques y de defenderse.

FEDRO.- Tienes del mismo modo razón.

SÓCRATES.- Pero consideremos los discursos de otra especie, hermana legítima de esta elocuencia bastarda; veamos cómo nace y cómo es mejor y más poderosa que la otra.

FEDRO.- ¿Qué discurso es y cuál es su origen?

SÓCRATES.- El discurso que está escrito con los caracteres de la ciencia en el alma del que estudia, es el que puede defenderse por sí mismo, el que sabe hablar y callar a tiempo.

FEDRO.- Hablas del discurso vivo y animado, que reside en el alma del que está en posesión de la ciencia, y al lado del cual el discurso escrito no es más que un vano simulacro.

SÓCRATES.- Eso mismo es. Dime: un jardinero inteligente que tuviese semillas que estimara en mucho y que quisiese ver fructificar, ¿las plantaría, juiciosamente en estío en los jardines de Adonis, para tener el gusto de verlas convertidas en preciosas plantas en ocho días?, o más bien, si tal hiciera, ¿podría ser por otro motivo que por pura diversión o con ocasión de una fiesta? Mas con respecto a tales semillas, seguiría indudablemente las reglas de la agricultura, y las sembraría, en un terreno conveniente, contentándose con verlas fructificar a los ocho meses de sembradas.

FEDRO.- Seguramente, mi apreciado Sócrates, él se ocuparía de las unas seriamente, y respecto a las otras lo miraría como un recreo.

SÓCRATES.- Y el que posee la ciencia de lo justo, de lo bello y de lo bueno, ¿tendrá, según nuestros principios, menos sabiduría que el jardinero en el empleo de sus semillas?

FEDRO.- Yo no lo creo.

SÓCRATES.- Después de depositarlas en agua negra, no irá a sembrarlas con el auxilio de una pluma y con palabras incapaces de defenderse a sí mismas e incapaces de enseñar suficientemente la verdad.

FEDRO.- No es probable.

SÓCRATES.- No, ciertamente; pero si alguna vez escribe, sembrará sus conocimientos en los jardines de la escritura para divertirse; y formando un tesoro de recuerdos para sí mismo, llegado que sea a la edad en que se resienta la memoria, y lo mismo para todos los demás que lleguen a la vejez, se regocijará viendo crecer estas tiernas plantas; y mientras los demás hombres se entregarán a otras diversiones, pasando su vida en orgías y placeres semejantes, él recreará la suya con la ocupación de la que acabo de hablar.

FEDRO.- Es en efecto, Sócrates, un honroso entretenimiento, si se le compara con esos vergonzosos placeres, el ocuparse de discursos y alegorías sobre la justicia y demás cosas de las que tú has hablado.

SÓCRATES.- Sí, mi apreciado Fedro. Pero es aún más noble ocuparse seriamente, auxiliado por la dialéctica y tropezando con un alma bien preparada, en sembrar y plantar con la ciencia discursos capaces de defenderse por sí mismos y defender al que los ha sembrado, y que, en vez de ser estériles, germinarán y producirán en otros corazones otros discursos que, inmortalizando la semilla de la ciencia, darán a todos los que la posean la mayor de las felicidades de la tierra.

FEDRO.- Sí, esa ocupación es de más mérito.

SÓCRATES.- Ahora que ya estamos conformes en los principios, podemos resolver la cuestión.

FEDRO.- ¿Cuál?

SÓCRATES.- Aquella, cuyo examen nos ha conducido al punto que ocupamos, a saber: si los discursos de Lisias merecían nuestra censura, y cuáles son en general los discursos hechos con arte o sin arte. Me parece que hemos explicado suficientemente cuándo se siguen las reglas del arte, y cuándo de ellas se separan.

FEDRO.- Lo creo, pero recuérdame las conclusiones.

SÓCRATES.- Antes de conocer la verdadera naturaleza del objeto sobre el que se habla o escribe; antes de estar en disposición de dar una definición general y de distinguir los diferentes elementos, descendiendo hasta sus partes indivisibles; antes de haber penetrado por el análisis en la naturaleza del alma, y de haber reconocido la especie de discursos que es propia para convencer a los distintos espíritus; dispuesto y ordenado todo de forma que a un alma compleja se ofrezcan discursos llenos de complejidad y de armonía, y a un alma sencilla discursos sencillos, es imposible manejar perfectamente el arte de la palabra, ni para enseñar ni para persuadir, como queda bien demostrado en todo lo que precede.

FEDRO.- En efecto, tal ha sido nuestra conclusión.

SÓCRATES.- ¿Pero qué?, sobre la cuestión de si es lícito o vergonzoso pronunciar o escribir discursos, y bajo qué condiciones este título de autor de discursos puede convertirse en un ultraje, lo que comentamos hasta aquí, no nos ha ilustrado suficientemente?

FEDRO.- Explícate.

SÓCRATES.- Comentamos, que si Lisias o cualquier otro ha compuesto o llega a componer un escrito sobre un objeto de interés público o privado, si ha redactado leyes, que son, por decirlo así, escritos políticos, y si piensa que hay en ellos mucha solidez y mucha claridad, no sacará otro fruto que la vergüenza que tendrá, dígase lo que se quiera. Porque ignorar, sea dormido, sea despierto, lo que es justo o injusto, bueno o malo, ¿no sería la cosa más vergonzosa, aun cuando la multitud toda entera nos cubriera de aplausos?

FEDRO.- Indudablemente.

SÓCRATES.- Pero supóngase un hombre que piensa que en todo discurso escrito, no importa sobre qué objeto, hay mucho superfluo; que ningún discurso escrito o pronunciado, sea en verso, sea en prosa, debe mirársele como un asunto serio, (a la forma de aquellos trozos que se recitan sin discernimiento y sin ánimo de instruir y con el solo objeto de agradar), y que, en efecto, los mejores discursos escritos no son más que una ocasión de reminiscencia, para los hombres que ya saben; supóngase que del mismo modo cree que los discursos destinados a instruir, escritos verdaderamente en el alma, que tienen por objeto lo justo, lo bello, lo bueno, son los únicos donde se encuentran reunidas claridad, perfección y seriedad, y que tales discursos son hijos legítimos de su autor; primero, los que él mismo produce, y luego los hijos o hermanos de los primeros, que nacen en otras almas sin desmentir su origen; y supóngase, en fin, que tal hombre no reconoce más que estos y desecha con desprecio todos los demás; este hombre podrá ser tal, que Fedro y yo desearíamos ser como él.

FEDRO.- Sí, yo lo deseo, y así lo pido a los dioses.

SÓCRATES.- Basta de diversión sobre el arte de hablar; y tú vas a decir a Lisias, que habiendo bajado al arroyo de las ninfas y al asilo de las musas, hemos escuchado discursos ordenándonos que fuésemos a decir a Lisias y a todos los autores de discursos, después a Homero y a todos los poetas líricos o no líricos, y, en fin, a Solón y a todos los que han escrito discursos del género político, bajo el nombre de leyes, que si, componiendo estas obras, alguno de ellos está seguro de poseer la verdad, y si es capaz de defender lo que ha dicho, cuando se le someta a un serio examen, y de superar sus escritos con sus palabras, no deberá llamarse autor de discursos, sino tomar su nombre de la ciencia a la que se ha consagrado por completo.

FEDRO.- ¿Qué nombre quieres darles?

SÓCRATES.- El nombre de sabios, mi apreciado Fedro, me parece que solo conviene a Dios, mejor les vendría el de amigos de la sabiduría, y estaría más en armonía con la debilidad humana.

FEDRO.- Lo que dices es muy racional.

SÓCRATES.- Pero el que no tiene cosa mejor que lo que ha escrito y compuesto con desprecio, atormentando su pensamiento y añadiendo y quitando sin cesar, nosotros le dejaremos el nombre de poeta, y de autor de leyes y de discursos.

FEDRO.- Indudablemente.

SÓCRATES.- Cuéntale todo esto a tu amigo.

FEDRO.- ¿Pero tú qué piensas hacer?, porque tampoco es justo que te olvides de tu amigo.

SÓCRATES.- ¿De quién hablas?

FEDRO.- Del precioso Isócrates, ¿qué le dirás?, ¿o qué diremos de él?

SÓCRATES.- Isócrates es aún joven, mi apreciado Fedro; no obstante, quiero que sepas lo que siento respecto a él.

FEDRO.- Veamos.

SÓCRATES.- Me parece que tiene demasiado ingenio, para comparar su elocuencia con la de Lisias, y tiene un carácter más generoso. No me sorprenderá, que, adelantando en años, sobresalga en la facultad que cultiva, hasta el punto de que sus predecesores parecerán niños a su lado, y que poco contento de sus adelantos, se lance a ocupaciones más altas por una inspiración divina. Porque hay en su alma una disposición natural a las meditaciones filosóficas. He aquí lo que yo tengo que anunciar de parte de los dioses de estas riberas a mi amado Isócrates. Haz tú otro tanto respecto a tu apreciado Lisias.

FEDRO.- Lo haré, pero marchémonos, porque el aire ha refrescado.

SÓCRATES.- Antes de marchar, dirijamos una plegaria a estos dioses.

FEDRO.- Lo apruebo.

SÓCRATES.- ¡Oh Pan y demás divinidades de estas ondas!, dame la belleza interior del alma, y hagan que el exterior en mí esté en armonía con esta belleza espiritual. Que el sabio me parezca siempre rico; y que yo posea solo la riqueza que un hombre sensato puede tener y emplear.

¿Algún otro ruego que debamos hacer? No tengo más que pedir.

FEDRO.- Haz los mismos votos por mí; todo es común entre amigos.

SÓCRATES.- Vámonos.

Índice

Estudio Preliminar 3

Gorgias o sobre la retórica 7

Fedón o del alma 113

El Banquete o del amor 193

Fedro o de la belleza 253